EXPERIMENTELLE GESTALTUNG

Unserem lieben Lehrer, Kollegen und Freund Helmut Lortz [1920–2007] gewidmet.

EXPERIMENTELLE GESTALTUNG

VISUELLE METHODE UND SYSTEMATISCHES SPIEL

ARMIN LINDAUER   BETINA MÜLLER

BITTE UMBLÄTTERN 7

PROLOG 8

ENTWURF EINER SYSTEMATIK VISUELLER METHODEN 13

1. BASIS 55

2. INTERPRETATION 103

3. VARIATION 163

4. RELATION 273

5. SEQUENZ 345

EPILOG 413

APPENDIX 415

BITTE UMBLÄTTERN. «Ist dies schon Wahnsinn, so hat es doch Methode.»[1]
Die ‹Tollheit›, über viele Jahre einer Sammelleidenschaft zu frönen, ist unter
Gestalterinnen und Gestaltern weitverbreitet. Grafikdesigner sammeln Preise, Künstler
sammeln Wegbereiter, Kunsthistoriker sammeln Fußnoten. Wissenschaftler, Professoren
allzumal, sammeln ‹experimentelle Methoden›. Armin Lindauer und Betina Müller,
seit Studienzeiten an der Universität der Künste Berlin freundschaftlich verbunden,
widmen sich inzwischen selbst der Forschung und Lehre. Er an der Hochschule Mannheim,
sie an der Fachhochschule Potsdam. Beide haben nun gemeinsam mit Elan und
bewundernswerter Ausdauer ein Konvolut beispielhafter visueller Kreativität
zusammengetragen, mit der Absicht und mit dem Mut zur Lücke, experimentelle Gestaltung
in Kunst, Design und Wissenschaft darzustellen und zu vergleichen. Als Grafikdesigner eher der Kunst als der Wissenschaft verpflichtet, gelingt es ihnen dennoch,
Ordnung in die Vermittlung struktureller Gestaltungsprozesse zu bringen und auch
das Chaos als Folge von Ordnung zu definieren.

Wer nun zu faul ist, die Erläuterungen und Ausführungen zu studieren und sich
nur an den Bebilderungen von Serien und Sequenzen ergötzt, verpasst die eigentliche
Frage und vorsorgliche Infragestellung ihrer kühnen Thesen. Vor allem aber
entgeht dem notorischen ‹Überflieger› beim Durchblättern das Phänomen der Selbstähnlichkeit sowie die böse Überraschung, dass nicht alles, was reihenweise
variiert wird, auch einem experimentellen Konzept entspricht. Studierende werden
das Werk zu schätzen wissen, insbesondere jene, die es nicht nur als Inspirationsquelle
begreifen. Denn letztlich gilt es in Kunst und Wissenschaft herkömmliche
Ordnungssysteme innovativ zu überwinden und gegebenenfalls neue zu erfinden.

Uwe Loesch

PROLOG Dieses Buch zeigt, wie und wo experimentelle Methoden zur Unterstützung gestalterischer oder künstlerischer Entscheidungen eingesetzt werden, welche Zusammenhänge zwischen Kreativität und Methode bestehen und welche Rolle dabei die Intuition spielt. Es legt dar, dass Gestaltung und Kunst nicht ausschließlich intuitiv entstehen, sondern dass es auch hier – ähnlich wie in den Wissenschaften – methodische Verfahren gibt, die zu Annäherungen und Lösungen führen, und dass auch in der Gestaltung Experimente im Sinne eines Versuchsaufbaus, einer Versuchsanordnung eingesetzt werden. Hierfür werden zunächst Analogien und Verwandtschaften zwischen künstlerischen und wissenschaftlichen Methoden erörtert, und im Weiteren werden Methoden vorgestellt, die einzelne Künstlerpersönlichkeiten für ihre besonderen Anforderungen entwickelt haben und die einen eigenen Kanon erkennen lassen. Obwohl die von ihnen entworfenen Verfahren nur bedingt auf abweichende Anwendungen übertragbar sind, können sie dennoch als Vorlage, Modell oder Muster dienen, indem sie den eigenen, spezifischen Bedürfnissen angepasst werden.

Insbesondere sind es **zwei Aspekte methodischer Verfahren,** die zur Klärung gestalterischer Fragen beitragen können. Der eine führt zur Konkretisierung von Form, Farbe, Komposition, Ausdruck und weiterer elementarer Gestaltungsparameter, der andere zu Findungen und Einfällen, und somit im weitesten Sinne zu Kreativität. Hier spielt der selbst entworfene Versuchsaufbau eine entscheidende Rolle und gerade die individuelle Einrichtung, die flexible Handhabung des Experiments beugt der Gefahr vor, dass Methode zur Einschränkung der Kreativität führt.

Bereits das Kapitel BASIS zeigt, wie mit einfachen, systematischen Übungen kreativ umgegangen wird und dabei überraschende Ergebnisse erzielt werden können. Anschließend führt die INTERPRETATION in den Bereich der Darstellungstechniken. Durch VARIATION wird nun die kreative Verknüpfung gesucht, die eine Steigerung durch das Hinzufügen eines oder weiterer Zeichen in RELATION erfährt. Im Kapitel SEQUENZ schließlich wird dann der größte Freiheitsgrad erreicht, der nur noch wenige, eindeutig bestimmbare Konstanten enthält.

Ein scheinbarer Widerspruch besteht zwischen den postulierten Methoden und den zu erwartenden Ergebnissen. Obwohl methodische Verfahren mit vielen beispielhaften Arbeiten belegt sind, sollte daraus keinesfalls der Schluss gezogen werden, dass diese zwangsläufig zu relevanten Ergebnissen führen. Vielmehr werden unterschiedliche systematische Ansätze verfolgt und Methoden vorgestellt, die dennoch keine Selbstläufer sind, denn letztlich ist es der stete Wechsel zwischen systematischer Variation und intuitiver Auswahl, der die Ergebnisse liefert. Auch werden **nicht nur finale Werke und Kabinettstückchen** gezeigt, sondern es werden der schöpferische Vorgang und die dahinter liegenden visuell-gestalterischen Methoden sichtbar gemacht. Die Absicht dabei ist, nicht Einzelergebnisse, sondern eine Breite an Variationen und Alternativen zu präsentieren. Irrwege und auf den ersten Blick absurd erscheinende

Ergebnisse werden ebenfalls gezeigt, weil auch sie ein bedeutender Aspekt des kreativen Prozesses sind. Meist kann jedoch nur ein Bruchteil der zahllosen Möglichkeiten abgebildet werden, wenngleich es das erklärte Ziel ist, möglichst viele Prinzipien deutlich werden zu lassen. Hier wird das prozesshafte, ergebnisoffene Vorgehen – im Gegensatz zur reinen Ergebnisorientierung – verfolgt. Auch ist nicht alles, was sich als Serie oder Reihe zeigt, schon ‹experimentell› zu nennen – dazu müssen Voraussetzungen wie klar definierte Rahmenbedingungen, konstante und variable Parameter bestimmbar sein. Insgesamt wird dargelegt, dass zwischen wissenschaftlichem und künstlerischem Arbeiten mehr Verbindungen bestehen, als gemeinhin angenommen, und dass beide Methoden einsetzen, einerseits um Erkenntnisse zu gewinnen und andererseits um den kreativen Prozess zu fördern. So verstanden sollte auch in der Gestaltung von Methoden gesprochen werden.

Seit über zwei Jahrzehnten suchen, sammeln und erstellen Betina Müller und ich Arbeiten, die experimentelle Gestaltung mit methodisch-gestalterischen Verfahren nach unserem Verständnis behandeln. Ein Teil der **Materialsammlung** fand im Archiv der Universität der Künste Berlin statt. Dort befinden sich nahezu fünfhundert sogenannte ‹Semesterprotokolle›, Studentenarbeiten der Klasse Lortz, in der auch wir einst studiert haben. Prof. Helmut Lortz lehrte neunundzwanzig Jahre lang als Leiter der Klasse für Experimentelle Grafik an der Hochschule der Künste Berlin, heute Universität der Künste. Zu Semesterende war von jedem Studenten die Abgabe eines Bildprotokolls in Form eines gebundenen Heftes gefordert. Diese umfangreiche Sammlung an Ideen, Einfällen, Systematiken und Methoden aus drei Jahrzehnten auszuwerten, haben wir uns zur Aufgabe gemacht. Heute sind wir selbst als Lehrende tätig, Betina Müller an der Fachhochschule Potsdam, ich an der Hochschule Mannheim. Das damals erfahrene Vorgehen ist auch in unsere Forschung und Lehre eingegangen und hat sich von zwei Generationen lehrender Gestalter über viele Generationen von Studenten weiterentwickelt. So entstehen ständig neue Arbeiten, die diese Methoden anwenden. Bei der Bildrecherche sind wir ebenso auf hervorragende Arbeiten anderer Autoren gestoßen, die das Thema ergänzen, stützen und erweitern. Wir wurden in völlig unterschiedlichen Bereichen fündig wie der Werbung, dem Produktdesign, der Plakatgestaltung, der freien Kunst und stießen auch auf zahlreiche Parallelen in der Wissenschaft. Entscheidend für die Auswahl war letztlich das visuell-methodische Vorgehen, das unabhängig von Zielrichtung und Disziplin angewendet wird. Sämtliche Arbeiten belegen, dass die Verwendung von Methoden in der Gestaltung, beispielsweise die systematische Variation einer Figur oder eines Themas, kein isoliertes Vorgehen einer speziellen Disziplin ist. Auch und gerade die Beispiele aus der Praxis belegen, dass hier nicht nur frei schwebende Kreativität erzeugt wird, sondern dass Methoden zu konkreten Anwendungen und Ergebnissen führen.

Nachfolgend, im ENTWURF EINER SYSTEMATIK VISUELLER METHODEN, können viele Themen leider nur angerissen werden und Weniges wird angemessen oder gar hinreichend erörtert. Deshalb sei ausdrücklich darauf verwiesen, dass der Text vorrangig begleitende, ergänzende und erläuternde Funktion zu dem Gezeigten hat. Seine Absicht ist es, einen Assoziationsraum zu erzeugen, der die Abbildungen in einen umfassenderen Kontext stellt, der zu weiteren, eigenen Erkundungen und Nachforschungen anregen soll. Auch wurde beim Verfassen schnell deutlich, dass sich einige der Überlegungen in einem viel größeren Zusammenhang bewegen, die bereits in anderen Disziplinen umfassend behandelt und dargelegt sind. Wo es notwendig erschien, wurde dies mit Hinweisen deutlich gemacht. Der Begriff ‹Reihe›, der im Text verschiedentlich auftaucht, wird meist im Sinne einer losen Folge von Einfällen zu einem umgrenzten Thema eingesetzt. In der Regel handelt es sich um Variationen unterschiedlicher Charakteristik. Da dieser Begriff einen allgemeinen und wenig spezifischen Gebrauch hat, wird diese Offenheit für unsere Anwendungen genutzt und eine exakte Definition nicht angestrebt.

Wir hatten große Freude beim Sammeln, Auswählen und Zusammenstellen der immensen Zahl unterschiedlichster Arbeiten. Viele Bildwerke setzen Betrachter voraus, die die Bereitschaft haben, sich zunächst auf verschiedene Systeme einzulassen, dann wieder deren Brechung zu akzeptieren, und die darüber hinaus sich von Zufälligem verführen lassen. Es werden hier weder fertige Konzepte noch Rezepte gegeben, vielmehr wird eine Vielfalt an Experimenten angeboten, die zu eigenem Versuchen und Untersuchen anregen soll. Dieses Buch ist **eine Aufforderung,** das Potenzial und die Grenzen visuell-kreativer Methoden zu erfahren, sich auf Methodisches einzulassen und dabei der Intuition die unerlässliche Aufmerksamkeit zu schenken.

Armin Lindauer, Januar 2015

«Fantasie ist die wissenschaftlichste aller Fähigkeiten,
... ...vielfältige Analogie erfasst.»[1]

wählt: LA VAGUE von Gustave Courbet ... LA CATHEDRALE DE ROUEN von
...gezeichnet... HEILANDSGESICHT und ABSTRAKTER KOPF von Alexej von Jawlensky[32-33].
Kunst und ‹Experimentelle Grafik› werden für künstlerische und angewandte Arbeiten
MALER von Pablo Picasso[34] ... HOMAGE TO THE SQUARE von Josef Albers[35-37]
verwendet. Als Titel für dieses Buch wurde EXPERIMENTELLE GESTALTUNG gewählt, weil
WASSERTÜRME von Bernd und Hilla Becher[36-37] er allgemeiner und deshalb umfassender ist. Was meint ‹experimentell› in Verbindung mit

Gestaltung? Der BROCKHAUS liefert zu ‹Experiment› Definitionen, die den folgenden
...ve Courbet[1819-1877] malte bei seinen Aufenthalten in Etretat an der französischen
vier Begriffen zugeordnet werden: 1. allgemein, 2. Naturwissenschaften, 3. Psychologie
...küste viele Versionen des Bildes LA VAGUE. Das Städel Museum Frankfurt, das
und 4. ... werden die Begriffe Experimentalfilm, Experimental-
...Bild... ...Wasserw... Flut, und
...bilder... malte er alle zwischen 1865 und 1869 an der normannischen Küste
Musik, ‹experimentelle› Optik und experimentelle Psychologie erläutert. Experimen-
...vollendet hat. Sie sind Ausdruck menschlichen Lebenskampfes
...telle Kunst und experimentelle Gestaltung kommen nicht vor...
...zugleich Symbol politischer Erneuerungshoffnung und Naturerfahrung.[29]

...zeigt er stets Himmel und Meer, manchmal ... und am unteren Rand
Experiment im wissenschaftlichen Sinn bezeichnet eine methodische Untersuchung,
...ein Boot, das an verschiedenen Orten auftaucht... ...erzeugender
...welcher ein Versuchsaufbau zugrunde liegt, der von einem Wissenschaftler eingerichtet
...aus heutiger Sicht beschämend... ...können, dass schließlich...
...systematische Verfahren... ...empirisch Informationen
...und Meer aufweisen. In seiner ... ...Bedeutung steht das Motiv für...
oder Daten gesammelt... weitere wissenschaftliche Vorgehensweisen sind die
...wig Wiederkehrende, für Geburt und Tod. Darüber hinaus wird ihm politische
Naturbeobachtung oder das Gedankenexperiment. Ersteres findet hauptsächlich in
...Biologie... Astronomie statt, das zweite in Geistes-
...Theorie... ...Mathematik. Das wissenschaftliche
...suchsanordnung... ...die Erforschung eines Fachgebietes,
...den Versuch...

...rt ist
...Ein... ...ceteris paribus›
...scher Weise... ...das der Rhetoriklehrer... Namen gab,
...unter gleichen Bedingungen›, eine in Zusammenhang mit Experimenten
...Formulierung... Monets
...die so viel deutet wie: ‹Unter der Annahme,
...bleiben... ...Bedingungen (Prämissen) gleich bleiben›.[2]
...Nachprüfbarkeit... zielen,
...kühn... sein.

...eingerichtete, wissenschaftsgestützte, erprobte Technik, als Anleitung zur Umsetzung
...Darstellung des Lichts... ...verschiedenen Tages- und Jahreszeiten ... allgemeines Aufsehen, als sie
einer Konzeption beschrieben. Sie ist ein nach Gegenstand und Ziel planmäßiges
ich wird. Nur ein Jahr später, zwischen 1892 und 1894, ...anderer Entdeckungen veröffentlichten, zur
...methodisches... Künstlichkeit einer Technik zur Lösung praktischer und
...drei Big Bilder LA CATHEDRALE DE ROUEN... von Monet
...konsequentesten... ...paradoxen Schluss gekommen, daß
...schnitt und Perspektive... ...Entdeckung... der Wissenschaft eher die Regel
...einmaligen, isolierten
...und gesellschaftlichen Kontext
...nicht aber für ihre kreative Leistung ausschlag-
...logische Schlussfolgerung ziehen, die trotzdem stimmt».[2]

«Fantasie ist die wissenschaftlichste aller Fähigkeiten,
weil sie die universelle Analogie erfasst.»[1]

ENTWURF EINER SYSTEMATIK VISUELLER METHODEN Die Begriffe ‹Experimentelle
Kunst› und ‹Experimentelle Grafik› werden für künstlerische und angewandte Arbeiten
verwendet. Als Titel für dieses Buch wurde EXPERIMENTELLE GESTALTUNG gewählt, weil
er allgemeiner und deshalb umfassender ist. Was meint ‹experimentell› in Verbindung mit
Gestaltung? Der BROCKHAUS liefert zu ‹Experiment› Definitionen, die den folgenden
vier Begriffen zugeordnet werden: 1.allgemein, 2.Naturwissenschaften, 3.Psychologie
und 4.Sozialwissenschaften, weiter werden die Begriffe Experimentalfilm, Experimental-
philosophie, experimentelle Archäologie, experimentelle Dichtung, experimentelle
Musik, experimentelle Ökonomik und experimentelle Psychologie erläutert. Experimentelle Kunst und Gestaltung kommen nicht vor.

Ein Experiment im wissenschaftlichen Sinn bezeichnet eine methodische Untersuchung,
welcher ein Versuchsaufbau zugrunde liegt, der von einem Wissenschaftler eingerichtet
oder erfunden wird. Mittels systematischen Verfahren werden empirisch Informationen
oder Daten gesammelt. Weitere wissenschaftliche Vorgehensweisen sind die
Naturbeobachtung oder das Gedankenexperiment. Ersteres findet hauptsächlich in
Naturwissenschaften wie Physik, Biologie und Astronomie statt, das zweite in Geistes-
wissenschaften wie Philosophie, Theologie und Mathematik. Das wissenschaftliche
Experiment verwendet eine Versuchsanordnung, die die Erforschung eines Fachgebietes,
eines Teilgebietes oder eines speziellen Aspektes zum Ziel hat. Es zeichnet sich
durch Versuchsaufbau, Dokumentation und bewertbare Ergebnisse aus und soll
dabei wiederholbar und quantifizierbar sein. Die Qualität der gewonnenen Ergebnisse
ist jedoch völlig offen, sie können wertvoll, aber auch vollkommen wertlos sein.

Für ein wissenschaftliches Experiment müssen konstante Rahmenbedingungen geschaffen
werden, um nachvollziehbare Ergebnisse zu erzielen. Deshalb wird möglichst
immer nur ein Parameter, eine Einflussgröße, untersucht, genannt ‹**ceteris paribus**›
(lat. für ‹unter sonst gleichen Bedingungen›): «eine in Zusammenhang mit Experimenten
gebrauchte Formulierung [...], die so viel bedeutet wie: ‹Unter der Annahme,
dass alle außer den (vorher) genannten Rahmenbedingungen (Prämissen) gleich bleiben›.»[2]
Um also Schlussfolgerungen ziehen zu können und Nachprüfbarkeit zu erzielen,
muss die beobachtete oder gemessene Veränderung auf die Variable rückführbar sein.
Somit sind wissenschaftliche Experimente im Allgemeinen vereinfachte Modelle
der Wirklichkeit, bei denen einzelne Parameter untersucht werden. Üblicherweise
werden Experimente mit Methoden durchgeführt. Dabei werden diese als zielgerichtete,
wissenschaftsgestützte, erprobte Technik, als Anleitung zur Umsetzung einer Konzeption
beschrieben. Sie ist «ein nach Gegenstand und Ziel planmäßiges (methodisches)
Verfahren, die Kunstfertigkeit einer Technik zur Lösung praktischer und theoretischer

1 Charles Baudelaire (1821–1867), DIE GEBURT DES IMPRESSIONISMUS:
EDOUARD MANET, PIERRE-AUGUSTE RENOIR, CLAUDE MONET, Film von Alain Jaubert, Paris 2000.
2 www.de.wikipedia.org/wiki/ceteris_paribus (aufgerufen am 03.06.2014).

Aufgaben»[3]; unter Methodik versteht man entsprechend «allgemein die Wissenschaft von der Verfahrensweise einer Wissenschaft»[4].

Die Grundstruktur eines üblichen Arbeitsablaufes kann folgendermaßen skizziert werden: Um eine Aufgabe zu bearbeiten, ein Phänomen zu erforschen, wird mithilfe eines Versuchsaufbaus das Thema methodisch untersucht und dabei eine Breite an Variationen erzeugt. Auf Variation folgt Selektion. Diese Auswahl wird erneut durch Untersuchung von Teil- oder Unteraspekten weitererkundet – es findet somit ein ständiger Wechsel von **Variation und Selektion** statt, der im günstigen Fall zu relevanten Ergebnissen führt. Dabei werden die Methoden kontinuierlich den Arbeitsfortschritten, dem aktuellen Stand der Erkenntnisse angepasst. Mit der Zahl der Variationen pro Stufe erhöht sich die Wahrscheinlichkeit, bessere Ergebnisse zu gewinnen, wobei die ‹richtige› Selektion über die Qualität entscheidet. Weil jede Variation unmittelbar zahllose Möglichkeiten erzeugt, von denen viele auch einfach nur Ausschuss sind, muss umgehend eine Selektion erfolgen. Diejenigen mit Potenzial müssen gefunden und anschließend weiterverfolgt werden. Es sei darauf hingewiesen, dass es sich hierbei um die insbesondere «von der Evolutionsbiologie postulierten Mechanismen – Variation und Selektion»[5] handelt. Vielfalt wird dort durch die spontane Mutation der Gene erzeugt und Selektion findet aufgrund der besseren Anpassung statt. Dieser natürliche Vorgang, der als biologische Kreativität bezeichnet werden kann, wie auch die menschliche Kreativität besitzen demnach einen ähnlichen Verlauf,[6] meint der Evolutionshistoriker Thomas Junker, und stellt weiter fest, dass die «menschliche Phantasietätigkeit [...] der durch Mutation und Rekombination entstehenden genetischen Vielfalt, die eine Voraussetzung für die Evolution der Organismen ist»[7], ähnelt. Aber im «Gegensatz zu menschlichen Erfindungen entstehen kreative Verbesserungen in der Evolution [...] nicht durch gezielte Veränderungen, sondern durch zufällige Variationen, die sich dann sekundär als mehr oder weniger vorteilhaft erweisen»[8]. Ein wesentlicher Unterschied besteht also wohl darin, dass der gesteuerte Prozess weniger Zeit benötigt als der zufällige – «Die kulturelle Evolution läuft [...] mit einer etwa tausendfach höheren Geschwindigkeit ab als die biologische Evolution.»[9]

Wissenschaftliche Verfahren sollen logisch, rational und objektiv sein, doch nie lassen sich alle **Fakten und Daten** ermitteln. Immer sind sie unvollständig, möglicherweise systematisch gestört und häufig zufallsüberlagert; in der mathematischen Statistik kennt man dies als ‹stochastische Störung›. Um dennoch Schlüsse ziehen zu können und zu Bewertungen zu gelangen, muss das Sammeln irgendwann abgebrochen werden. Anschließend wird versucht, das zur Verfügung stehende Material auszuwerten, es zu extrapolieren, und dafür benötigt auch die Wissenschaft die Hilfe der Intuition, der – neben Experiment und Datenerhebung, den sogenannten harten Fakten – auch beim wissenschaftlichen Arbeiten eine tragende Rolle zukommt.

Dies führt zu einer weiteren Gemeinsamkeit zwischen künstlerischem und wissenschaftlichem Arbeiten: Beide bedienen sich nicht nur der Intuition, sondern auch

3 Bibliographisches Institut (Hrsg.), BROCKHAUS ENZYKLOPÄDIE, Mannheim, Wien, Zürich 1982, Band 18, S. 348. 4 Ebd., S. 349.
5 Thomas Junker, DIE 101 WICHTIGSTEN FRAGEN: EVOLUTION, München 2011, S. 11.
6 Thomas Junker, DIE EVOLUTION DER PHANTASIE. WIE DER MENSCH ZUM KÜNSTLER WURDE, Stuttgart 2013, S. 92. 7 Ebd.
8 Ebd., S. 48. 9 Ebd., S. 124.

bildlicher Vorstellungen, die dem eigentlichen Schöpfungsprozess vorausgehen. In der Kunst, in der Gestaltung würde man dies erwarten – über die Häufigkeit, mit der dies in den Wissenschaften beschrieben wird, ist man indes erstaunt. Arthur Koestler führt in seinem Buch DER GÖTTLICHE FUNKE eine Reihe berühmter Beispiele an, unter anderem Max Planck: «der Vater der Quantentheorie[,] weist darauf hin, daß der bahnbrechende Wissenschaftler eine lebhafte intuitive Vorstellungskraft für neue Ideen haben muß, da diese sich nicht auf dem Weg der Deduktion bildeten, sondern der künstlerischen, der schöpferischen Phantasie entsprängen»[10]. Im Weiteren beschreibt er Michael Faraday, der «bekanntlich ein visueller Typ [war], der das Universum in Kraftlinien strukturiert sah, ähnlich dem vertrauten Kraftlinienbild der Eisenspäne um einen Magneten»[11]. Weitere Schilderungen findet man in der Einstein-Biografie von Jürgen Neffe: «Schon als Schüler hat Einstein [...] nach eigenen Angaben ein Gedankenexperiment angestellt»[12] und sich gefragt: «Wie wäre es, wenn man hinter einem Lichtstrahl herliefe? Wie, wenn man auf ihm ritte?»[13] Der Mathematiker Benoît Mandelbrot, der als Vater der fraktalen Geometrie bekannt wurde, bekundete sein bildliches Vorstellungsvermögen ebenfalls: «Nicht mit Formeln, sondern mit Bildern habe ich mein Leben lang gespielt. [...] Während einer Algebra-Vorlesung sah ich plötzlich vor meinem inneren Auge geometrische Bilder, die algebraischen Gleichungen entsprachen, und mit diesen Bildern im Kopf waren die Lösungen offensichtlich. So entdeckte ich, dass ich eine Fähigkeit besaß, von der ich bis dahin keine Ahnung hatte, nämlich Gleichungen im Kopf sofort in Bilder umwandeln zu können.»[14] Dieses offenkundig häufig beobachtete Phänomen führte wohl zu der von Koestler erwähnten statistischen Erhebung: «Hadamards Umfrage bei den führenden Mathematikern in Amerika ergab, daß praktisch alle es vermeiden, im Geist mit Wörtern, ja selbst mit algebraischen oder anderen Zeichen zu operieren. Das scheint auch in anderen Disziplinen die Regel zu sein, wenn wir uns auf die Aussagen jener schöpferischen Denker stützen»[15] – «In der Tat hat sich gezeigt, dass Mathematiker und Physiker ‹Visionäre› im ureigentlichen Sinn des Wortes sind: sie denken in Bildern, nicht in Begriffen.»[16] Diese Beobachtungen sind insofern von Bedeutung, als sie zeigen, dass ‹bildliche Vorstellungen›, die eher der Kunst zugesprochen werden, bei genauer Betrachtung auffallend häufig auch in den Wissenschaften anzutreffen sind, und dass auch diese eingehend mit ihnen arbeiten, um zu ihren Erkenntnissen und Theorien zu gelangen.

Eine weitere Parallele zur Kunst zeigt sich in dem Umstand, dass auch in der Wissenschaft **ästhetische Erfahrungen** gemacht werden. Formeln, physikalische Gesetze, chemische Verbindungen, Moleküle, Reaktionsketten, all dies kann ebenso wie das Bildnerische als schön erlebt werden. In der Mathematik kennt man die ‹Schönheit einer Gleichung› oder die ‹Eleganz eines Beweises›. Der Wissenschaftsjournalist Gábor Paál schreibt über die Beziehung von Wissenschaft und Kunst, dass beide Erkenntnisse verarbeiten und jeder Erkenntnisprozess grundsätzlich eine ästhetische Dimension in sich birgt. «Auf einer abstrakten Ebene ähneln sich sogar die Kriterien: Schlichtheit, Eleganz, Stimmigkeit, Symmetrie, innere Konsistenz,

10 Arthur Koestler, DER GÖTTLICHE FUNKE. DER SCHÖPFERISCHE AKT IN KUNST UND WISSENSCHAFT, Bern, München, Wien 1966, S.151.
11 Ebd., S.474.
12 Jürgen Neffe, EINSTEIN. EINE BIOGRAFIE, Reinbek bei Hamburg 2005, S.145.
13 Ebd., S.81.
14 Interview in: FRAKTALE – DIE FASZINATION DER VERBORGENEN DIMENSION, Produktion und Regie: Michael Schwarz, Bill Jersey, 2008.
15 Koestler 1966, S.222. 16 Ebd., S.357.

17 Gábor Paál, «Wahre Schönheit – Schöne Wahrheit?», in: ATTEMPTO, Juni 2013, S. 2.
18 Gábor Paál, WAS IST SCHÖN? ÄSTHETIK UND ERKENNTNIS, Würzburg 2003, S. 161.   19 Ebd., S. 168.
20 «Stimmen aus der Wissenschaft: Wie wichtig ist Schönheit für ihre Forschung?», in: ATTEMPTO, Juni 2013, S. 6.
21 James D. Watson, DIE DOPPELHELIX, Reinbek bei Hamburg 1989, S. 164.
22 Zitiert nach: Ricarda Stiller, «Universitätsmuseum: Warum Schönheit die Wissenschaft antreibt», in: STUTTGARTER ZEITUNG, 21.05.2013.
23 Zitiert nach: o.A., «Der Forschung Kern», in: FTE INFO, MAGAZIN FÜR EUROPÄISCHE FORSCHUNG, Sonderausgabe Kunst und Wissenschaft, März 2004, S. 19.

Originalität, ein gewisses Maß an Komplexität»[17]. In WAS IST SCHÖN? behandelt er das Thema ausführlicher und schreibt: «Wissenschaft ist ohne ästhetisches Empfinden ebenso wenig denkbar wie Kunst.»[18] «Ästhetische Werte beeinflussen jedoch nicht nur die Überzeugungskraft wissenschaftlicher Aussagen. Sie schlagen sich auch in der Art der Themen nieder, mit denen sich die Wissenschaft beschäftigt», und stellt weiter fest, «dass im stillschweigenden Selbstverständnis vieler Wissenschaften ästhetische Motive einen maßgeblichen Einfluss haben»[19]. Johannes Kabatek, Professor für romanische Sprachwissenschaft sieht ästhetische Motive auch in seinem Fachgebiet: «Die Schönheit der Sprachwissenschaft, liegt wie in allen Wissenschaften in der Ästhetik der gelungenen Erklärung. Eine linguistische Argumentationskette, eine Begriffsdefinition, eine semantische oder syntaktische Analyse ist dann schön, wenn sie klar ist und wenn sie komplexe Dinge so darstellt, dass wir im Meer der Komplexität eine Ordnung erkennen, ein System, eine Struktur.»[20] Und der Biochemiker und Mitentdecker der DNS (Desoxyribonukleinsäure, auch DNA), James Watson, berichtet von einer kritischen Kollegin, die zum ersten Mal das Modell der Doppelhelix zu Gesicht bekam, Folgendes: «Sie erkannte jedoch wie fast jeder, wie reizvoll diese komplementären Basenpaare waren, und fand sich damit ab, daß die Struktur zu hübsch war, um nicht richtig zu sein.»[21] Viele Wissenschaftler sind demnach der Auffassung, dass die Schönheit eines Modells, einer These oder einer Erklärung einen eigenen Wert besitzt. Zugespitzt soll das der Physiker und Nobelpreisträger Werner Heisenberg so formuliert haben: «Eine Theorie muss nicht wahr, sondern schön sein.»[22] Es werden demnach auch in den Wissenschaften ästhetische Erfahrungen gesucht und gemacht, und das Schöne findet – so kann man mutmaßen – lediglich in einer anderen Umgebung, in einem anderen Kontext statt. Von der Ähnlichkeit der Erfahrungen bei Forschern und Künstlern war auch der französische Dichter Saint-John Perse überzeugt, denn die «Fragen sind dieselben, und sie werden vor demselben Abgrund gestellt, nur die Untersuchungsmethoden unterscheiden sich»[23]. Dass die Kunst vordergründig von der Ästhetik geleitet wird, mag man noch einräumen, – dass dies wie zuvor geschildert aber auch häufig ein Leitfaden der Wissenschaften ist, überrascht.

In den sogenannten kreativen Berufen ist das Vorgehen mithilfe eines Versuchsaufbaus, einer experimentellen Untersuchung, eher unüblich. Dem Unkalkulierbaren, dem genialen Einfall wird meist übergroße Bedeutung zugemessen. Der Begriff ‹experimentell› wird in der Gestaltung immer wieder, insbesondere von Studierenden, gleichbedeutend mit ‹Herumprobieren› verwendet. Dabei gerät man leicht in die Nähe der Beliebigkeit, des ziellosen Herumirrens. In der freien Kunst wiederum wird experimentell häufig in dem Sinne verwendet, dass es sich um Arbeiten handelt, die sich außerhalb der Bewertbarkeit, der Messbarkeit befinden. Hier gerät man in den Bereich radikaler Subjektivität, die sich aller Bewertungsmaßstäbe entziehen will. Demgegenüber verwendet experimentelle Gestaltung nach unserem Verständnis, ähnlich einem wissenschaftlichen Experiment, ebenfalls einen Versuchsaufbau, eine Versuchsreihe als Instrument und Methode. Claudia Giannetti bezieht sich zu diesem Thema auf Peter Weibel, der meint, «Wissenschaft zeichne sich zwar durch ihren methodologischen

Charakter aus, die Kunst [...] wird jedoch allgemein hin nicht als Methode betrachtet. [...] Kunst und Wissenschaft können nur vernünftig verglichen werden, wenn wir akzeptieren, dass beide Methoden sind. Das bedeutet nicht, dass wir erklären, dass beide dieselben Methoden besitzen. Wir wollen nur erklären, dass beide eine methodische Annäherung haben, selbst wenn ihre Methoden verschieden sind oder sein können»[24].

Im Folgenden wird gezeigt, dass auch in der Gestaltung zahlreiche methodische Verfahren zum Einsatz kommen, die bei aller Differenz zu denen der Wissenschaft überzeugende und schlüssige Ergebnisse liefern. Heute sind die einzelnen wissenschaftlichen Disziplinen hochspezialisiert und jedes Fachgebiet hat ein eigenes **Methoden-Repertoire** ausgebildet. Die Ursprünge liegen in der Naturbeobachtung und dem Sammeln von Daten und Fakten. Aber welche, den wissenschaftlichen Methoden vergleichbare, können zur Klärung gestalterischer Fragen herangezogen werden? Gibt es Ähnlichkeiten oder muss die visuelle Forschung vollkommen eigenständige, neue Formen entwickeln? Sind beispielsweise bekannte Verfahren der Wissenschaft hier ebenfalls zur Lösungsfindung geeignet? Die Morphologische Matrix[>216], um nur ein erstes Modell anzuführen, wird in unterschiedlichsten Disziplinen angewendet. Durch die Kombination zweier Parameter werden Erkenntnisse über einen Sachverhalt gewonnen, und die Änderung der Parameter ermöglicht dabei eine gezielte Steuerung der Untersuchungsrichtung – Beispiele für gestalterische Arbeiten, die mit diesem Werkzeug erstellt sind, werden auf den Seiten[>278/373] gezeigt. Auch der Morphologische Kasten, eine vom Schweizer Astrophysiker Fritz Zwicky ins Räumliche erweiterte Matrix, kann für die Gestaltung besonders zweckmäßig dienstbar gemacht werden. Dabei wird ein Problem dreidimensional aufgeteilt und untersucht. Bereits diese ersten Beispiele zeigen, dass es sehr wohl gangbar und sinnvoll ist, methodische Verfahren zur Klärung gestalterischer Fragen einzusetzen.

Ein weiterer bedeutender Aspekt bei Experimenten – seien sie nun künstlerisch oder wissenschaftlich – ist das **Absichern von Ergebnissen**. Mit der Untersuchung von Teilaspekten oder Varianten können Neben- und Sonderwege durchgespielt werden. Was in der Wissenschaft Teil einer üblichen Vorgehensweise ist, wird von vielen Gestaltern ebenfalls praktiziert. Uwe Loesch äußerte sich hierzu während eines Symposions im Gespräch einmal so: «Selbst wenn ich beim ersten Entwurf die Lösung bereits gefunden habe, probiere ich noch viele weitere Möglichkeiten aus, nur um zu wissen, dass es tatsächlich die beste war.»

Manchmal hilft systematisches Vorgehen auch dabei, die **funktionale Fixierung**, wie es Psychologen nennen, zu überwinden. Da wir die Tendenz haben, Probleme in einer uns schon bekannten, eingeübten Weise zu lösen, hindert uns dies immer wieder, andere, möglicherweise bessere Lösungen zu finden, also kreativ zu werden. Doch wie können wir einstudierte Wege verlassen, wenn dies über reines Nachdenken nicht gelingt? Gerade in solchen Fällen sind Versuchsaufbauten und Systematiken ausgezeichnete Hilfsmittel. Sie laufen folgerichtig nach Gesetzmäßigkeiten oder zuvor festgelegten

24 Zitiert nach: Claudia Giannetti, «Kunst, Wissenschaft und Technik», in: MEDIEN KUNST NETZ, www.medienkunstnetz.de/themen/aesthetik_des_digitalen/kunst_wissenschaft_technik (aufgerufen am 03.06.2014).

Programmen ab und generieren so Varianten, die intuitiv nicht gewählt würden. Bekannte Lösungswege werden zwangsläufig verlassen, und was zunächst wie eine Einengung der Kreativität aussieht, stellt sich als deren Erweiterung heraus, die das Potenzial zu überraschenden Ergebnissen hat.

Das gestalterische Experiment soll also, wie das wissenschaftliche auch, mit konstanten Bedingungen und möglichst nur einer Variablen untersuchen und dabei nachvollziehbare und bewertbare Ergebnisse erzielen. Die ‹richtige› Reduktion von Komplexität generiert den Erkenntnisgewinn. Ein entscheidender Vorteil dabei ist die direkte Vergleichbarkeit: Die **Differenz** macht sichtbar und deshalb bewertbar. Es wird schneller und leichter die stärkere Form, die geeignetere Technik, der intelligentere Inhalt gefunden.

Wie kommen nun **Experimente** und methodische Verfahren im zuvor beschriebenen Sinn auch in Kunst und Gestaltung zum Einsatz? Welche historischen und aktuellen Beispiele können hierfür in Betracht gezogen werden? Wie und wo haben sich bildende Künstler, allgemeiner gesagt Gestalter, mit der systematischen Untersuchung visueller Phänomene befasst? Zunächst sind es Ausdauer und Hingabe, mit der manche dasselbe Thema oder Motiv immer wieder – manchmal ein Leben lang – bearbeiten, welche unser Interesse auf sich ziehen. Die Ziele ihrer Obsession können dabei höchst verschieden sein. Der Schweizer Arnold Böcklin [1827–1901] malte zwischen 1880 und 1886 fünf Versionen der TOTENINSEL. Das Thema Tod hatte in seinem Leben und Werk bestimmenden Einfluss und fand einen weiteren Ausdruck darin, dass er ab der dritten Version eine Grabkammer der Insel mit seinen Initialen versah.[25] Es ist dokumentiert, dass die Wiederholung mehr der Nachfrage und in einem Fall der Geldnot als einem künstlerischen Anliegen geschuldet ist, weshalb es hier nicht näher in Betracht gezogen wird. Der irische Maler Francis Bacon [1909–1992] malte «zwischen 1949 und den frühen 60er Jahren mehr als 40 Versionen»[26] des SCHREIENDEN PAPSTES nach einer Reproduktion des Gemäldes INNOZENZ X. [1650] von Diego Velázquez. Das Original hat er nie gesehen. Zwei weitere Motive liegen seiner Bildfindung zugrunde: Das eine ist «ein Standfoto aus Sergej Eisensteins Film PANZERKREUZER POTEMKIN, das eine schreiende Kinderfrau mit zerbrochener Brille zeigt»[27], das andere ein Foto von «Papst Pius XII. auf seiner Sänfte»[28]. Der SCHREIENDE PAPST kann als Metapher einer Verzweiflung interpretiert werden, die den Schmerz über die ausbleibende Erlösung im Diesseits ausdrückt. Durch die deutlich sich unterscheidenden Kompositionen, Formate und Farbgebungen handelt es sich jedoch jeweils um Einzellösungen, welche die Vergleichbarkeit einschränken. Deshalb ist auch diese Bildserie für unsere Betrachtung nicht geeignet. Der Japaner Katsushika Hokusai [1760–1849] erstellte zahlreiche vorbereitende Zeichnungen und eine Reihe von Drucken des Fujiyama, darunter die bekannte Serie von Farbholzschnitten 36 ANSICHTEN DES BERGES FUJI. Letztlich hat auch diese Reihe nicht die gesuchte Konsequenz. Folgende Arbeiten wurden deshalb hinsichtlich ihrer besonderen Relevanz für experimentelles Vorgehen und unter Berücksichtigung des zugänglichen und verfügbaren Bildmaterials zur näheren Betrachtung ausgewählt: LA VAGUE von GustaveCourbet [>28–29]; LA CATHÉDRALE DE ROUEN von Claude Monet [>30–31]; HEILANDS-

25 Vgl. www.de.wikipedia.org/wiki/Die_Toteninsel (aufgerufen am 22.01.2015).
26 Rolf Lauter, «Schreiender Papst», www.rolf-lauter.com/index.php?option=com_content&view=article&id=24&Itemid=33&kunstler=Bacon (nicht mehr aufrufbar, zuletzt aufgerufen am 15.08.2014).
27 Ebd. 28 Ebd.

GESICHT und ABSTRAKTER KOPF von Alexej von Jawlensky >32–33; DER MALER von
Pablo Picasso >34–35; HOMAGE TO THE SQUARE von Josef Albers >36–37 und WASSERTÜRME von
Bernd und Hilla Becher >36–37.

Gustave Courbet 1819–1877 malte bei seinen Aufenthalten in Étretat an der französischen
Atlantikküste viele Versionen des Bildes LA VAGUE >28. Das Städel Museum Frankfurt,
das eines dieser Bilder besitzt, spricht von «etwa sechzig Wasserwirbel[n], Flut- und
Brandungsbilder, die Courbet alle zwischen 1865 und 1869 an der normannischen Küste
begonnen und im Atelier vollendet hat. Sie sind Ausdruck menschlichen Lebenskampfes
und zugleich Symbol politischer Erneuerungshoffnung und Naturerfahrung»29.
Die Bilder zeigen meist nur Himmel und Meer, manchmal ein Stück Strand am unteren
Bildrand und seltener ein Boot, das an verschiedenen Orten auftaucht. Überzeugender
und moderner aus heutiger Sicht erscheinen die Versionen, die ausschließlich
Himmel und Meer aufweisen. In seiner transzendenten Bedeutung steht das Motiv für
das ewig Wiederkehrende, für Geburt und Tod. Darüber hinaus wird ihm politische
Bedeutung beigemessen, die es als Sinnbild für die aufkommende Demokratie der dritten
französischen Republik von 1871 interpretiert. Wie viele der Versionen dem
großen Verkaufserfolg geschuldet sind und wie viele einem inneren Antrieb folgen,
das Motiv besser zu erfassen, lässt sich nicht klären. Dass jedoch nach vielmaliger
Wiederholung die bessere Form, der stärkere Ausdruck gefunden wurde, erscheint
evident. Es ging Courbet also vermutlich darum, Form und Ausdruck zu steigern, dem
Motiv eine eindringlichere Qualität abzuringen. Obwohl einige der Variationen bereits
große Übereinstimmungen aufweisen, haben sie noch nicht die konzeptionelle und
formale Klarheit der ‹Serien› Monets, die etwa zwanzig Jahre später entstanden sind.

Claude Monet 1840–1926 begann Ende der Sechzigerjahre des 19. Jahrhunderts in impressio-
nistischer Weise zu malen. Das Bild IMPRESSION 1872, das der Richtung ihren Namen gab,
ist eine Hafenansicht von Le Havre. Knapp zwei Jahrzehnte später entstanden Monets
erste Bilder in Serie; er begann, dieselben Motive mehrfach – zunächst noch
aus unterschiedlichen Blickwinkeln und mit verschiedenen Kompositionen – zu malen.
Nach diesen frühen Annäherungen wird 1890/1891 mit den MEULES, den HEUHAUFEN,
erstmals ein Motiv konsequent ähnlich wiederholt, doch noch unterscheiden sich die
einzelnen Bilder deutlich. Ab «1890 gebraucht Monet den Begriff ‹Serie› und stellt
den größten Teil seiner Werke unter diesem Titel aus»30. Fast zur selben Zeit, 1891,
entstanden die dreiundzwanzig Gemälde der PEUPLIERS (PAPPELN), die bereits
unverkennbar ähnliche, oft nahezu gleiche Kompositionen haben, sodass sein Anliegen
– die Darstellung des Lichts zu verschiedenen Tages- und Jahreszeiten – bereits
hier deutlich wird. Nur ein Jahr später, von 1892 bis 1894, entstanden die
achtunddreißig Bilder LA CATHÉDRALE DE ROUEN >30–31. Von den ersten Serien Monets ist
diese die konsequenteste. Sämtliche Bilder zeigen mit kleinen Abweichungen
in Ausschnitt und Perspektive die Fassade der Kathedrale nahezu frontal. In der
Bildmitte befindet sich das Portal und seitlich davon die Türme. Monet untersuchte
anhand dieses strengen Aufbaus, der in seiner Konsequenz eine höchst moderne

29 Werkbeschreibung der Sammlung, www.staedelmuseum.de/sm/index.php?StoryID=104780bjectID=184 (aufgerufen am 04.06.2014).
30 Edition Montparnasse (Hrsg.), DIE GEBURT DES IMPRESSIONISMUS, Dokumentarfilm von Alain Jaubert, 1988.

Auffassung referiert, das Licht. Durch den hohen Abstraktionsgrad, die nahezu gleichen Kompositionen und die Wiederholung wird das eigentliche Motiv versachlicht und in den Hintergrund gedrängt, während sich die Aufmerksamkeit des Betrachters auf die Unterschiede von Licht- und Farbstimmung konzentriert, die zum eigentlichen Gegenstand der Untersuchung werden.

Alexej von Jawlensky [1864–1941] zog 1896 von Sankt Petersburg nach München und kam dort mit der Moderne, insbesondere dem deutschen Expressionismus in Berührung. Sein Frühwerk wird diesem zugerechnet und von der Kunstkritik lange höher bewertet als seine späten Arbeiten. Volker Rattemeyer stellt jedoch eine «Neubewertung des Gesamtwerks seit Ende der 60er Jahre»[31] fest, welche insbesondere die Serien ab 1914 betreffen. Bei Ausbruch des Ersten Weltkrieges ging Jawlensky ins Schweizer Exil und begann fünfzigjährig die Bildserie VARIATIONEN ÜBER EIN LANDSCHAFTLICHES THEMA. Den Reihentitel VARIATION ergänzt er mit unterschiedlichen Hinzufügungen wie «Berg und See», «Lichter Morgen», «Tragisch», «Zärtlichkeit» und vielen weiteren – das Werkverzeichnis zählt hier 284 Bilder. Aus dieser ersten Serie ging seine ‹Methode› der Wiederholung desselben Bildmotivs in demselben Stil hervor, die Beginn und Überleitung zu den KÖPFEN der folgenden zwei Jahrzehnte sein wird. Das Repertoire entwickelte er aus seinen expressionistischen Porträts, die er stilisiert und vereinfacht hat. Von 1917 bis 1937 malte er vier umfangreiche Bildreihen, die er MYSTISCHER KOPF, HEILANDSGESICHT, ABSTRAKTER KOPF und MEDITATION nannte. Auch diese Reihentitel erhielten, wie schon die Landschaftsvariationen zuvor, individuelle Ergänzungen. Ab 1917 entstanden 115 Bilder MYSTISCHER KOPF, die sich formal noch wenig seriell zeigen. Diese Köpfe werden mal frontal, mal im Halbprofil dargestellt, mal mit und mal ohne Hals. Ebenfalls 1917 begann er die Serie HEILANDSGESICHT [32], die dem Konstruktivismus zugerechnet wird und am Ende 87 Bilder umfasst. Diese Reihe ist bereits deutlich konsequenter und weist dennoch einen signifikanten Bruch auf. Mal sind die Köpfe mit offenen, mal mit geschlossenen Augen gemalt, so als ob er sich nicht für den nach innen oder den nach außen gerichteten Blick entscheiden konnte. Die Köpfe der zwei noch folgenden Serien haben dann stets geschlossene Augen. 1918 begann Jawlensky die Reihe ABSTRAKTER KOPF [32], die sich durch weitere Reduktion und Geometrisierung auszeichnet. Anstelle des malerischen Gestus traten nun klare Flächen, kräftige Farben und austarierte Helligkeitswerte. Er kehrte 1921 aus dem Exil nach Deutschland zurück und fand in Wiesbaden eine neue Heimat. Dort hat er bis 1934 die Mehrzahl der 274 Bilder ABSTRAKTER KOPF gemalt und von 1934 bis 1937 nahezu alle 580 Varianten von MEDITATION. Zwischen den Reihen lassen sich Übergänge, Überschneidungen und Entwicklungen beobachten, die mal prozesshaft, mal sprunghaft sind. Trotz seiner konsequent seriellen Arbeitsweise handelte es sich dennoch nie um in sich geschlossene, konsistente Serien, weil die einzelnen Arbeiten sich in Format und Farbgebung oft deutlich unterscheiden. Auch sind Beginn und Ende der Serien nicht eindeutig auszumachen, da ein steter Wandel und ein Verlauf mit Vor- und Rückschritten zu beobachten ist. So bleibt jedes Bild trotz seines Seriencharakters

31 Volker Rattemeyer, Renate Petzinger (Hrsg.), JAWLENSKY. MEINE LIEBE GALKA!, Ausstellungskatalog Museum Wiesbaden, Wiesbaden 2004, S. 63 f.

einzigartig, was sich überdies in den ergänzenden Untertiteln ausdrückt. Dem prinzipiell empirischen Vorgehen Jawlenskys steht dabei eine erstaunlich formale Konsequenz gegenüber. Ob und inwiefern er sich der Modernität seiner Arbeitsweise bewusst war, lässt sich nach heutigem Wissensstand nicht klären, da keinerlei Zeugnisse oder Äußerungen von ihm zu seiner Kunst vorliegen. Volker Rattemeyer schreibt hierzu, «dass Jawlensky [...] alle theoretischen Erörterungen der eigenen Arbeit als Spekulation betrachtete»[32]. Dass diesen Serien möglicherweise die letzte Konsequenz, die exakte Nachvollziehbarkeit fehlt, mindert ihre wegweisende Qualität nicht im Geringsten. Vielmehr manifestiert sich in ihnen eine frühe Vorwegnahme moderner, künstlerischer Methoden. Rattemeyer schreibt weiter, «Jawlensky sei auf der Suche nach [...] einer utopischen Form gewesen, auch bei ihm zeige sich das Paradoxon, dass die serielle Arbeit diese Suche ständig neu belebe, ohne dass sie sich auf einen Höhepunkt zubewege, dass das einzigartige Bild also gar nicht entstehe, sondern sich letztlich als Summe des seriellen Werkes darstelle»[33]. Demnach stellen die Serien Jawlenskys, wie dies auch bei anderen Serien der Fall ist, das einzelne Bild als einzigartiges Kunstwerk infrage.

Pablo Picasso [1881–1973] und seine epochemachenden Werke sind hinlänglich bekannt. Seinem Spätwerk standen Publikum und Kritik in der Mitte des 20.Jahrhunderts jedoch eher hilflos gegenüber. Seit Ende des Zweiten Weltkrieges bis weit in die Sechziger-jahre ist in der internationalen Kunstszene die Abstraktion dominierend. Picassos Spätwerk, eine Mischung aus Kubismus, Expressionismus und kindlichem Vortrag — von der Kunstwelt kaum einzuordnen — kommentierte er selbst so: «Ich konnte schon früh zeichnen wie Raphael, aber ich habe ein Leben lang dazu gebraucht, wieder zeichnen zu lernen wie ein Kind.» Und zur Abstraktion bekundete er: «Es gibt keine abstrakte Kunst. Man muß immer mit etwas beginnen. Nachher kann man alle Spuren des Wirklichen entfernen.»[34] Die vorgestellte Serie DER MALER[34] entstand vom 10. bis 24.Oktober 1964, also in gerade einmal zwei Wochen, und besteht aus 29 Bildern. Es sind Übermalungen der Reproduktion eines seiner Ölgemälde mit Gouache und Tusche. Zu sehen ist der Kopf des Malers, seine Hand, das Zeichenwerkzeug und eine Staffelei mit der Leinwand im Anschnitt. Warum erstellte Picasso, dem große zeichnerische Meisterschaft zugesprochen wird, neunundzwanzig Variationen desselben Motivs, das er zuvor bereits gemalt hat? Was bewegte ihn zu dieser erneuten Auseinandersetzung? Format, Motiv, Komposition und Farbpalette sind im Wesentlichen geklärt und bleiben annäherungsweise gleich. Das Objekt seiner Untersuchung ist letztlich der sich verändernde Ausdruck durch die Variation seines Vortrags. Dabei ist bemerkenswert, dass die selbstgewählte Beschränkung, die Übermalung des eigenen Bildes mit dem sich gleichenden Motiv, seine Kreativität und seine Lust am Objekt in keiner Weise zu mindern scheint, sondern im Gegenteil ihn vielmehr stimuliert. Picasso behandelte in seinem langen Künstlerleben dieselben Themen und Motive immer wieder in umfangreichen Reihen, jedoch selten mit der hier vorliegenden formalen Konsequenz.

32 Ebd., S.58.
33 Ebd., S.73.
34 Dietmar Elger, ABSTRAKTE KUNST, Köln 2008, S.26.

35 Zitiert nach: GOTTHARD GRAUBNER. GESPRÄCH MIT JOSEF ALBERS, Ausstellungskatalog, Museum Quadrat Bottrop, Düsseldorf 2011, S. 95.
36 Ebd., S. 117.

Josef Albers [1888–1976] studierte seit 1920 und lehrte ab 1925 am Bauhaus, bis er 1933 in die USA emigrierte. Dort unterrichtete er zunächst an verschiedenen Hochschulen, bevor er 1950 an die Yale University kam. Im selben Jahr begann er mit seiner Bildreihe HOMAGE TO THE SQUARE [36], an der er fünfundzwanzig Jahre lang gearbeitet hat. Es entstanden mehr als tausend Arbeiten zu diesem Thema: Gemälde, Zeichnungen, Drucke und Tapisserien. Die Bilder bestehen immer aus drei oder vier verschiedenfarbigen Quadraten, die derart ineinandergeschachtelt sind, dass sie am unteren Bildrand näher zusammenstehen als oben und zwar meist im Verhältnis eins zu drei. Schon aufgrund dieser Anordnung entsteht eine räumliche Wirkung. Albers benutzte ausschließlich industrielle Farben, um Vergleichbarkeit bei unterschiedlichen Farbkombinationen zu erzielen. Anhand dieser einfachen geometrischen Figur erkundete Albers die Subjektivität unserer Farbwahrnehmung. Es ging ihm um die Wechselwirkung der Flächen, die mal heller, mal dunkler zu sein scheinen, die sich vermeintlich mal hinten und mal vorne befinden, die mal hoch oder tief stehend wirken und manchmal beides zugleich – dadurch entstand ein schwebender Eindruck. Diese wechselnden Erscheinungen nannte er einerseits objektiv gegebene Tatsachen, «factual facts», und andererseits subjektiv sinnliche Seherfahrung, «actual facts». Albers war der Ansicht, dass nur der Schein nicht trügt. 1963 legte er die gewonnenen Erkenntnisse in seiner einflussreichen Abhandlung INTERACTION OF COLOR, einer Studie zur Farbtheorie, nieder. Josef Albers untersuchte darin nicht das Quadrat, sondern die Farbe, der Titel HOMAGE TO THE SQUARE beschreibt also genau genommen sein Thema nicht richtig. Das Quadrat wurde von ihm, so kann man annehmen, aufgrund seiner Neutralität und Richtungslosigkeit gewählt, eine Figur, die emotionale Aspekte weitgehend zurücknimmt. Er selbst äußerte sich dazu so: «Farbe ist der Kern meiner Sprache. Sie ist sich selbst genug. Ich huldige nicht dem Quadrat. Das Quadrat ist nur ein Tablett, auf dem ich meine Verzückung durch die Farbe ausbreite»[35], und «Wenn ich male, sehe und denke ich zunächst – Farbe. Und zumeist Farbe als Bewegung. Nicht als Begleitung von Form. [...] Sondern als Farbe in dauernder innerer Bewegung.»[36] Diese umfangreichen Reihen untersuchen das Phänomen und die Physiologie unserer Farbwahrnehmung.

Bernd [1931–2007] **und Hilla Becher** [geb. 1934] verfolgten bei ihren Fotografien zunächst lediglich das Ziel, Industriebauten zu dokumentieren. Ihre Aufnahmen sind dabei gezielt sachlich und neutral, ihre Stilmittel sind Zentralperspektive, Verzerrungsfreiheit, bedecktes Tageslicht und meist ein leicht erhöhter Standpunkt. Großenteils sind es Industriearchitekturen wie Wasser- und Fördertürme, Gasometer, Hochöfen und Fabrikhallen. Durch die Zusammenstellung gleicher Objekte in Tableaus entstanden typologisch geordnete Serien, sogenannte ‹Typologien›. Derart aufbereitet führen ihre vergleichenden Anordnungen zu Erkenntnissen über Architektur, insbesondere über Industriearchitektur und Industriegeschichte. Aus ihren zahlreichen Reihen wurde hier die Serie WASSERTÜRME [36] gewählt, weil diese grundlegend und archetypisch für die Arbeit der Bechers ist. Bei aller dokumentarischer Sachlichkeit und Klarheit der Aufnahmen haben ihre Reihen eine visuelle

Kraft, die eine eigenständige künstlerische Position formuliert. Dies wurde von der Kunstwelt alsbald wahrgenommen und der Konzeptkunst zugerechnet, wodurch ihre Arbeiten Bekanntheit und Berühmtheit erlangen, die weit über die Fotografie hinausgeht. Selbstverständlich führen nicht alle gestalterischen Experimente zu derart überzeugenden Ergebnissen. Allem Anschein nach haben jedoch, trotz des Primats der Intuition in der Kunst, eine Reihe von Künstlern Methoden entwickelt und angewendet, die Ähnlichkeiten mit denen der Wissenschaft aufweisen. Sie entwarfen Versuchsanordnungen, führten Versuchsreihen durch, erfanden Verfahren, die ihren individuellen Anforderungen und Bedürfnissen zuspielen. Offensichtlich wenden sie also Methoden an, die sich auf dem Gebiet der Kunst als erfolgreich erwiesen haben und die dabei meist eine unverkennbar persönliche Prägung ausbilden.

Als ein **Grenzgänger** zwischen Wissenschaft und Kunst ist Eadweard Muybridge[1830-1904] anzusehen. Mit fotografischen Serien untersuchte er systematisch Bewegungsabläufe bei Menschen und Tieren›[38], die er mit in Reihe angeordneten Kameras von 1872 bis 1885 erstellte. Seine Aufnahmen sind einerseits anatomische, bewegungsphysiologische Studien und zeichnen sich andererseits durch eine hohe ästhetische Qualität aus. Ist diese ungewöhnliche und sinnfällige Verbindung von Wissenschaft und Kunst ein Einzelfall oder gibt es weitere Beispiele?

Paul Feyerabend schreibt in seinem Buch WISSENSCHAFT ALS KUNST zur Beziehung zwischen denselben Folgendes: «**Alle Fächer waren zuerst ‹Künste›** (‹technai› bei den Griechen), das heißt, sie unterschieden sich zwar in ihren Ergebnissen (die Kunst der Navigation war verschieden von der Kunst des Heilens und diese wieder von der Kunst der guten Rede), nicht aber in ihren Methoden – man sammelte Erfahrungen, ordnete sie so gut wie nur möglich [...] sie bestanden auch im rechten Erkennen von Symptomen (des Wetters, einer Krankheit), das heißt, man konnte sie nicht vom Prozeß des Lernens und der Praxis [...] trennen und ‹objektivieren›»[37], und einige Seiten später: «Vom Altertum bis in die Renaissance waren die Malerei, die Bildhauerei, die Architektur bloßes Handwerk. [...] Die mittelalterlichen Universitäten nehmen Musik und Poesie unter die liberalen Künsten auf, aber die Malerei bleibt noch unter den Gilden.»[38] Die Zeichnung HORTUS DELICIARUM der Äbtissin Herrad von Landsberg aus dem 12. Jahrhundert veranschaulicht dies: «In der Mitte der Septem artes liberales steht symbolisch die Philosophie. Aus ihr mündet der dreiteilige Strom von Grammatik, Rhetorik und Dialektik und der vierteilige von Musik, Arithmetik, Geometrie und Astronomie.»[39] Bis zur Renaissance waren Künstler also Handwerker. Eine Veränderung trat mit Ausnahmeerscheinungen wie Leonardo da Vinci ein, die in Bereiche vordrangen, die bisher von anderen Künsten beansprucht wurden. Leonardo war als Ingenieur, Anatom, Architekt, Kartograf, Stadtplaner und Botaniker tätig. Er betrieb anatomische Studien, erfand Katapulte, Raketen, Druckerpressen, Roboter, Windmühlen, Panzer, Bewässerungssysteme, Fluggeräte usw. In seinen Aufzeichnungen findet man den erstaunlichen Satz «Wer kein Mathematiker ist, der lese mich nicht, denn ich bin dem Prinzip nach ein solcher»[40]. Ob dies tatsächlich seinem Selbstverständnis entsprach

37 Paul Feyerabend, WISSENSCHAFT ALS KUNST, Frankfurt am Main 1984, S. 8.
38 Ebd., S. 22.
39 Kunstgewerbemuseum Zürich (Hrsg.), ORNAMENT? OHNE ORNAMENT, 5 Bände, Band 2: Roland Gross, SYMMETRIE, Ausstellungskatalog, Zürich 1965, S. 5.
40 Vgl. Leonardo da Vinci, THE NOTEBOOKS OF LEONARDO DA VINCI., J.P. Richter (Hrsg.), New York 1970 [London 1883], Band 3, Kapitel 39.

oder ob seine Absicht die Aufwertung der eigenen Tätigkeit war, lässt sich kaum bestimmen. Auch der ausgebildete Bildhauer Michelangelo arbeitete disziplinübergreifend als Maler, Architekt und Ingenieur; und Albrecht Dürers UNDERWEYSUNG DER MESSUNG, MIT DEM ZIRCKEL UND RICHTSCHEYT hat mehr mit Geometrie und Mathematik als mit Kunst zu tun. Die Zentralperspektive war eine Entdeckung der Renaissancekünstler und wird heute von nahezu allen Disziplinen für die Darstellung ihrer Thesen und Modelle genutzt – von der Architektur bis zu künstlichen Filmwelten, von der Medizin bis zur Biologie, von der Astronomie bis zur Atomphysik.

Ihre Entdeckungen und Erfindungen führten zu einer Verwissenschaftlichung der Künste und damit letztlich zu deren Aufwertung. In der Zeit der Aufklärung jedoch fand eine Trennung von Wissenschaft und Kunst statt. Es bildete sich eine Wissenschaft aus, die objektiv und neutral sein wollte, und eine Kunst, die sich dem Subjektiven, dem Sinnlichen und Emotionalen zuwandte. Ursula Brandstätter erläutert es näher: «Ein wesentlicher Einschnitt im Verhältnis zwischen Wissenschaft und Kunst ergab sich im 18. Jahrhundert, im Jahrhundert der Aufklärung, in dem der Vernunft eine Vorrangstellung gegenüber allen anderen menschlichen Fähigkeiten eingeräumt wurde.

So wie das analoge Denken und metaphorische Erkennen in den Hintergrund gedrängt wurde, das heißt aus dem Bereich der Wissenschaften verdrängt und dem Sonderbereich der Kunst zugesprochen wurde, kam es insgesamt zu einem Auseinanderdriften der wissenschaftlichen und künstlerischen Methoden, Aufgaben und Funktionen. [...] Während sich die Wissenschaften immer stärker am Ideal der Objektivität und der intersubjektiven Verallgemeinerbarkeit ihrer Erkenntnisse zu messen hatten, bekam die Kunst eine Sonderrolle als Refugium für die aus der Wissenschaft verdrängte Subjektivität, Individualität und Originalität.»[41] Diese Trennung wurde im Wesentlichen bis ins 20. Jahrhundert fortgeschrieben, wobei die einzelnen wissenschaftlichen Disziplinen hochspezialisierte Methoden entwickelten. Seit den Achtzigerjahren des vergangenen Jahrhunderts findet indes eine zunehmende Diskussion über die erneute Annäherung von Wissenschaft und Kunst statt. Eine große Zahl von Aufsätzen, Schriften, Ausstellungen und Symposien sind hierfür deutliche Hinweise. Dabei wird einerseits die Objektivität und Neutralität der Wissenschaften infrage gestellt und andererseits eine Entwicklung in den Künsten erörtert, die sich von Neuem wissenschaftlichen Methoden zuwendet. Diese Entwicklung gipfelt in der provozierenden und viel diskutierten These von Paul Feyerabend: «[S]o beschreibt man die analoge Situation in den Wissenschaften [im Verhältnis zu den Künsten, Anm.] und die vielen Überschneidungen, die es zwischen ihnen gibt, [...] am besten, indem man sagt, daß die Wissenschaften Künste sind, im Sinne dieses fortschrittlichen Kunstverständnisses. [...] Würden wir in einer Zeit leben, in der man naiv an die heilende Macht und die ‹Objektivität› der Künste glaubt [...], dann wäre es natürlich ebenso angebracht, darauf zu verweisen, daß die Künste Wissenschaften sind.»[42] Ein bekanntes Beispiel der Physik verdeutlicht eindrucksvoll die Relativität wissenschaftlich gewonnener Erkenntnis.

Das Phänomen Licht wird heute im Wesentlichen mit zwei völlig unterschiedlichen Modellen erklärt: Je nachdem, welches Phänomen man beobachtet, wird es als elektromagnetische Welle oder als Lichtquant, genannt Photon, beschrieben. Zwischen

41 Ursula Brandstätter, GRUNDFRAGEN DER ÄSTHETIK, Köln, Weimar, Wien 2008, S. 40 f.
42 Vgl. Leonardo da Vinci, 1970, Band 3, Kapitel 39.

dem Versuchsaufbau und dem zu erkennenden Objekt besteht eine Wechselwirkung, die das Licht zwingt, sich einmal als Welle und einmal als Teilchen zu verhalten. Beide Modelle sind gleichzeitig richtig und unvereinbar. Dieses Beispiel, das stellvertretend für viele weitere stehen soll, legt den Schluss nahe, dass die Art der Beobachtung entscheidenden Einfluss auf unsere Wahrnehmung und Erkenntnis nimmt und dass auch die Wissenschaft immer nur solche Einsichten in die Wirklichkeit hervorzubringen vermag, die Gültigkeit in einem bestimmten Kontext erlangen.

Im Folgenden werden anhand **exemplarisch ausgewählter Arbeiten** jüngerer Zeit weitere gestalterische Methoden und Beispiele vorgestellt, die aus Fachdisziplinen wie Werbung, Plakatgestaltung, Kunstgeschichte und Dokumentation stammen und die unterschiedlichste Darstellungstechniken wie Fotografie, Zeichnung, Malerei und Objektbau verwenden. Es kommen gestalterische Verfahren zur Anwendung, die – bei aller Differenz in Konzept und Ausführung –, Methoden erkennen lassen, die die Breite an Möglichkeiten veranschaulichen und die wir als experimentelle Gestaltung bezeichnen wollen. Ein erstes Beispiel ist die weltweite Werbekampagne von Absolut Vodka>254ff. Vermutlich ist sie eine der international bekanntesten Serien zu einem einzelnen Produkt, basierend auf einem einzigen Prinzip – die Variation seiner Verpackung, der Flasche. Ein weiteres Beispiel sind die berühmten Jazzplakate>150 von Günther Kieser, die von ihm über viele Jahrzehnte mit großer Konsequenz und überbordender Fantasie gestaltet wurden. Immer wieder hat er Musikinstrumente in fantastisch-unmögliche Objekte verwandelt. Diese Reihe gibt sich nicht durch formale Geschlossenheit, sondern durch die Behandlung ähnlicher Motive auf ähnliche Weise zu erkennen. DAS GROSSE SCHWEINEBUCH ODER: DAS SCHWEIN IN DER BILDENDEN KUNST DES ABENDLANDES>116ff von Michael Ryba zeigt Bilder, Plastiken, Objekte und Artefakte der Kunstgeschichte, deren Protagonisten von ihm liebevoll durch Schweine ersetzt wurden. Der Reihencharakter entsteht einerseits durch das immer wiederkehrende Motiv ‹Schwein› und andererseits durch das Zitieren bekannter kunstgeschichtlicher Standards. Trotz der unvermeidbar großen stilistischen Wechsel entsteht auch hier ein klar inhaltlich geprägter Zusammenhang. TAG UM TAG GUTER TAG>112–113 ist eine Reihe von über fünftausend Gemälden des Künstlers Peter Dreher, die ein und dasselbe Glas zeigen. Glaubt man zunächst, es mit der identischen Wiederholung desselben Bildes zu tun zu haben, so muss man erkennen, dass sich jedes durch Nuancen in Farbe und Reflexen vom anderen unterscheidet. Die eine Hälfte der Bilder ist am Tag, die andere bei Nacht gemalt. «1972 entstand ein erstes einzelnes Bild vom Glas. Seit 1974 entstehen jedes Jahr mindestens 50 Bilder, die ein leeres Wasserglas auf weißer Tischfläche vor weißem Hintergrund zeigen. Das gemalte Glas ist in natürlicher Größe im Bild. Die äußeren Verhältnisse, wie Beleuchtung, Entfernungen, Bildformat bleiben unverändert.»[43] Es sind die minimalen Differenzen zwischen den einzelnen Bildern, die den besonderen Reiz dieser Arbeit ausmachen und die gleichsam subjektive Momentaufnahmen des Künstlers sind. Über vier Jahrzehnte hat sich diese konzeptionell-serielle Malerei zu einem Lebenswerk entwickelt. PARLAMENTE>222ff ist eine fotografische Arbeit von Jörg Hempel, die menschenleere Plenarsäle verschiedener Länder zeigt. Zentralperspektive, gleichmäßige Ausleuchtung und ähnliche

Aufnahmeposition stellen Vergleichbarkeit her. So werden Unterschiede deutlich und ermöglichen oder provozieren Interpretation und Bewertung. Diese Innenräume erzählen durch ihre Architektur, Möblierung und Dekor über Kultur und Geschichte des jeweiligen Landes, und man ist geneigt, Landestypisches oder gar Regierungsformen abzulesen.

Die zuvor beschriebenen Beispiele legen dar, dass **Methoden** in der Gestaltung ebenfalls erfolgreich eingesetzt werden, es also sehr zweckmäßig sein kann, individuelle Verfahren für die eigenen Anliegen zu entwerfen. Und dennoch: gültige Methodologien, ein Repertoire standardisierter Methoden, wie wir diese in den Wissenschaften vorfinden, stehen hier nicht zur Verfügung. Auch würde deren Einsatz aller Wahrscheinlichkeit nach nur Erwartetes hervorbringen, denn einmal erfunden, ist die Wiederholung kein schöpferischer Akt mehr. Künstlerische Methoden sind daher im Sinne von Kreativität kaum erneut verwertbar. Umgekehrt ist deshalb streng genommen auch der kreative Akt in der Wissenschaft nicht wissenschaftlich, da er einzigartig ist. Erst die nachfolgende experimentelle Bestätigung, die wiederholbar sein muss, erfüllt wissenschaftliche Kriterien. Überspitzt kann also gesagt werden, dass Wissenschaft im heutigen Sinn lediglich Hypothesen und Theorien bestätigt, während die Aufstellung derselben ein künstlerischer Akt ist – oder wie Friedrich Kittler es ausdrückt: «Die Wissenschaft schafft Wissen und der Weg ist die Kunst.»

Die gestalterische Forschung muss also vielfältige eigene Methoden erfinden, ausprobieren und verwerfen. Gerade hier ist «Methodenpluralismus» gefordert, ein Begriff, der dem erkenntnistheoretischen Werk LOGIK DER FORSCHUNG[44] von Karl Popper entlehnt ist. Wenn Methode in der Gestaltung ein **variables System** meint, das Systematiken und deren Modifikation zulässt, das steuerbar und beeinflussbar bleibt, das individuell adaptierbar ist, dann kann dieses Werkzeug ein bemerkenswertes Potenzial entwickeln. So verstanden und angewendet können Methoden Teil des kreativen Prozesses werden, die den Erkenntnisgewinn befördern und durch gezieltes, methodisches Experimentieren den Prozess des blinden Ausprobierens verkürzen helfen. Nur wenn die gewählten Ziele durch die gestalteten oder erfundenen Methoden besser erreicht werden, sind sie als nützlich oder wertvoll zu bewerten.

Im Folgenden werden weitere Beziehungen zwischen wissenschaftlicher und künstlerischer **Kreativität** verdeutlicht, weshalb der Begriff vorab knapp umrissen wird. In der umfangreichen Literatur dazu findet man das Begriffspaar ‹vertikales und horizontales Denken›, das stark verkürzt so beschrieben werden kann: ‹Vertikales Denken› meint folgerichtiges Denken – Schlüsse zu ziehen, die als richtig oder falsch, als nützlich oder nutzlos bewertet werden – und kommt insbesondere in Logik, Philosophie und Mathematik zur Anwendung; Edward De Bono nennt es auch «selektives Denken»[45], da es in richtig und falsch unterscheidet. Demgegenüber meint ‹horizontales Denken› kreatives Denken. Es wird als ein Denken in Alternativen beschrieben, das Vergleiche zieht, Analogien herstellt, Möglichkeiten durchspielt, weitere Wege

44 Herbert Keuth (Hrsg.), KARL POPPER. LOGIK DER FORSCHUNG, Berlin 2004.
45 Edward de Bono, LATERALES DENKEN: EIN KURS ZUR ERSCHLIESSUNG IHRER KREATIVITÄTSRESERVEN, Düsseldorf, Wien, New York 1989.

sucht, das mit Parallelen, Assoziationen und Vielfalt arbeitet, und so zu einer Bandbreite von Ergebnissen führt. Es schafft also Möglichkeiten und wird deshalb auch ‹generatives Denken› oder von de Bono «laterales Denken» genannt. Er setzt es mit kreativem Denken gleich und sagt hierzu: «Laterales Denken ist eng verwandt mit Intuition, Kreativität und Humor. Alle vier Vorgänge haben dieselbe Basis.»[46] Beide ‹Denkweisen› finden ihre Entsprechung bei der Kategorisierung der sogenannten Kreativitätstechniken. Auch hier unterscheidet man im Wesentlichen wieder zwei Gruppen: Die ‹intuitive› Methode arbeitet ähnlich dem horizontalen Denken mit Assoziationsketten, Analogien, Verfremdungen und soll helfen, eingefahrene Lösungswege zu überwinden, neue Verknüpfungen herzustellen. Hier sind ein knappes Dutzend Hauptmethoden und zahllose Varianten in Umlauf – bekannte wie Brainstorming oder Mindmapping und weniger bekannte wie die semantische Intuition oder Analogietechnik. ‹Diskursive› Methoden funktionieren ähnlich wie das vertikale Denken, also logisch-schlussfolgernd. Hier sind deutlich weniger Methoden in der breiten Anwendung, etwa ein halbes Dutzend, wie beispielsweise die Morphologische Matrix, die Relevanzbaumanalyse oder die Funktionsanalyse. Kreativitätstechniken (Heuristiken) sind Verfahren, die bei Problemen zum Einsatz kommen, bei denen man durch Logik oder aus Mangel an Daten oder gesicherten Erkenntnissen nicht weiterkommt; dazu «werden u.a. [...] Vermutungen, Analogien, Hypothesen, Modelle, Gedankenexperimente [eingesetzt]»[47]. Auch Methoden, die zur Findung von Lösungen in sogenannten offenen Situationen angewendet werden, nennt man heute Kreativitätstechniken. Zahlreiche der vorgestellten Arbeiten sind damit erstellt, davon entlehnt oder abgeleitet. Die visuelle Kreativität soll also mit verschiedenen Methoden stimuliert werden, um schneller und gezielter zu Ergebnissen zu gelangen. Gleichwohl bedeutet dies nicht, dass sich Methode geradewegs in Kreativität verwandelt, vielmehr wird sie als Mittel und Werkzeug eingesetzt.

Eng verbunden mit der Kreativität ist die **Intuition** – definiert als Eingebung, ahnendes Erfassen oder unmittelbare Einsicht in Zusammenhänge ohne eine rationale oder bewusste Ableitung. Intuitives Handeln kann ebenso bedeuten, einen bekannten, viel genutzten Lösungsweg zu verlassen, um einer Ahnung zu folgen. Der Physiker und Nobelpreisträger Gerd Binnig schreibt über die Bewertung der Intuition: «In der Wissenschaft sind intuitive Gedanken verpönt. [...] Die Ablehnung intuitiver Gedanken wird aber übertrieben. Eigentlich sind alle wichtigen Arbeiten in der Wissenschaft Intuition zu verdanken. Das darf man anscheinend nur nicht zugeben.»[48] Warum kommt also, trotz Methode und Systematik, trotz des Sammelns von Daten und Informationen, der Intuition nicht nur in der Kunst, sondern eben auch in der Wissenschaft eine so bedeutende Rolle zu? Weil, wie bereits erwähnt, die gesammelten Fakten niemals vollständig, meist fehlerbehaftet und überdies vielfach interpretierbar sind. Wenn letztlich das Sammeln der Daten abgebrochen werden muss und die immer unvollständig bleibenden Informationen ausgewertet werden müssen – sei es aus Zeitmangel oder zu großer Komplexität –, dann kommt die Intuition ins Spiel.

46 Ebd., S. 10.
47 Bibliographisches Institut (Hrsg), BROCKHAUS ENZYKLOPÄDIE IN 30 BÄNDEN, Leipzig, Mannheim 2006, Band 12, S. 427f.
48 Gerd Binnig, AUS DEM NICHTS. ÜBER DIE KREATIVITÄT VON NATUR UND MENSCH, München, Zürich 1989, S. 219.

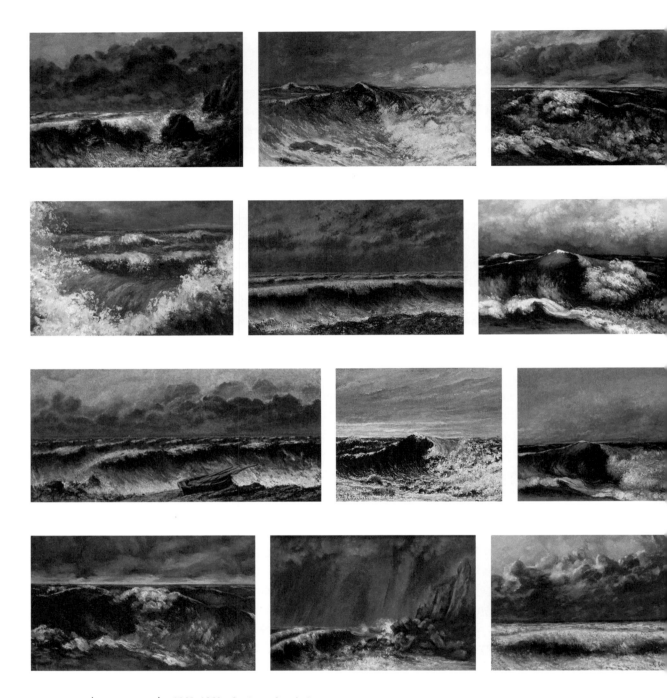

LA VAGUE (DIE WELLE), 1865—1869, Gustave Courbet.

103×73 cm 100×65 cm 100×65 cm 100×65 cm 100×65 cm

100×73 cm 106×73 cm 110×73 cm 106×74 cm 106×73 cm

91×63 cm 100×65 cm 100×65 cm 106×73 cm 92×65 cm

LA CATHÉDRALE DE ROUEN (KATHEDRALE VON ROUEN), 1892–1894, Claude Monet.

×65 cm   100×65 cm   100×65 cm   100×65 cm   100×65 cm

×65 cm   100×65 cm   100×65 cm   100×65 cm   100×65 cm

×73 cm   106×73 cm

Daniel Wildenstein (Hrsg.), MONET ODER DER TRIUMPH DES IMPRESSIONISMUS, Werkverzeichnis, Köln 1996.

31 ENTWURF EINER SYSTEMATIK VISUELLER METHODEN

HEILANDSGESICHTER, 1917–1937, Alexej von Jawlensky (18 von 87 Bildern laut Werkverzeichnis).

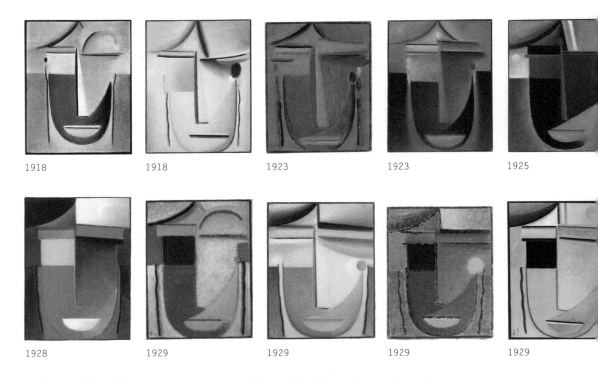

ABSTRAKTE KÖPFE, 1918–1937, Alexej von Jawlensky (20 von 274 Bildern laut Werkverzeichnis).

.8   1919   1919   1919

1   1921   1922   1931

 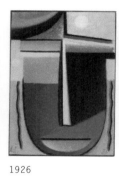  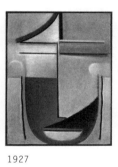 

5   1926   1926   1927   1928

 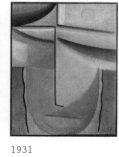   

0   1931   1931   1933   1935

Volker Rattemeyer, Renate Petziger (Hrsg.), JAWLENSKY. MEINE LIEBE GALKA!, Wiesbaden 2004.

33 ENTWURF EINER SYSTEMATIK VISUELLER METHODEN

Das Ölgemälde
im Format 92×73cm ist
das Ausgangsmotiv.
Die gedruckte Reproduktion
wurde mit Gouache
und Tusche übermalt.
Jeweils 98×75cm

DER MALER, 10. bis 24. Oktober 1964, Pablo Picasso.

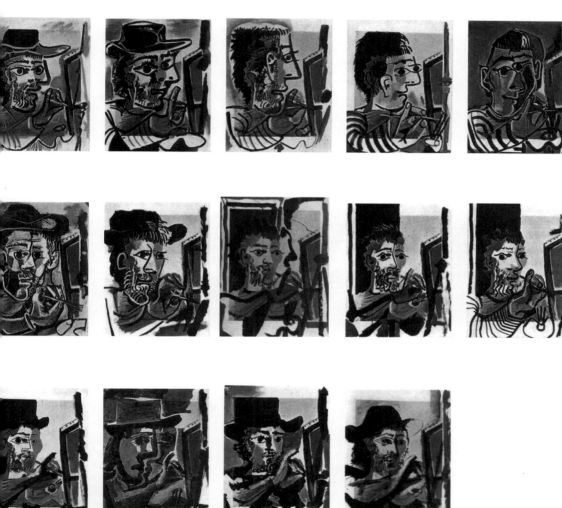

Ingo F. Walther (Hrsg.), PABLO PICASSO, Köln 2002.

35 ENTWURF EINER SYSTEMATIK VISUELLER METHODEN

HOMAGE TO THE SQUARE, 1950–1976, Josef Albers.

WT 7, 1967–1982
9 Schwarz-Weiß-
Fotografien,
alle Deutschland,
40×30 cm.

WT 12, 1972–1987
9 Schwarz-Weiß-
Fotografien,
7 Frankreich,
1 Italien,
1 Deutschland,
40×30 cm.

WASSERTÜRME, Bernd und Hilla Becher.

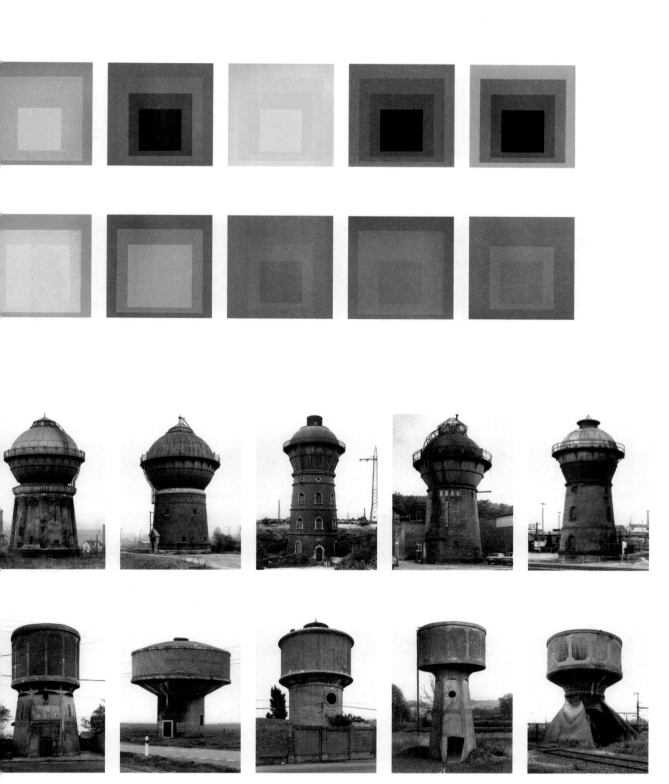

Unten: BERND & HILLA BECHER – TYPOLOGIEN INDUSTRIELLER BAUTEN, Düsseldorf 2003. Oben: Josef Albers, FORMULATION : ARTICULATION, London 2006.

37 ENTWURF EINER SYSTEMATIK VISUELLER METHODEN

38 ENTWURF EINER SYSTEMATIK VISUELLER METHODEN

Eadweard Muybridge, THE MALE AND THE FEMALE FIGURE IN MOTION, 60 CLASSIC PHOTOGRAPHIC SEQUENCES, Dover Publications, New York 1984.

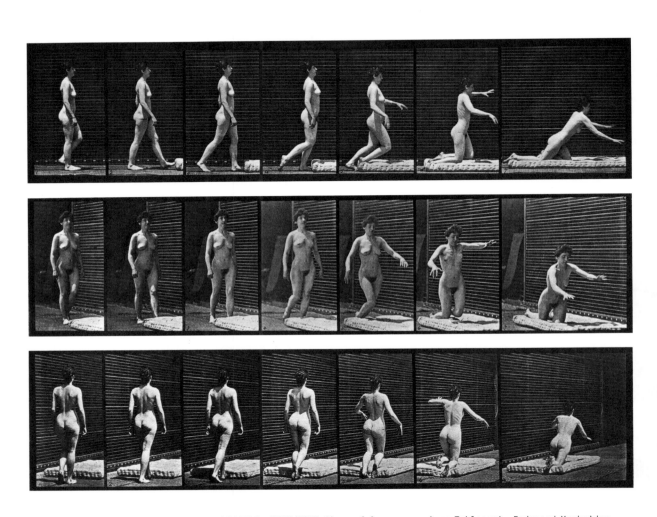

STUMBLING AND FALLING ON THE GROUND, 1884/1885 (3 von 6 Sequenzen eines Tableaus), Eadweard Muybridge.

SNOW CRYSTALS, 1931 (12 von mehr als 5000 Fotografien), Wilson A. Bentley.

Wilson A. Bentley, William J. Humphreys, SNOW CRYSTALS, Dover Publications, New York 1962.

39 ENTWURF EINER SYSTEMATIK VISUELLER METHODEN

Dieses Fraktal wurde mit
dem Programm Ultra Fractal 3
erstellt. Die Bilder, die
den Ausschnitt des nächsten
Bildes zeigen, wurden von
uns überarbeitet.

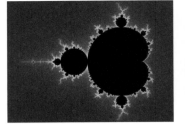 

 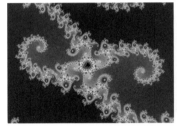 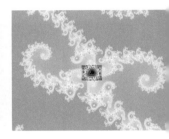

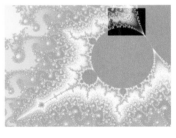 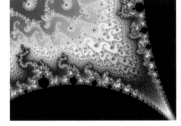 

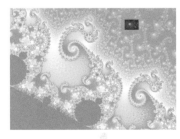 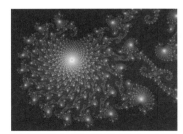 

FRAKTAL, 2006, Wolfgang Beyer.

Wolfgang Beyer, FRAKTAL, www.de.wikipedia.org/wiki/Datei:Mandel_zoom_00_mandelbrot_set.jpg (aufgerufen am 10.03.2015).

41 ENTWURF EINER SYSTEMATIK VISUELLER METHODEN

Das Unbewusste ist, so wird vermutet, besser in der Lage, große Informationsmengen zu berücksichtigen und zu bewerten. Das bekannte Goethe-Zitat «Wenn ihr's nicht fühlt, ihr werdet's nicht erjagen»[49], beschreibt vermutlich genau diesen Zusammenhang. Die Fähigkeit zur intuitiven Bewertung basiert auf jahrelanger Beschäftigung mit einem Thema, auf unzähligen Wiederholungen und somit auf großer Erfahrung. Das eine führt zum anderen, Erfahrungen und Erkenntnisse, die mithilfe unterschiedlicher Methoden gewonnen werden, befördern die Intuition. Der Psychologe und Unternehmensberater Peter Kurse stellt in seinem Kurzbeitrag auf YouTube fest: «Wenn Sie intuitiv tätig sind, sollten Sie eine sehr lange Lerngeschichte am Rande der Überforderung hinter sich haben.»[50] Weiter führt er aus, dass nur dann die Chance besteht, eine intuitiv richtige Entscheidung zu fällen, wenn die Erfahrungen, auf denen sie beruht, noch aktuell sind. Arthur Koestler beschäftigt sich in DER GÖTTLICHE FUNKE eingehend hiermit und schreibt: «Der schöpferische Akt schafft nicht aus dem Nichts – er deckt auf, wählt aus, mischt, kombiniert, bildet Synthesen aus bereits vorhandenen Tatsachen, Vorstellungen, Fertigkeiten.»[51] Koestler legt den schöpferischen Akt in einer brilliant-umfassenden Beweisführung dar, die jedem, der mehr über das Thema wissen will, nachdrücklich empfohlen sei. Sehr verkürzt wird hier ein ausgewählter Aspekt seiner Gedanken wiedergegeben, nämlich dass es eine Ähnlichkeit des Wirkmechanismus bei Witzen und bei Entdeckungen in Wissenschaft und Kunst gibt: «Die logische Struktur des schöpferischen Prozesses ist in allen drei Fällen die gleiche: sie besteht in der Entdeckung verborgener Ähnlichkeiten»[52] und die bisher «nicht miteinander zu vereinbarende[n] Bezugssysteme»[53] werden verbunden. Diesen Vorgang nennt Koestler «Bisoziation», um auszudrücken, dass mindestens zwei unterschiedliche Assoziationssysteme beteiligt sind. Die Bisoziation erläutert er anhand von Gutenberg, Kepler und Darwin. Das Drucken von Büchern mit Holzstöcken war zu Gutenbergs Zeit in Europa annähernd hundert Jahre bekannt. Es wurden ganze Seiten in Holz geschnitten, mit Farbmasse bestrichen, mit Papier belegt und mit einem Reibwerkzeug übertragen. Längst wurden – vorzugsweise aus einer Bleilegierung – Siegel und Münzen gegossen, es gab Münzstempel aus Stahl, um mittels eines kräftigen Schlages Münzen zu prägen, und es gab Spindelpressen. Diese kamen in unterschiedlichen Bereichen wie bei der Papier- und Weinherstellung, der Münzprägung oder auch bei Foltergeräten zum Einsatz. Gutenbergs Leistung war, dass er diese isolierten Systeme zu einem neuen Ganzen verband. Er teilte die Druckform in einzelne, wiederverwendbare Elemente, in Buchstaben und Ligaturen, insgesamt 290 Zeichen, goss sie in Blei und druckte sie mithilfe einer Spindelpresse.[54] Über Darwins Leistung schreibt Koestler: Er «liefert vielleicht den hervorragendsten Beweis für die These, daß schöpferische Originalität nicht darin besteht, Ideen aus dem Nichts zu schaffen, sondern bereits vorhandene gedankliche Strukturen durch eine Art Kreuzung zu neuen Kombinationen zusammenzusetzen»[55]. «Gegen Ende des 18. Jahrhunderts hatten sich so viele Beweise [...] angesammelt, daß in mehreren europäischen Ländern gleichzeitig Evolutionstheorien auftauchten [...] – also fünfzehn Jahre bevor Darwin geboren wurde.»[56]

49 Johann Wolfgang von Goethe, FAUST. EINE TRAGÖDIE, Stuttgart 1971, Kapitel 4.
50 Peter Kurse, Kurzvortrag «Wie reagieren Menschen auf wachsende Komplexität?», Video online auf: www.youtube.com/watch?v=m3QqD0eSahU (aufgerufen am 04.06.2014).
51 Arthur Koestler, DER GÖTTLICHE FUNKE. DER SCHÖPFERISCHE AKT IN KUNST UND WISSENSCHAFT, Bern, München, Wien 1966, S. 120.
52 Ebd., S. 17. 53 Ebd., S. 25. 54 Vgl. ebd., S. 122–125. 55 Ebd., S. 132. 56 Ebd., S. 134.

Darwin hat demnach Fakten, die den Wissenschaftlern seiner Zeit ebenfalls und lange bekannt waren, neu geordnet und daraus seine revolutionäre Evolutionstheorie entwickelt. Und weiter schreibt Koestler zur Bewertung kreativer Arbeit bei der Auswertung von Daten, dass «Wissenschaftler [...] sich selbst als Lumpensammler in der Mülltonne ‹empirischer Daten› wühlen sehen, ohne sich darüber klarzuwerden, daß auch die Kunst des Lumpensammelns der Intuition unterliegt»[57].

Beide, Gutenberg und Darwin, hatten die kreative Fähigkeit, in allgemein Bekanntem Zusammenhänge und Strukturen zu erkennen und diese derart zu ordnen, dass daraus neue Erkenntnisse gewonnen und neue Schlüsse gezogen werden konnten. Sie gelangten durch **die richtige Auswahl** zur Bildung einer innovativen Technik, zur Entdeckung eines revolutionären Naturmodells. Dieses Vermögen ist Ausdruck einer kreativen Intelligenz, die neue relevante Muster in vermeintlich chaotischen Strukturen, in dem zur Verfügung stehenden Material zu erkennen vermag. Eine maßgebliche Rolle spielt dabei auch die Fähigkeit, mit möglichst vielen Bezugs- oder Referenzsystemen vertraut zu sein und zwischen diesen uneingeschränkt wechseln zu können. Ob Erkenntnisse durch Sammeln, Beobachtung oder Experiment gewonnen werden, letztlich sind es diese speziellen Fähigkeiten, die über Erfolg oder Misserfolg entscheiden.

Zwei weitere Aspekte, die Entdeckungen häufig begleiten, werden hier nur kurz ange-sprochen, ohne sie näher auszuführen. Der eine besagt, dass der eigentlichen Entdeckung fast immer **unzählige misslungene Versuche** vorausgehen: «Man produziert natürlich unheimlich viele Fehler, wenn man versucht, kreativ zu sein. Da gibt es so viel Ausschuss.»[58] Der kreative Forscher benötigt also eine hohes Maß an Stabilität – Psychologen nennen es Frustrationstoleranz –, um diese Fehlschläge ertragen zu können. Dass auch Künstler diese besondere Fähigkeit besitzen, insbesondere in Bezug auf ihre Tätigkeit, lässt sich in vielen Biografien nachlesen. Auch ihren Findungen gehen meist zahllose Übungen und endlose Studien voraus, eine oftmals über Jahre oder Jahrzehnte andauernde, intensive Auseinandersetzung mit Thema und Medium.

Der zweite Aspekt ist, dass in den Wissenschaften **Entdeckungen häufig mehrfach** gemacht werden: «Im Jahre 1922 erregten Ogburn und Thomas allgemeines Aufsehen, als sie etwa hundertfünfzig Fälle von Erfindungen und Entdeckungen veröffentlichten, die unabhängig voneinander von verschiedenen Leuten gemacht worden waren; und erst wenige Jahre zuvor war Merton zu dem scheinbar paradoxen Schluss gekommen, daß ‹das Phänomen der unabhängigen mehrfachen Entdeckung in der Wissenschaft eher die Regel als die Ausnahme ist›.»[59] Somit stellen Entdeckungen keine einmaligen, isolierten Ereignisse dar, sondern sind vielmehr in einen zeitlichen und gesellschaftlichen Kontext eingebunden, der zwar für ihren Erfolg, nicht aber für ihre kreative Leistung ausschlaggebend ist.

57 Ebd., S.137 f.
58 Binnig 1989, S. 62.
59 Koestler 1966, S. 109.

Um Kreativität und Intuition freizusetzen, bedarf es einer Reihe weiterer Randbedingungen, die sich um Begriffe wie **Freiheit, Spiel, Lust, Interesse, Muße und Chaos** drehen. Obwohl sich keiner dieser Begriffe hier in seinen Dimensionen auch nur annähernd darstellen lässt, sind im Folgenden dennoch einige flüchtige, persönliche Gedanken und Assoziationen niedergeschrieben. Die Definition, den Diskurs, die Diskussion überlassen wir gerne den Fachleuten aus Psychologie, Soziologie und Philosophie.

Mit **Freiheit** ist hier nicht der psychologische oder soziologische Begriff gemeint, nicht die positive oder die negative Freiheit und auch nicht die persönliche, souveräne oder bürgerliche, sondern es werden lediglich einige Bemerkungen zur ‹inneren Freiheit› gemacht. Sie beschreibt den Zustand, der es erlaubt, Fähigkeiten und Anlagen zu nutzen, frei von Zwängen und Ängsten wie Konventionen, Moral, Rollenmuster, Trieben usw. Sie meint ebenso die Freiheit vor der Angst zu versagen oder Anforderungen nicht zu genügen. Weil aber Suchen und Versuchen immer auch mit dem Fehlschlag einhergehen, ist es von grundsätzlicher Bedeutung, Fehler zuzulassen und den Misserfolg annehmen zu können. Gerade das misslungene Experiment hat das Potenzial, Wertvolles hervorzubringen. Dies zu erkennen, Fehler womöglich zu provozieren, sie zu steuern oder gezielt zu verwerten – wie in der Arbeit von Fons Hickmann›[138] –, ist eine Quelle, aus der nur mit innerer Freiheit geschöpft werden kann. Der Allgemeinplatz «Aus Fehlern lernt man» findet bei der täglichen Arbeit zu wenig Wertschätzung und gilt in besonderem Maß für den kreativ-gestalterischen Prozess. In DAS GLEICHE NOCHMAL ANDERS schreibt Samuel Beckett pointiert, «daß Künstler sein in einem Maße Scheitern ist, wie kein anderer zu scheitern wagt, daß das Scheitern seine Welt ist»[60], und im Vorwort ist zu lesen, dass das «‹Scheitern› das Elixier des Kunstmachens [ist], der Grund und der Motor eines Kunstwerks heute, also keine Negation, sondern optimale Bedingung»[61].

Auch beim **Spiel** sind Fehler erlaubt, weil es eben kein ‹Ernst› ist – das ist der entscheidende Vorteil. Spielen heißt probieren, versuchen, untersuchen, Handlungen so oft zu wiederholen, bis sie gelingen. Meist sind es Teile eines größeren Ganzen, die so eingeübt werden. Vermeintlich geschieht diese vielfache Repetition ohne große Anstrengung, eben spielerisch, oder man bemerkt diese nicht und der Erfolg stellt sich fast wie von selbst, sozusagen nebenbei ein. Diese scheinbare Leichtigkeit und Ziellosigkeit ist jedoch in Wirklichkeit Lernen, «Lernen fürs Leben» und somit im besten Sinne Überlebenstraining. Beobachtungen aus dem Tierreich belegen diese These. Viele unserer Fähigkeiten, geistige und körperliche, entwickeln wir durch und beim Spielen, was sich insbesondere bei Kindern feststellen läßt. Die Lustbetonung des Spiels, der ständige Wechsel zwischen Spannung und Lösung mindert den Aspekt der Anstrengung. Nicht zuletzt deshalb kommt dem Spielen gerade bei kreativer Betätigung besondere Bedeutung zu. Auch die Biografien großer Wissenschaftler und Künstler, denen dieses spielerische Element auch im Erwachsenenalter zu eigen ist, bestätigen dies.

60 Samuel Beckett, DAS GLEICHE NOCHMAL ANDERS. TEXTE ZUR BILDENDEN KUNST, Frankfurt am Main 2000, S. 59.
61 Ebd., S. 15.

Sigmund Freud beschreibt Leonardo da Vinci folgendermaßen: «Der große Leonardo blieb überhaupt sein ganzes Leben über in manchen Stücken kindlich; man sagt, dass alle großen Männer etwas Infantiles bewahren müssen. Er spielte auch als Erwachsener weiter.»[62] Im Spiel erreicht man den Zustand der Selbstvergessenheit – bei gleichzeitig heller Wachheit und Bewusstheit. Im Angloamerikanischen nennt man es ‹flow›, der deutsch-jüdische Pädagoge Kurt Hahn bezeichnet es zu Beginn des 20. Jahrhunderts als «schöpferische Leidenschaft». Das bekannte Schiller-Wort gilt bis heute: «Der Mensch spielt nur, wo er in voller Bedeutung des Worts Mensch ist, und er ist nur da ganz Mensch, wo er spielt.»[63] In seinem Buch HOMO LUDENS untersucht der niederländische Kulturhistoriker Johan Huizinga die Bedeutung des Spiels für viele Bereiche der Kultur. Er beschreibt es als Ursprungsort aller großen kulturellen Bildungen: «Im folgenden soll vielmehr gezeigt werden, daß Kultur in Form von Spiel entsteht, daß Kultur anfänglich gespielt wird. [...] In diesen Spielen bringt die Gemeinschaft ihre Deutung des Lebens und der Welt zum Ausdruck. Dies ist nicht so zu verstehen, daß Spiel in Kultur umschlägt, vielmehr daß der Kultur in ihren ursprünglichen Phasen etwas Spielmäßiges eigen ist, ja daß sie in den Formen und der Stimmung eines Spiels aufgeführt wird.»[64]

Eine wesentliche Triebfeder des Spiels ist die **Lust**, die oftmals auch reine Funktionslust ist. Die Psychologen bezeichnen das Verlangen, etwas um seiner selbst, um der reinen Lust willen zu tun, als ‹intrinsische Motivation›. Man kann es auch Freude oder schieres Vergnügen an einer Betätigung nennen. Es meint Lust statt Belastung, es meint Lust und Vergnügen an einer Aufgabe im Sinne von Selbst- und Welterkenntnis zu empfinden, und manchmal dient es auch nur zur Befriedigung der Neugier. In den Künsten ist Lust nicht nur beim Schöpfungsakt selbst von maßgebender Bedeutung, sondern als Thema in den Werken der Malerei, Plastik und den Gegenständen des Kunstgewerbes von jeher präsent. Dabei hat nicht nur das Erschaffen und Darstellen von Schönheit und Vollkommenheit das Vermögen, Lust hervorzurufen, auch Betrachtung und Erkenntnis haben dieses, wie es ein von Auguste Renoir überlieferter Satz verdeutlicht: «Ich liebe Bilder, die in mir den Wunsch erwecken, in ihnen herumzuspazieren, wenn es Landschaften sind, oder sie zu liebkosen, wenn es Frauen sind.»[65]

Ist darüber hinaus tiefes **Interesse** vorhanden, das Verlangen, Neues zu erkunden, im besten Sinne also Neugier, besteht das Bedürfnis, die Welt forschend zu erfahren, Dinge zu ergründen, unterschiedliche Betrachtungen zu erproben, so können daraus die notwendige Ausdauer, Leidenschaft und Hingabe für eine wissenschaftliche oder künstlerische Betätigung erwachsen. «Interesse» entstammt dem Lateinischen und besteht aus den Teilen ‹inter› für ‹zwischen, inmitten›, und ‹esse›, ‹sein› und bedeutet sinngemäß ‹dabei sein, teilnehmen›. Wie leidenschaftlich und andauernd das Dabeisein, letztlich das Dabeibleiben ist, hängt von der emotionalen Verknüpfung ab. Und dennoch: «Nicht die Liebe zu einer Tätigkeit ist entscheidend, sondern die Distanz.»[66]

62 Zitiert nach: Frank Zöllner, LEONARDO DA VINCI. SÄMTLICHE GEMÄLDE UND ZEICHNUNGEN, Köln 2003, S. 6.
63 Friedrich Schiller, «III. Über die ästhetische Erziehung des Menschen. Fortsetzung» in: DIE HOREN, 2. Stück, 1795.
64 Johan Huizinga, HOMO LUDENS. VOM URSPRUNG DER KULTUR IM SPIEL, Reinbek bei Hamburg 2006, S. 57.
65 www.gutezitate.com/zitat/277551 (aufgerufen am 22.01.2015).
66 Armin Lindauer, HELMUT LORTZ. DENKZETTEL, Mainz 2003, S. 122.

Muße meint hier die schöpferische Muße als Voraussetzung für Kultur, Kunst und Kreativität, gleichbedeutend mit dem lateinischen ‹otium›, das Muße, Ruhe, Studium und Schule bedeutet, aber auch Verzögerung und Langsamkeit. Dabei sind Anhalten und Verweilen Voraussetzung für Wahrnehmen, Aufnehmen und Empfinden. Die zeitliche Unbegrenztheit ist notwendige Bedingung, um Erkenntnisse zu erlangen, um Zusammenhänge gewahr zu werden, um Lösungen zu finden. Dies geschieht im Zustand der Muße leichter und besser. Von Cicero kennen wir «otium cum dignitate»[67], die «würdevolle Muße», die man zurückgezogen mit wissenschaftlicher und philosophischer Betätigung verbringt. Diese Bedeutung übernehmen wir gerne auch für die gestalterisch-kreative Tätigkeit.

Die «Aufgabe von Kunst heute ist es, Chaos in die Ordnung zu bringen», schreibt Theodor W. Adorno in seiner MINIMA MORALIA.[68] Ein überaus interessanter Gedanke. Was geschieht jedoch, wenn man feststellt, dass das **Chaos** bereits da ist? Irgendwann bemerkte ich, dass meine Arbeitsweise ziemlich chaotisch ist, obwohl ich bestrebt bin, systematisch vorzugehen. Auch sieht man das vorausgegangene Chaos den Ergebnissen nicht an, im Gegenteil, eigentlich wirken sie aufgeräumt. Irgendwie kommt also Ordnung in die Arbeit. Vermutlich geschieht dies durch ständiges, fortwährendes Wiederholen, Überarbeiten und Neuordnen, also gewissermaßen fast von selbst – eigentlich ein wunderbarer Prozess, den man nur zulassen muss. Schön wäre es jedoch, wenn man besser verstehen würde, wie er funktioniert, dann könnte man ihn bei Bedarf leichter abrufen. Wahrscheinlich aber ist unser Verstand ein von sich aus struktur- und musterbildendes System, das die Welt ordnet, sozusagen in Ordnung bringt. Eine Ordnung, die in und durch uns entsteht, um die Welt in ihrer unermesslichen Komplexität für uns begreifbar und leichter handhabbar zu machen. Man nimmt an, dass wir uns sehr kreativ eine Ordnung in eine uns chaotisch erscheinende Welt hineindenken, wobei wir Logik und Intuition bemühen. Unsere gefundenen und oftmals auch nur erfundenen Ordnungen sind demnach Musterbildungen aus dem Chaos. Dies ist, darauf sei hingewiesen, ein Grundgedanke des radikalen Konstruktivismus, zu dem Paul Watzlawick bedeutende Beiträge geleistet hat und der sinngemäß sagt, «dass wir die Welt nicht einfach vorfinden, sondern dass wir unsere Welt selbst erfinden»[69]. Neuere Gehirnforschungen bestätigen, dass wir glauben, die Welt abzubilden, diese tatsächlich aber konstruieren.[70] Ob und inwiefern diese erdachten Muster letztlich Relevanz besitzen, oder ob sie häufig auch einfach nur falsch sind, ist ein weiterer bedeutsamer Aspekt, der in der experimentellen Psychologie vielfach untersucht wird; hier sei jedoch auf die einschlägige Literatur verwiesen.

Eine populäre Richtung der angewandten Gestaltung, das Grafikdesign der Neunzigerjahre, scheint methodischem Vorgehen völlig entgegenzustehen. Man erinnere sich an die Atomisierung der ‹Bauhaus/Schweizer/Ulmer-Gestaltung› durch David Carson mittels **Dekonstruktion** von Schrift, Satzspiegel und Bild. Möglich wurde dies durch ein neues Werkzeug, den Apple Macintosh. Interessant dabei ist, dass das Design der Apple-Computer der damit generierten grafischen Gestaltung diametral entgegensteht.

46 ENTWURF EINER SYSTEMATIK VISUELLER METHODEN

67 Cicero, DE ORATORE – ÜBER DEN REDNER, Harald Merklin (Hrsg.), Stuttgart 1997, Buch I, S. 1f.
68 Theodor W. Adorno, MINIMA MORALIA. REFLEXIONEN AUS DEM BESCHÄDIGTEN LEBEN, Berlin, Frankfurt am Main 1969, S. 298.
69 Vgl. Paul Watzlawick, WIE WIRKLICH IST DIE WIRKLICHKEIT? WAHN, TÄUSCHUNG, VERSTEHEN. München 1976. Audio-Vortrag, Ausstrahlung Deutschlandradio Anfang 1990er-Jahre, (aufrufbar auf YouTube).
70 Vgl. Wolf Singer, «Iconic Turn (Felix Burda Memorial Lectures) – Vom Bild zur Wahrnehmung», Einführung des Sprechers, www.youtube.com/watch?v=5YMooTXtYFM (aufgerufen am 05.06.2014).

Ist dieses völlig sachlich und klar, ohne überflüssiges Beiwerk, ganz im Sinne der Bauhaus-Tradition, so versucht jenes, eine möglichst regelfreie, zufällig anmutende Gestaltung zu generieren, die sich durch bruchstückhafte, zerstückelte Formen auszeichnet. Als dekonstruktiv bezeichnete Richtungen finden sich auch in der Philosophie – insbesondere bei Jacques Derrida in der zweiten Hälfte des 20. Jahrhunderts – und in direkter Anlehnung an Derrida seit den Achtzigerjahren in der Architektur. Bereits zu Beginn des 20. Jahrhunderts haben Kubisten ihre Bildmotive zerlegt und wieder neu zusammengesetzt. Sieht man sich jedoch ihre Arbeiten genauer an, wird man feststellen, dass bei aller Zerstückelung der Form unmittelbar wieder neue Strukturen und Muster entstanden. Dies geschieht bei Dekonstruktionen neueren Datums ebenfalls. Einen vergleichbaren Widerspruch stellt Rudolf Arnheim in seinem Aufsatz ENTROPIE UND KUNST fest: «Einfache Formen sind [...] das sichtbare Ergebnis physikalischer Kräfte, deren Gleichgewicht in der bestmöglichen Anordnung erreicht wird. Das gilt für organische Systeme ebenso wie für anorganische und schafft Symmetrie in Kristallen, Blumen, Tierkörpern usw.»[71]

Dass nicht nur der rechte Winkel oder der Raster, diese Synonyme der Moderne, für strukturelle **Ordnung** sorgen, lässt sich in der Natur gut beobachten. Sie ist mit unendlich vielen komplexen Systemen von Ordnung gefüllt, und nirgendwo findet sich Beliebigkeit oder gar Willkür. Im Widerspruch zu dieser Richtung führt Arnheim den zweiten Hauptsatz der Thermodynamik an und schreibt, «daß die Welt der Materie sich von Zuständen der Ordnung aus auf eine immer wachsende Unordnung hin bewegt und daß der Endzustand des Weltalls ein Höchstmaß von Unordnung sein wird»[72]. Hierbei muss in Betracht gezogen werden, dass die angesprochene Unordnung das sogenannte entropische Chaos der Physik meint, das eine «Erniedrigung des Ordnungsgrades» bedeutet, «indem Formen, funktionale Zusammenhänge wie auch Ortszugehörigkeiten zunichte gemacht werden»[73]. Diesen zunächst nicht aufzulösenden Widerspruch vergleicht Arnheim mit zwei Ausbruchsrichtungen der modernen Kunst, die entweder «einen Hang zu äußerster Einfachheit» hat – und nennt das Beispiel Minimal Art –, oder im «Gegensatz dazu [...] um zufällig oder absichtlich geschaffene Unordnung» bemüht ist – und führt hier das Action-Painting von Jackson Pollock an.[74] Doch auch bei seinen Bildern lässt sich feststellen, dass sie sehr wohl regelmäßige Strukturen ausbilden, dass sie geradezu musterhafte Wiederholungen aufweisen. Entgegen der Annahme ist es also gar nicht so einfach möglich, frei von Struktur und Ordnung, mithin chaotisch zu arbeiten, oder wie Einstein formuliert: «Jede Ordnung ist der erste Schritt auf dem Weg in neuerliches Chaos.» Vermutlich gilt der Umkehrschluss ebenso: Jedes Chaos ist der erste Schritt auf dem Weg in eine neue Ordnung.

Einen interessanten Zusammenhang können wir zwischen dem Kreativen und den sogenannten **chaotischen Systemen** beobachten – diese werden dann als chaotisch bezeichnet, wenn die in ihnen wirkenden Gesetze bekannt, ihre Ergebnisse aber nicht exakt vorhersagbar sind. Bekannte Beispiele hierfür sind das Wetter – dessen System bekannt, dessen Vorhersagbarkeit jedoch offensichtlich sehr begrenzt ist –, die Schneeflocken[>39] – die

71 Rudolf Arnheim, ENTROPIE UND KUNST: EIN VERSUCH ÜBER UNORDNUNG UND ORDNUNG, Köln 1979, S. 14f.
72 Ebd., S. 20f. 73 Ebd., S. 22. 74 Ebd., S. 20.

zwar immer Sechsecke ausbilden, jedoch niemals die gleichen — oder die Staubildung, deren unvermitteltes Auftreten bis heute nicht exakt zu berechnen ist. Diese Phänomene weisen trotz ihres vermeintlich zufälligen Verhaltens charakteristische Muster auf und werden auch als ‹komplexe dynamische Systeme› bezeichnet. Eine besondere Spielart hiervon sind die sogenannten Fraktale›[40]. Den Begriff prägte Benoît Mandelbrot und erläutert ihn in seinem Buch THE FRACTAL GEOMETRIE OF NATURE von 1977 umfassend. «Den Begriff ‹fraktale Menge› werden wir streng definieren, oft wird aber ‹natürliches Fraktal› oder ‹Fraktal› einfach dazu dienen, umgangssprachlich ein natürliches Muster zu bezeichnen.»[75] Fraktale sind mathematische Mengen, die das Vermögen haben, natürliche Muster und lebendige Systeme zu errechnen und darzustellen. Sie finden sich überall, in Kristallen, Pflanzen und Lebewesen; in Bergen, Wäldern und Wolken; in den Verzweigungssystemen von Farnen, Flüssen, Bäumen, Blumenkohl, Blutgefäßen und Lungen. Da sie bei so vielen unterschiedlichen Systemen beobachtet werden und sich nur durch die Variation ihrer Verzweigungsregeln unterscheiden, sind sie von weitreichender Bedeutung. Ein Hauptmerkmal der bildlichen Darstellung von Fraktalen ist, dass sie in großen und kleinen Ausschnitten Selbstähnlichkeit besitzen, das heißt, dass sich im Ausschnitt einer Figur die Ursprungfigur zwar ähnlich, jedoch niemals gleich wiederfindet. Es bilden sich demnach wiederkehrende, mathematisch ausgedrückt periodische Strukturen aus, die zwar im Großen und Ganzen, nicht aber im Detail, vorhersagbar sind. Mandelbrot schreibt hierzu: «Sie besitzen in allen Größenbereichen denselben Grad an Irregularität und/oder Zersplitterung.»[76] Durch Fraktale, also spezielle mathematische Algorithmen, wird es schließlich möglich, komplexe Vorgänge und Erscheinungen der Natur künstlich nachzubilden. Die Entwürfe werden zwar im Großen von einer Bildidee, beispielsweise ‹Wolken› oder ‹Berge› bestimmt, bleiben im Detail, in der genauen Ausformung, aber unberechenbar. Die fraktale Geometrie ermöglicht erstmals, Bilder der Natur mathematisch zu reproduzieren, wie sie beispielsweise in Film und Animation eingesetzt werden, die hierdurch revolutioniert wurden. Wissenschaftler, Filmkünstler und Designer haben schnell das enorme Potenzial erkannt und generieren seit einigen Jahrzehnten künstliche Welten, die von echten nicht zu unterscheiden sind. Kunst und Mathematik, Bilder und Algorithmen kommen hier zusammen und erreichen eine Nähe, die man zuvor nicht vermutet hätte.

Auch Gerd Binnig führt eine bemerkenswerte Reihe von Vorgängen an, die seiner Auffassung nach fraktale Prozesse sind. Er nennt die Evolution, den Zufall, die Mutation, die Reproduktion, die Ursuppe.[77] Dies ist insofern von Interesse, als sich hier ein aufschlussreicher Zusammenhang zwischen Mathematik und kreativem Prozess feststellen lässt. Die wiederholte Anwendung derselben Funktion, desselben Rechenverfahrens wird in der Mathematik als **Iteration** bezeichnet. Auch die Berechnung der zuvor beschriebenen Fraktale ist iterativ. Bemerkenswert ist, dass Kreativität ebenfalls als iterativer Prozess beschrieben wird. Robert Dilts, Autor, Trainer und Vertreter der neuroliguistischen Programmierung, verwendet hierfür den Begriff «reïterativ» — «ständig wiederholen» — und schreibt dazu, «daß nach dem Gesetz der erforderlichen Variabilität der Prozess der Kreativität ein ständiges

75 Benoît B. Mandelbrot, DIE FRAKTALE GEOMETRIE DER NATUR, Basel, Boston 1987, S.16.
76 Ebd., S.13.
77 Vgl. Binnig 1989, S.152–160.

Aktualisieren, Erweitern und Revidieren der eigenen kreativen Strategien [...] erfordert»[78]. «Wenn Sie etwas ausprobieren und es erfüllt seine Funktion nicht, dann kehren Sie zum Ausgangspunkt zurück und probieren etwas anderes aus. Statt aufzugeben [...] verändern Sie es ein wenig und probieren es dann noch einmal. Sie nehmen ständig neue kleine Veränderungen vor, und dann plötzlich scheint es, als hätten Sie einen Quantensprung getan»[79], und er führt weiter aus: «Das Paradoxe an der Kreativität ist, daß der größte Teil davon in Wahrheit ein in hohem Maße reïterativer (sich wiederholender) ständig fortschreitender Prozess ist, der auf Feedback basiert.»[80]

Zwischen experimenteller Gestaltung und fraktaler Geometrie lassen sich weitere auf-schlussreiche **Analogien** feststellen. Beide agieren innerhalb bekannter Bezugssysteme und sind deshalb bis zu einem gewissen Grad kalkulierbar, und beide haben, trotz bekannter Rahmenbedingungen, einen unvorhersehbaren Anteil. Die Steuerung des Systems ist bei der fraktalen Geometrie durch die Änderung der Algorithmen, die wir zuvor auch Verzweigungsregeln genannt haben, gegeben, bei den Gestaltungsexperimenten durch die Variation der visuellen Zeichen. Ordnung und kreative Unordnung, System und Chaos sind bei beiden eng miteinander verwoben. Vermutlich ist es das Element des Zufälligen, des Unvorhersehbaren, das sowohl chaotischen Systemen als auch Experimenten zu eigen ist, welches das kreative Potenzial in sich trägt, neue Lösungen zu generieren. «Die nützlichsten Fraktale enthalten den Zufall sowohl in ihren Regula-ritäten als auch in ihren Irregularitäten.»[81] Möglicherweise sprechen wir deshalb auch umgangssprachlich gerne von einem ‹kreativen Chaos›.

Zu den chaotischen Systemen weist der **reine Zufall** eine entscheidende Differenz auf — die vermeintliche Unberechenbarkeit. Dabei besitzt er ebenfalls Momente des Kreativen, denn zufällig gefundene Formen oder Figuren haben bekanntermaßen oftmals überraschend große Überzeugungskraft. Viele Künstler bedienen sich dieses Zufallsprinzips und verwenden Techniken, denen das Zufällige implizit ist. Im Dadaismus war dies Programm. Den glaubwürdigen Zufall gezielt herzustellen, ist jedoch eine echte Heraus-forderung. Dem Gemachten sieht man, im Gegensatz zum wirklich Zufälligen, meist das Bemühen an. Das wahrhaft Zufällige drückt sich, zumindest in den glücklichen Fällen, in der größeren Relevanz aus, weshalb Künstler oft nach der Grenze zwischen Steuerung und Zufall suchen, so wie Gabriel García Marquez, der hierzu bekundet: «Begibt man sich jedoch auf das Gebiet der Willkür und der Phantasie, dann entsteht eine eigene Logik, die genauso respektiert werden muß. Auch die Willkür hat ihre Gesetze, und wenn man sich der Willkür hingibt, dann muß man auch ihre Gesetze kennen, um sie einhalten zu können. [...] Hemingways Rat hat mich gelehrt, daß man erfinden kann, was man will, solange man fähig ist, es glaubhaft zu machen.»[82] Hier entsteht demzufolge eine neue Logik mit eigenen, neuen Gesetzmäßigkeiten. Möglicherweise ist es die vermeintliche Willkür, die das kreative Potenzial in sich birgt, oder wie Adorno wiederum in seiner MINIMA MORALIA in bekannt aphoristischer Weise schreibt: «Künstlerische Pro-duktivität ist das Vermögen der Willkür im Unwillkürlichen.»[83] Vielleicht ist es jedoch auch so, dass es den reinen Zufall gar nicht gibt, sondern dass wir nur nicht in

78 Robert B. Dilts, KNOW-HOW FÜR TRÄUMER. STRATEGIEN DER KREATIVITÄT, Paderborn 1994, S. 89.
79 Ebd., S. 376. 80 Ebd.
81 Mandelbrot 1987, S. 13.
82 Zitiert nach: Gottlieb Guntern (Hrsg.), IRRITATION UND KREATIVITÄT, Zürich 1993, S. 214f.
83 Adorno 1969, S. 298.

84 Binnig 1989, S. 172. 85 Gottfried Boehm, «Die Wiederkehr der Bilder», in: Ders. (Hrsg.), WAS IST EIN BILD?, München 1995, S. 11–38, hier S. 13.
86 Willibald Sauerländer, «Iconic Turn? Eine Bitte um Ikonoklasmus», in: Hubert Burda, Christa Maar (Hrsg.),
ICONIC TURN. DIE NEUE MACHT DER BILDER, Köln 2004, S. 408f.
87 Statista – Das Statistik-Portal: www.de.statista.com/statistik/daten/studie/207321/umfrage/upload-von-videomaterial-bei-youtube-pro-minute-zeitreihe/
(aufgerufen am 05.06.2014).
88 Vgl. Benjamin Schischka, «Zuckerberg. Facebook-User laden täglich 350 Millionen neue Fotos hoch», in: PC WELT, 31.01.2013.
89 BEHIND THE PICTURES, auf: www.hubblesite.org/gallery/behind_the_pictures (aufgerufen am 05.06.2014).

der Lage sind, die Gesetzmäßigkeiten, nach denen er abläuft, zu erkennen, zu verstehen oder zu erzeugen, da für seine unermessliche Komplexität unsere Fähigkeiten zu begrenzt sind. Gerd Binnig schreibt zu diesem Phänomen: «Was ist scheinbares Chaos? Es ist ein Chaos, das wir nicht verstehen, in dem wir keine Ordnung erkennen. Insofern ist auch jegliche Art von Forschung Chaosforschung. Jedes Verhalten erscheint einem so lange chaotisch, bis man die Ordnung erkennt.»[84]

Ein besonderes Phänomen, das Wissenschaft und Kunst gleichermaßen betrifft, wird in den Bildwissenschaften mit dem Begriff **Iconic Turn**[85] beschrieben, den Gottfried Boehm in seinem Aufsatz «Die Wiederkehr der Bilder» 1994 prägte. Dort wird die «Verlagerung von der sprachlichen auf die visuelle Information, vom Wort auf das Bild und – am beunruhigendsten – vom Argument auf das Video»[86] konstatiert. Dass es deutliche Indizien für eine immens zunehmende ‹Verbilderung› unserer Wahrnehmungswelt gibt, ist leicht nachzuweisen. Sämtliche Neue Medien sind in ihrer Erscheinungsform vor allem bild- und nicht textgeprägt. Die Bedienung der Computer, Smartphones und anderer Endgeräte mittels Icons ist hierfür nur ein Beispiel. Weitere sind die Myriaden von Fotos und Filmen, die permanent mit den unterschiedlichsten Geräten erstellt werden, die ständig wachsende Zahl der zur Verfügung stehenden Sender, Fachzeitschriften und Spezialmagazine, die zahllosen im Internet zur Verfügung stehenden Bilder und Filme, die Angebote der Suchmaschinen und Websites, die interaktiven Anwendungen von Computerspielen, Computersimulationen etc. Um zu verdeutlichen, welche Dimension der Prozess der Verbilderung inzwischen angenommen hat, werden zwei statistische Werte angeführt: 2013 wurden durchschnittlich 72 Stunden Videomaterial pro Minute auf YouTube hochgeladen, das entspricht rund hunderttausend Stunden pro Tag,[87] während auf Facebook eine Viertelmillion Bilder pro Minute, also 350 Millionen Bilder pro Tag hochgeladen wurden[88] – und wie zu erwarten, werden diese Zahlen mittlerweile markant übertroffen. Einen weiteren Hinweis für die zunehmende Dominanz der Bilder liefern die neuen Bedien- und Steuerelemente, die im Prinzip ‹Gestalten› sind. Wir ziehen ein Bild dem kürzesten Text stets vor, weil Gestalterkennung ungleich schneller als Texterkennung abläuft. Diese wachsende Dominanz findet aber nicht nur in der Breite statt, sondern auch deutlich expandierend in den Fachdisziplinen, die ihre Anliegen und Theorien mit Bildern darzustellen und zu verbreiten suchen. Beispielsweise wird in der Medizin der menschliche Körper mit immer umfangreicheren, detaillierteren Bildserien der Computertomografie erfasst; empirische Daten, Statistiken und komplexe Sachverhalte werden heute in fast allen Bereichen in vielfältige Schaubilder umgesetzt; Geschichte, Architektur, Unfälle und Katastrophen werden als 3D-Animationen nachgestellt und nachgebaut; die furiosen Bilder des Hubble-Teleskops werden von Fachleuten der Darstellungs- und Visualisierungstechnik aus Tausenden von Einzelaufnahmen zusammengesetzt und mit erfundener Farbigkeit versehen,[89] beispielsweise das 2012 veröffentlichte Bild HUBBLE EXTREME DEEP FIELD, das aus zweitausend Einzelbelichtungen montiert ist, die über zehn Jahre mit einer Belichtungszeit von zwei Millionen Sekunden erstellt wurden. Auf der Website wird es so beschrieben: «Hubble images are made, not born. Images must be woven together from the incoming data from the cameras, cleaned up and given colors that bring out features that eyes would otherwise miss.» Auch die Aufnahmen des Kleinen und Kleinsten, die Bilder der Elektronenmikroskope, sind schwarz-weiß, weil die abgebildete Auflösung einer Oberfläche kleiner ist als die Wellenlänge des sichtbaren Lichtes. Sofern sie uns farbig begegnen, wurden sie zuvor von Hand koloriert. Diese neuen Bilder der Wissenschaft sind künstlich-kunstvolle Modelle, ästhetische Bildwelten, die weit über eine sachliche Darstellung hinausgehen und dabei neue, eigene Wirklichkeiten erschaffen. Das Auftauchen und die Möglichkeiten des Computers als bilderzeugendes und -manipulierendes Medium spielt hier die entscheidende Rolle. Sein generatives Vermögen in Verbindung mit neuen bildgebenden Verfahren bringt neue Bilder der Welt, sozusagen neue ‹Weltbilder› hervor. Offensichtlich findet also nicht nur in Gestaltung und Kunst, sondern auch in den Wissenschaften eine massiv anwachsende Verbreitung technischer und digitaler Bilder statt. Dabei zeigen uns die Wissenschaften ‹Kunstbilder› einer nicht existierenden Wirklichkeit, und die Medien zeigen uns in ihren Berichterstattungen künstlich generierte Nachbildungen einer vermeintlichen Realität. Derart erhält unsere gesamte Wahrnehmungswelt zunehmend fiktionalen Charakter. Der Kunst wurde diese Eigenschaft von jeher zugesprochen, insbesondere seit ihrer Trennung von den Wissenschaften. Heute jedoch werden auch die Wissenschafts- bilder zu artifiziellen Modellen der Welt, die in ihrer Fiktionalität den künst- lerischen Bildern in nichts nachstehen. Ursula Brandstätter stellt hierzu fest: «Die Wissenschaften und die Künste verbindet also der fiktionale Zugang zur Wirklichkeit.»[90]

Das Wesen der Neuen Medien manifestiert sich mutmaßlich in der zur Verfügung stehenden Flut an Informationen, an unsortiertem Wissen und in einer **Inflation der Bilder**. Doch immer bedeutet Inflation auch Entwertung und der Bilder- und Informationsrausch schwillt an zu einem betäubendem Rauschen. Bedeutung und Wert können nur durch Auswählen, Strukturieren und Ordnen gewonnen werden. Letztlich entscheidet die individuelle Fähigkeit, Muster in den chaotischen Bild- und Informationsmassen zu erkennen, über die Qualität. Beispielsweise kann die Programmiersprache Processing[>134 f/345] in kürzester Zeit eine Unzahl an Varianten erzeugen. Doch die Resultate sind stets von der Klarheit der Eingabe, von der Einrichtung des Versuchs- aufbaus abhängig – je genauer der Einsatz des Werkzeuges, in diesem Fall der Formeln und Algorithmen, desto kalkulierbarer, treffsicherer und besser werden die Ergebnisse. Dieses potente Werkzeug unterstützt einerseits vortrefflich die Bedürfnisse experimenteller Verfahren, und dennoch bleibt andererseits die Bewertung, die Deutung der Ergebnisse gleichwohl Aufgabe des Benutzers. Evgenij Feinberg schildert es so: «Schließlich hat die [...] Computertechnik dazu geführt, daß ein gewaltiger Umfang von Rechenarbeit und anderer, logischer, formalisierbarer Arbeit des Intellekts, die immer die Rolle des intuitiven Elements in der wissenschaftlichen und technischen Tätigkeit verdeckt hat, an die Maschine delegiert wird, die das Gehirn entlastet. Dies führt dazu, daß in der Struktur des wissenschaftlichen Arbeitsprozesses immer mehr Züge hervortreten, die ihn dem Prozeß des künstlerischen Schaffens und der wissen- schaftlichen Arbeit in den Humanwissenschaften annähern.»[91]

90 Brandstätter 2008, S.55.
91 Evgenij L.Feinberg, ZWEI KULTUREN. INTUITION UND LOGIK IN KUNST UND WISSENSCHAFT, Berlin, Heidelberg 1998, S.273.

51 ENTWURF EINER SYSTEMATIK VISUELLER METHODEN

Den Propheten der Computerheilslehre möchte man dessen ungeachtet lustvoll auf ihren Touchscreen tippen: Es gibt (noch) keine kritische Vernunft in den Algorithmen der Gestaltungs- und Informationsmaschinen, es gibt allerdings auch **keine kritische Vernunft** in den Versuchsaufbauten der Wissenschaft, und auch nicht in den hier vorgestellten Gestaltungsmethoden, heißen sie nun Raster, Matrix, Assoziationskette, Analogie oder Metamorphose. Auswertung, Bewertung und Schlussfolgerung obliegen – zumindest heute noch – dem Menschen. Erst wenn Computer lernen, kreative Prozesse nachzubilden – Zufälliges und Chaotisches erzeugen und vor allem dies auch bewerten können –, werden sie in der Lage sein, kreative Ergebnisse zu liefern.

Und dennoch: **Systematik, Methode und Experiment** können auch in der Gestaltung nützlich und wertvoll sein, sie können zur Klärung visueller Fragen und Phänomene beitragen und beim Suchen und Finden von Einfällen ausgezeichnete Dienste leisten. Systematisches Vorgehen, das Erzeugen vieler Variationen, die Entwicklung eines eigenen fachspezifischen oder persönlichen Methodenrepertoires, kann helfen, leichter und gezielter relevante Entscheidungen zu treffen und Findungen zu erlangen. Den kreativen Einfall, die Intuition ersetzen sie nicht. Als wertvoll, neu oder über- raschend wird bis heute nur das bewertet, was von Menschen als solches erkannt und ausgewählt wird. Die menschliche Kreativität bleibt weiterhin da erfolgreich, wo Raster, Methode und Gestaltungsprogramm, wo Computer und Internet nicht kreativ sind und diese selbsttätig keine neuen Verbindungen zwischen unterschiedlichen Bezugssystemen herzustellen vermögen.

Armin Lindauer

«Der Mensch kann aus logischen Entwicklungen
eine völlig unlogische Schlussfolgerung ziehen, die trotzdem stimmt.»[92]

52 ENTWURF EINER SYSTEMATIK VISUELLER METHODEN

92 Interview mit Frank Schirmacher, in: FORUM – DAS MLP-MAGAZIN, März 2010.

internationales fest
für zeitgenössische musik
musik-biennale berlin

BASIS

1. BASIS Grundlegende gestalterische Elemente wie Punkt, Linie, Fläche, Raum, Form, Rhythmus, Kontrast und Komposition werden auf ihr Potenzial, auf ihre visuelle Qualität hin untersucht. Das Quadrat dient aufgrund seiner Neutralität und Richtungslosigkeit als Gestaltungsfläche. Der Punkt als Definition eines Ortes ist das beweglich-kompositorische Element[76-77], mit dem auf unterschiedlichen Rastern mögliche Positionen innerhalb einer vorgegebenen Fläche systematisch durchgespielt werden. Das Vorgehen mittels Raster unterstützt dabei, Orte zu finden, die intuitiv oder aus ästhetischen Gründen nicht gewählt würden.

Einfache Ordnungsprinzipien wie Reihung, Ballung, Gruppierung, Streuung, Symmetrie, Asymmetrie, Struktur, Raster, Schwerpunkt, Kontrast, Dynamik und Statik können damit erprobt werden. Auch für komplexere Anwendungen wie Komposition, Perspektive, Proportion und Goldener Schnitt ist dieses Vorgehen gut geeignet, denn es entfaltet hier einen zweifachen Nutzen. Einerseits werden grundlegende gestalterische Erfahrungen gemacht und andererseits führen vorderhand formale Untersuchungen zu Ergebnissen, die – vielleicht etwas überraschend – bereits inhaltliche Bedeutungen ausbilden[60-61]. Meist genügen kleine Änderungen, damit eine abstrakte Figur inhaltlich wahrgenommen wird. Es wird deutlich, dass bestimmte Konstellationen alsbald interpretiert werden und ein unmittelbarer Wechsel zwischen abstrakter und konkreter Anschauung stattfindet.

Im nächsten Schritt wird das streng systematische Vorgehen verlassen, um mit den vorgegebenen Elementen zu spielen. Auch die Arbeitsfläche wird jetzt als eigenständiges Element in die Gestaltung miteinbezogen[59/62]. Dabei wird deutlich, dass trotz einschränkender Vorgaben erstaunlich viele Möglichkeiten entstehen, die mehr Potenzial in sich tragen, als das Schieben von Punkten auf einem Raster erwarten lässt.

Diese oftmals noch einfachen Übungen ermöglichen es, grundlegende Erfahrungen zu sammeln und sich dabei ein gestalterisches Repertoire anzueignen. Sie müssen zunächst noch keine gültigen bildnerischen Ergebnisse erbringen, sondern sie dienen dazu, visuelle Phänomene zu erfahren und zu untersuchen. Allerdings fordern sie bereits eine genaue Beobachtung, sie sensibilisieren, sie helfen kompositorische Fragen zu klären und sie befähigen zu ersten inhaltlichen Mitteilungen. Dadurch führen sie schrittweise zu komplexen Aufgaben, auf die sie später übertragen werden können. Das Kennen- und Verstehenlernen struktureller Systeme, deren Nutzen und schließlich deren freies Überspielen sind hier Gegenstand der Untersuchungen.

3 Darstellungen eines Grauverlaufs in Schwarz-Weiß mit unterschiedlichen Punktgrößen und Rasterweiten

Punktgrößen

Punkte gleicher Größe

3 Darstellungen eines Grauverlaufs bei gleichbleibender Punktgröße

Punktgrößen

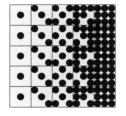
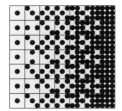

Unterschiedliche Abstände von Punkten jeweils gleicher Größe

Position

neutral

liegend

schwebend

fallend

kommend

gehend

sinkend

fliehend

Größe

klein

mittel

formatfüllend

formatsprengend

Ordnung

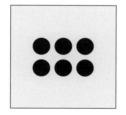
Struktur

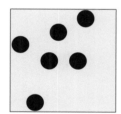
Streuung

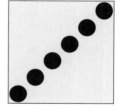
Reihung

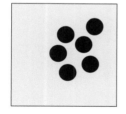
Ballung

Proportion

Erde und Mond

Mond und Erde

Erde und Jupiter

Erde und Sonne

57 BASIS Den Punkten werden entsprechend ihrer Position und Größe Eigenschaften zugeschrieben. Armin Lindauer

Rhythmus

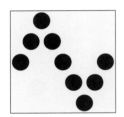 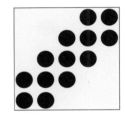 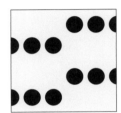 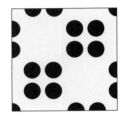

Helligkeit

 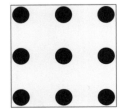 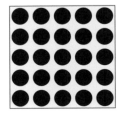 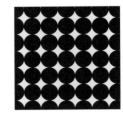

Form 1

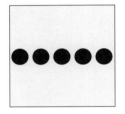 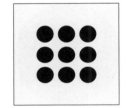 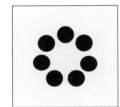 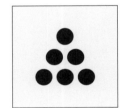

Form 2

   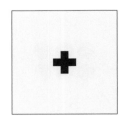

Bewegung

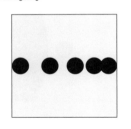 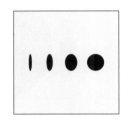 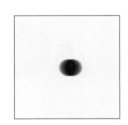 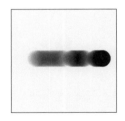

58 BASIS Anordnung, Helligkeit, Form und Bewegung werden mit minimalen Mitteln untersucht. Armin Lindauer

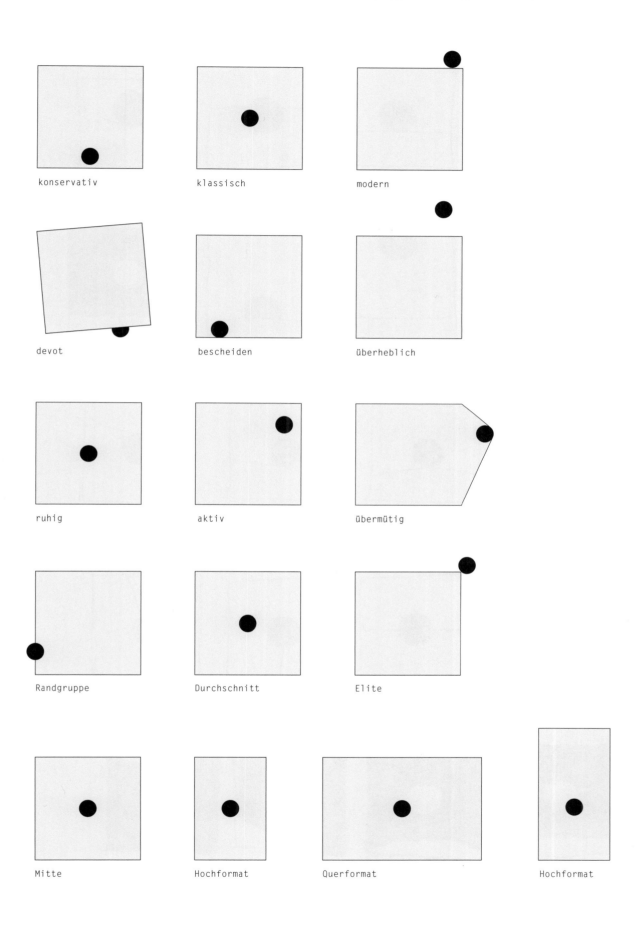

konservativ

klassisch

modern

devot

bescheiden

überheblich

ruhig

aktiv

übermütig

Randgruppe

Durchschnitt

Elite

Mitte

Hochformat

Querformat

Hochformat

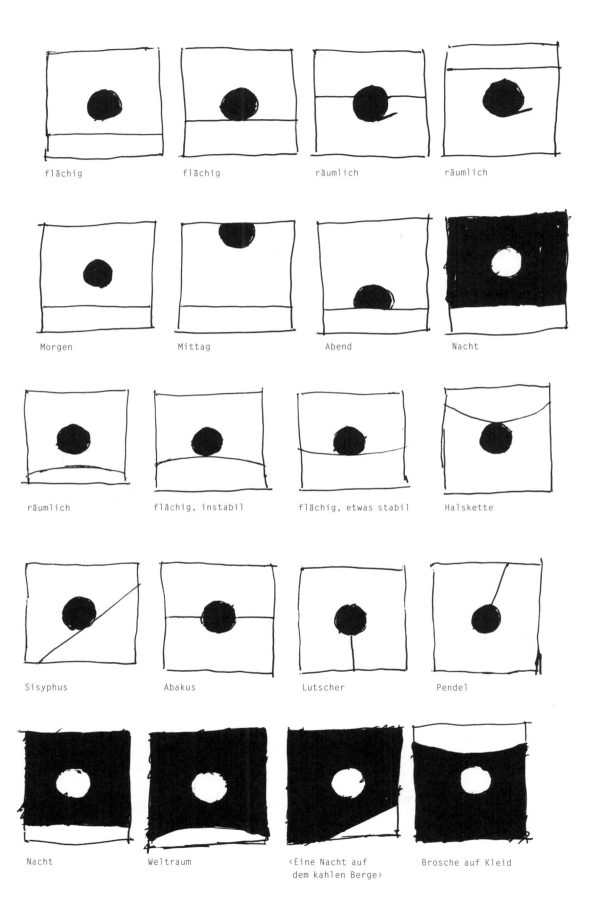

flächig　　　flächig　　　räumlich　　　räumlich

Morgen　　　Mittag　　　Abend　　　Nacht

räumlich　　　flächig, instabil　　　flächig, etwas stabil　　　Halskette

Sisyphus　　　Abakus　　　Lutscher　　　Pendel

Nacht　　　Weltraum　　　<Eine Nacht auf
dem kahlen Berge>　　　Brosche auf Kleid

Punkt und Linie

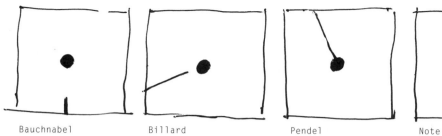

| Bauchnabel | Billard | Pendel | Note |

Zwei Punkte und Linien

| neutral | erstaunt | ärgerlich | sehr ärgerlich |

| neutral | nicht freundlich | irritiert | oohhhhh |

Punkt und Figur

| Mensch | Soldat | Mann | Frau |

| Quadratschädel | Eierkopf | Alien | verliebt |

Hat-noch-nicht-Quadrat    Hat-Quadrat 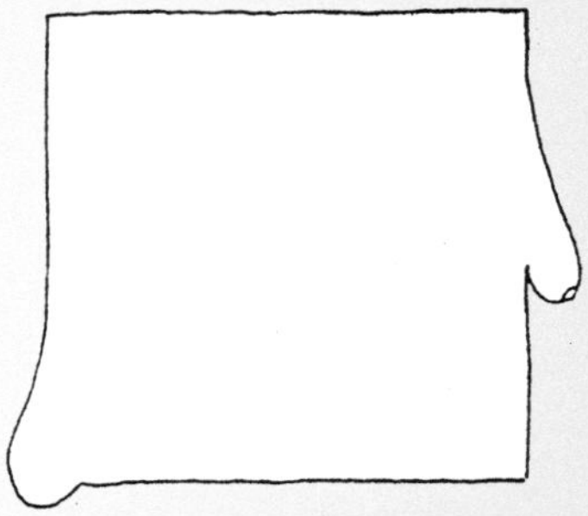   Hat-bald-nicht-mehr-Quadrat

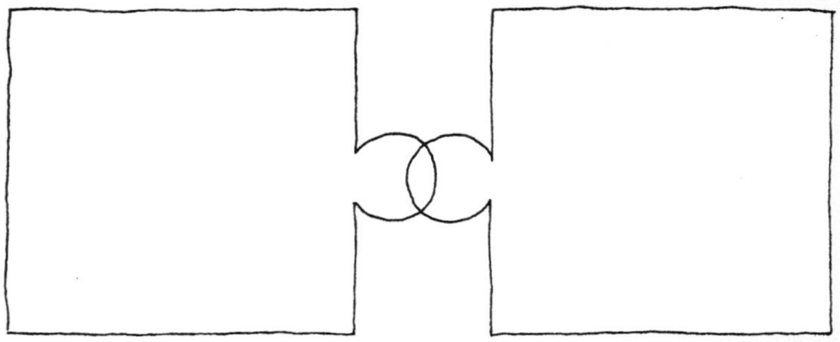

Quadrat-Ehe 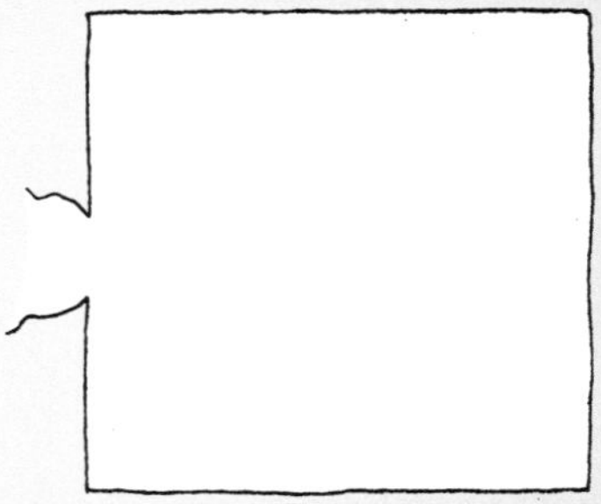   geschiedenes Quadrat

erregtes Quadrat    empfangsbereites Quadrat    abgeschlafftes Quadrat

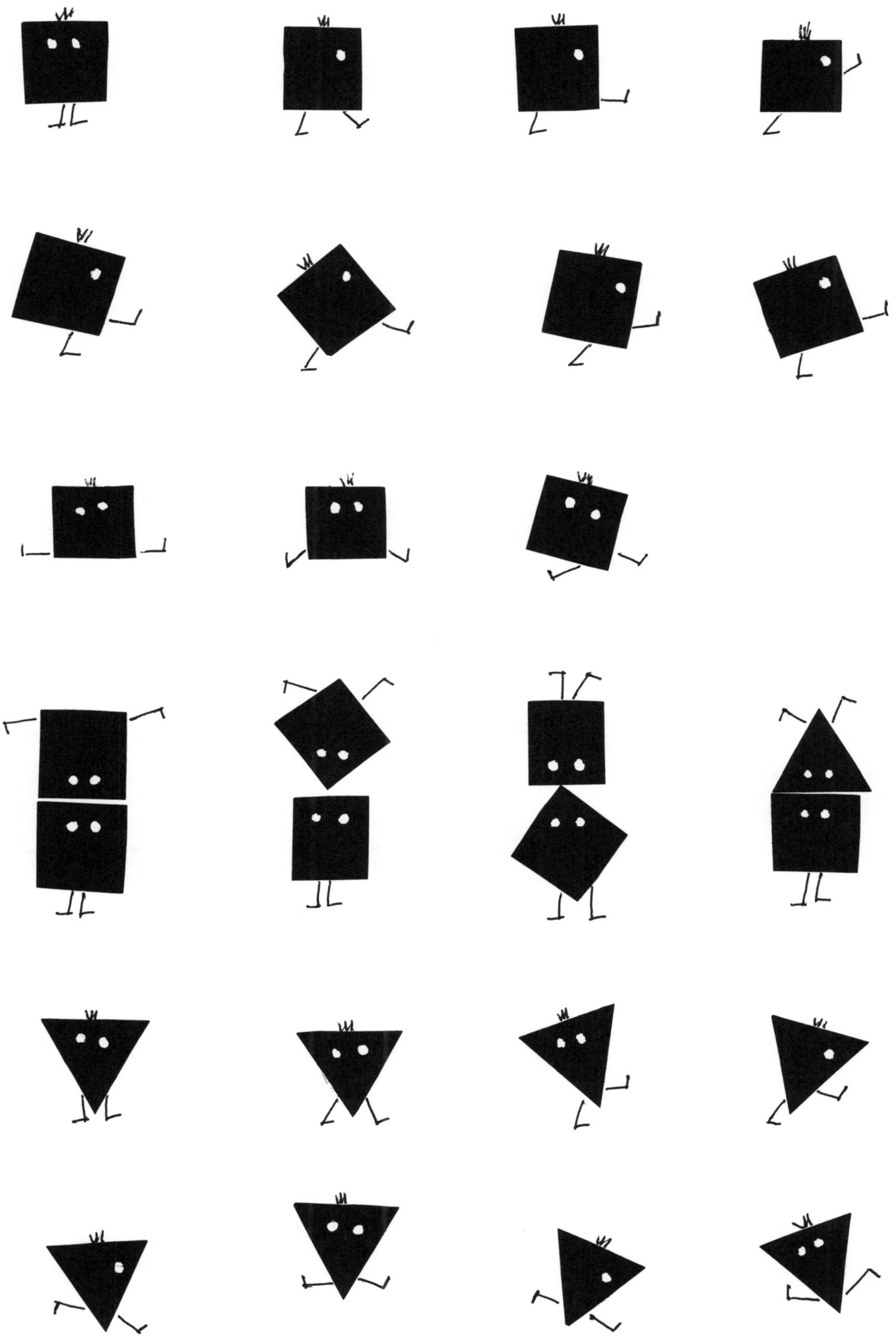

 Elementare Figuren mit kleinen Ergänzungen erzeugen erstaunliche Assoziationen. Armin Lindauer

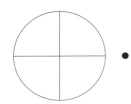

Die Grundelemente sind
Viertelkreise und Punkte.

‹Understanding Data – Eine gestalterische Exploration zur grafischen Dateirepräsentation›, Visualisierung von Dateigrößen. Dorothée Stietz

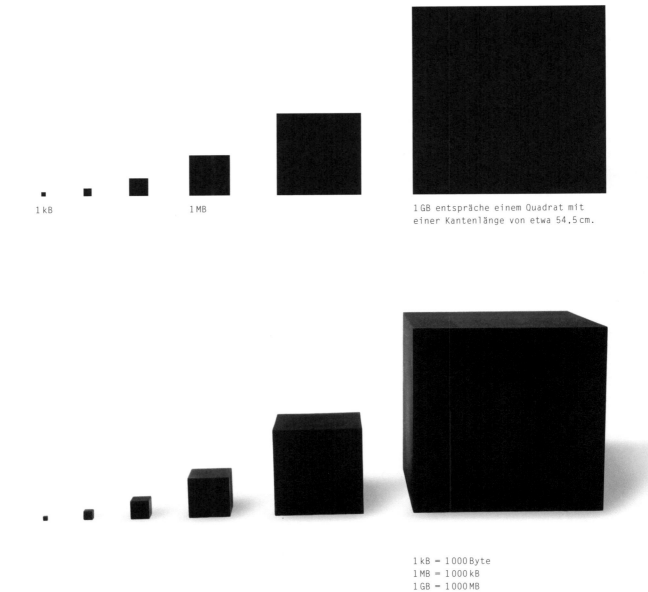

1 kB

1 MB

1 GB entspräche einem Quadrat mit
einer Kantenlänge von etwa 54,5 cm.

1 kB = 1000 Byte
1 MB = 1000 kB
1 GB = 1000 MB

Größeneinheiten der Industrie
werden mit 1000 Einheiten,
Größeneinheiten der Informatik
mit 1024 Einheiten berechnet.

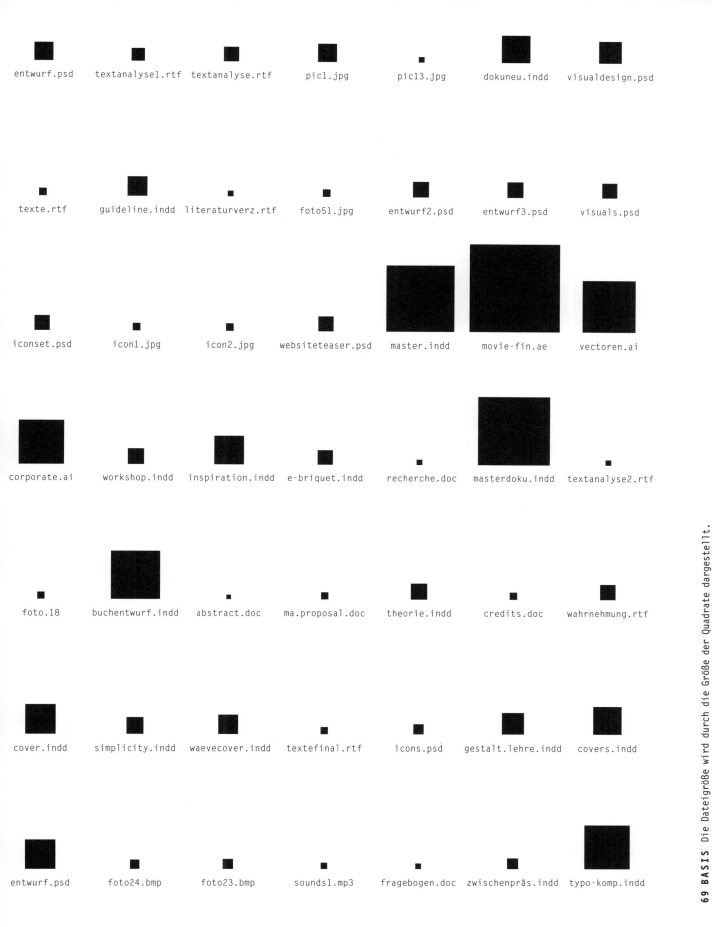

entwurf.psd textanalyse1.rtf textanalyse.rtf pic1.jpg pic13.jpg dokuneu.indd visualdesign.psd

texte.rtf guideline.indd literaturverz.rtf foto51.jpg entwurf2.psd entwurf3.psd visuals.psd

iconset.psd icon1.jpg icon2.jpg websiteteaser.psd master.indd movie-fin.ae vectoren.ai

corporate.ai workshop.indd inspiration.indd e-briquet.indd recherche.doc masterdoku.indd textanalyse2.rtf

foto.18 buchentwurf.indd abstract.doc ma.proposal.doc theorie.indd credits.doc wahrnehmung.rtf

cover.indd simplicity.indd waevecover.indd textefinal.rtf icons.psd gestalt.lehre.indd covers.indd

entwurf.psd foto24.bmp foto23.bmp sounds1.mp3 fragebogen.doc zwischenpräs.indd typo-komp.indd

69 BASIS Die Dateigröße wird durch die Größe der Quadrate dargestellt.

lineare Grundformen:

schräg

strahlenförmig

vertikal

kreuzend

Linienhaufen

Linienfläche

kreisbasierte Grundformen:

Kreisfläche

amorphe Fläche

Ring

zentrierte Ringe

geballte Ringe

gezogener Ring

eckige Grundformen:

Quadrat

Quadrat, grau

Quader

Dreieck

Trapez

Fünfeck

70 BASIS Die Dateien werden mit elementaren Zeichen und deren Abwandlung dargestellt. Dorothée Stietz

kurze Bearbeitung   lange Bearbeitung

Die Liniendichte zeigt die Bearbeitungsdauer einer Datei.

kurze Bearbeitung   lange Bearbeitung

Die Dauer der Dateibearbeitung bestimmt die Länge der Figur.

wenig aktuell   sehr aktuell

Der Schwarzanteil des Kreissegmentes zeigt die Aktualität der Datei an.

jung (1 Jahr)   alt (10 Jahre)

Das Alter der Datei wird durch die Jahresringe sichtbar.

wenig Datenspeicherungen   viele Datenspeicherungen

Jede Speicherung der Datei wird durch einen weiteren Strich gezeigt.

wenig Datenspeicherungen   viele Datenspeicherungen

Jede Speicherung erzeugt einen weiteren Ring.

wenig aktiv   sehr aktiv

Die Neigung der Linie zeigt die Dateiaktivität.

wenig aktiv   sehr aktiv

Je höher, spitzer und aufstrebender (nach rechts) die Fläche, umso aktiver wurde an der Datei gearbeitet.

wenig aktiv   sehr aktiv

Zur Kennzeichnung der Dateiaktivität verformt sich die Fläche: Je aktiver die Datei bearbeitet wird, desto unregelmäßiger wird die Fläche.

wenig Cursoraktivität   viel Cursoraktivität

Die Cursorbewegung wird über die Dichte und Menge der Pfade ersichtlich.

Grafische Analyse von Länderflaggen durch Trennung und Auflistung der visuellen Elemente. In Leserichtung:
China, Togo, Kiribati, Südkorea, Mozambik, USA, Brasilien, Großbritannien, Deutschland (Bundesdienstflagge), Jamaika. Anja Gollor

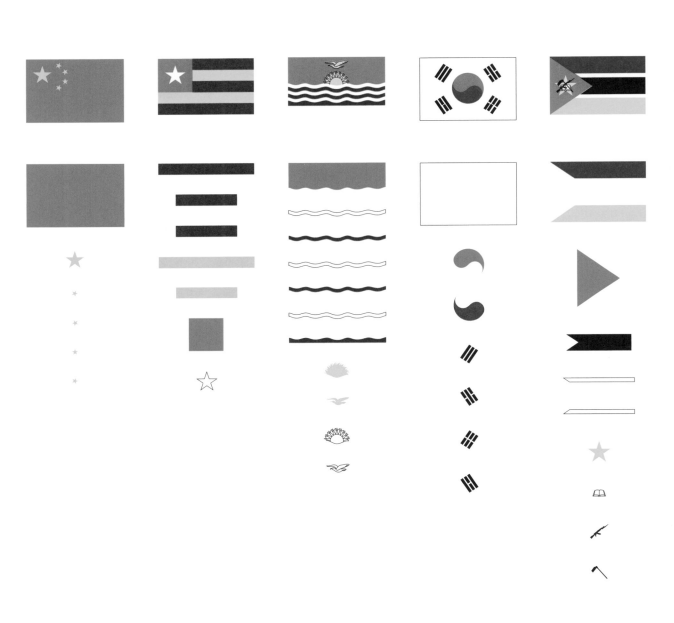

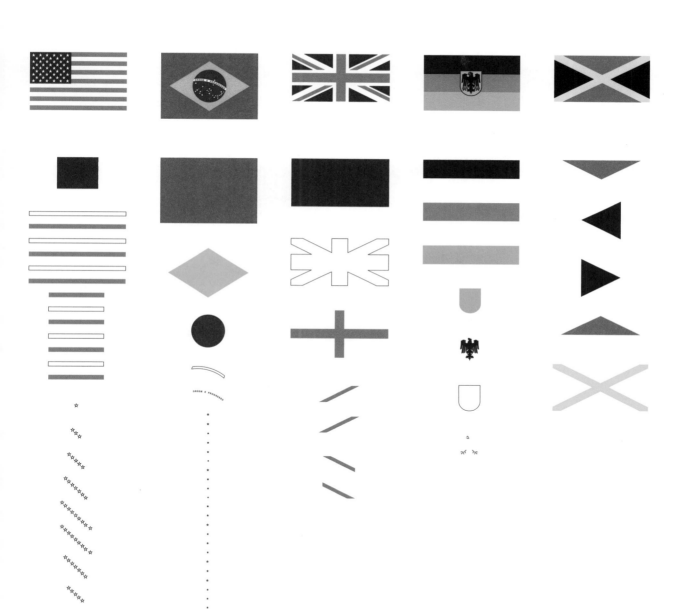

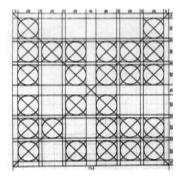 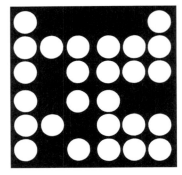

hdkb

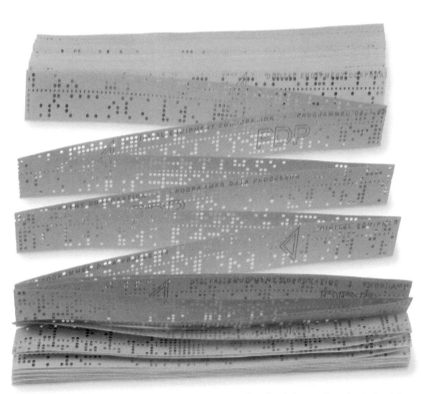

Das Speichermedium Lochstreifen
diente als Inspiration.

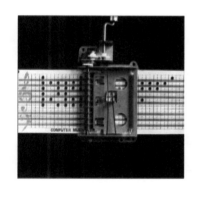

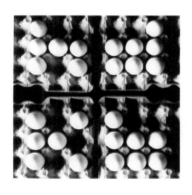

75 BASIS Freie Interpretationen des HdKB-Logos. Studierende der Klasse Lortz

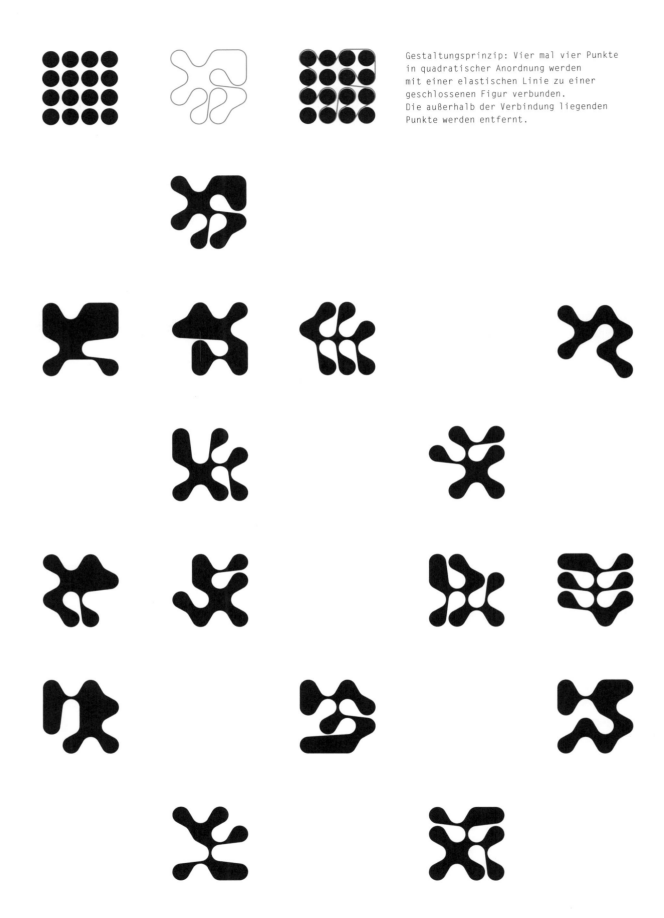

Gestaltungsprinzip: Vier mal vier Punkte
in quadratischer Anordnung werden
mit einer elastischen Linie zu einer
geschlossenen Figur verbunden.
Die außerhalb der Verbindung liegenden
Punkte werden entfernt.

76 **BASIS** Systematisch-kompositorische Übung. Nach einer Idee von Armin Hofmann

Gestaltungsprinzip: Vier Punkte an gleicher Position
werden mit Linien unterschiedlicher Anzahl, Länge
und Richtung kombiniert. Die quadratische Fläche und
die Punkte bleiben stets konstant. Die verbindenden
Linien werden teils systematisch, teils intuitiv variiert.

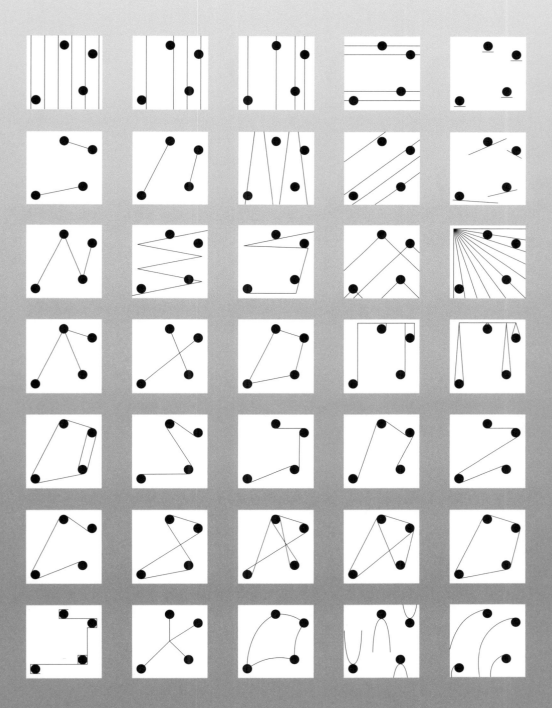

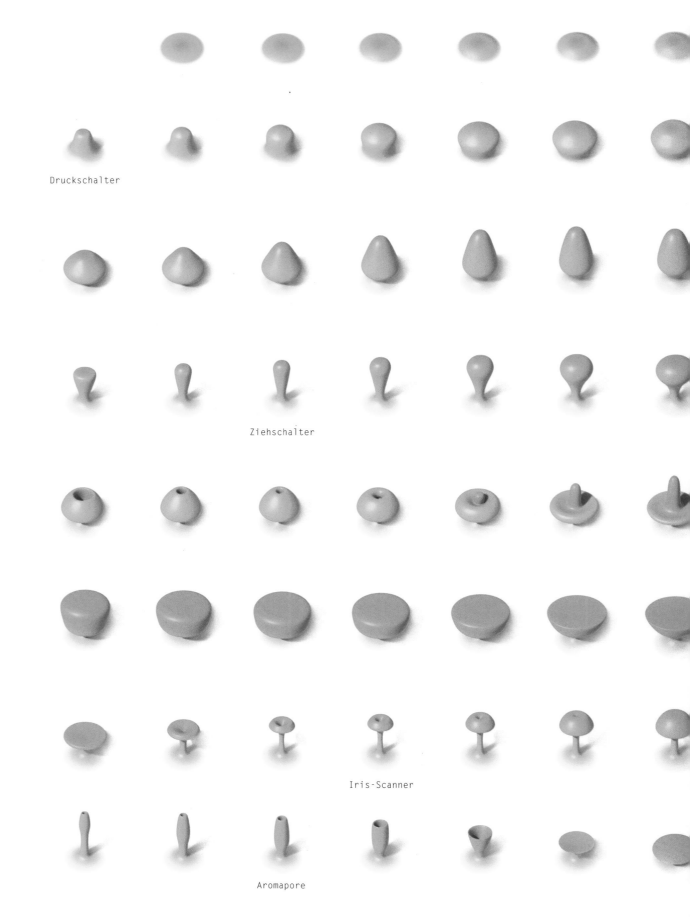

Druckschalter

Ziehschalter

Iris-Scanner

Aromapore

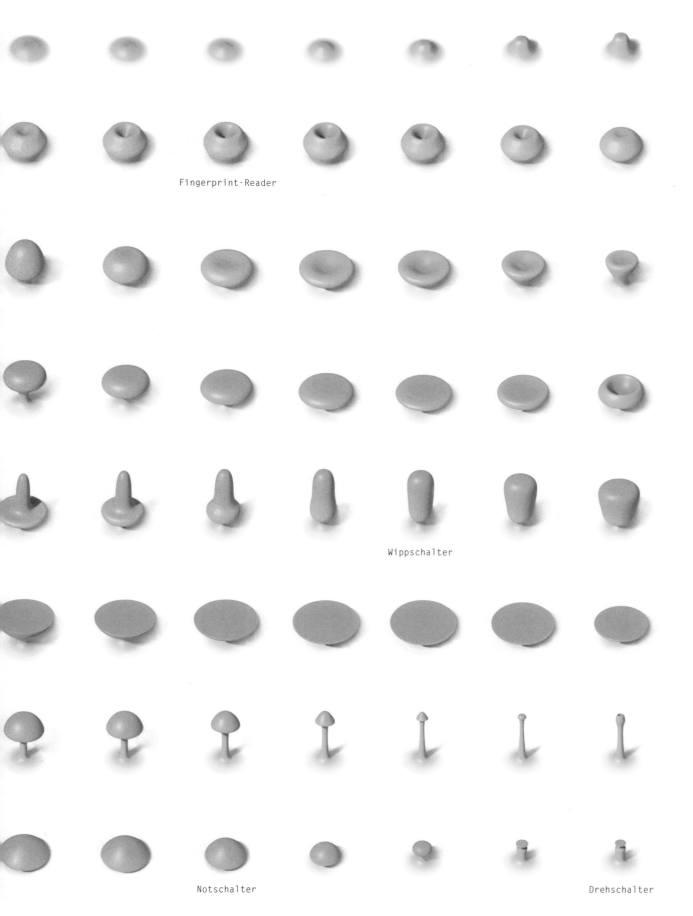

Fingerprint-Reader

Wippschalter

Notschalter

Drehschalter

80 BASIS TOOLS YOU BAKE: Backformen, die im Metalldrückverfahren hergestellt sind und auf einem Kreis basieren. Die zugrunde liegenden Buchenholzformen wurden ursprünglich für Metallwaren, wie Radkappen oder Lampenschirme, verwendet. Praxisbeispiel: Sebastian Summa, Hrafnkell Birgisson. Fotografie: Jo Hany

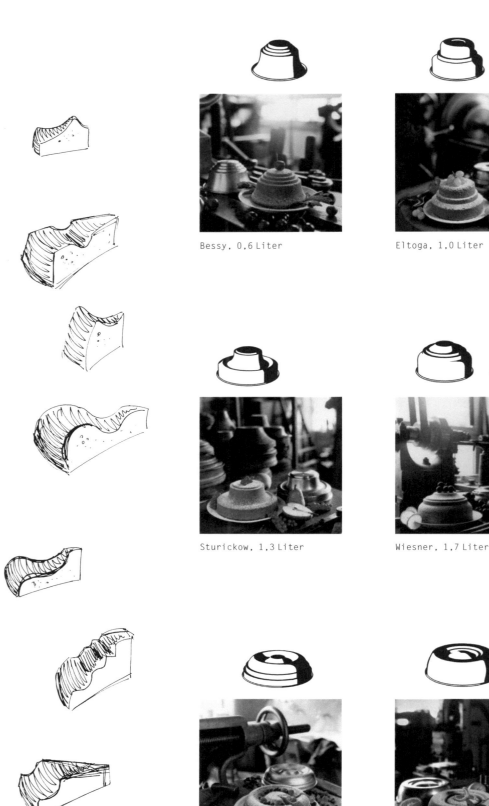

Bessy, 0,6 Liter

Eltoga, 1,0 Liter

Sturickow, 1,3 Liter

Wiesner, 1,7 Liter

Collatz, 1,8 Liter

Stubbak, 2,0 Liter

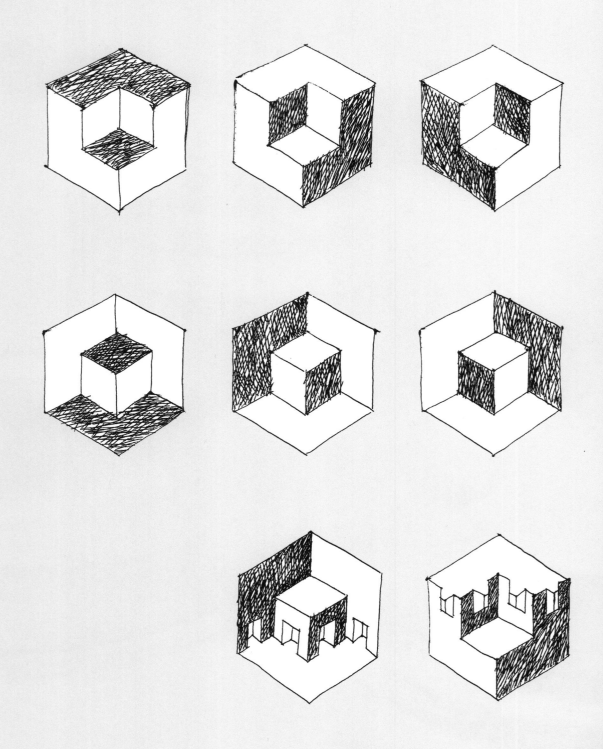

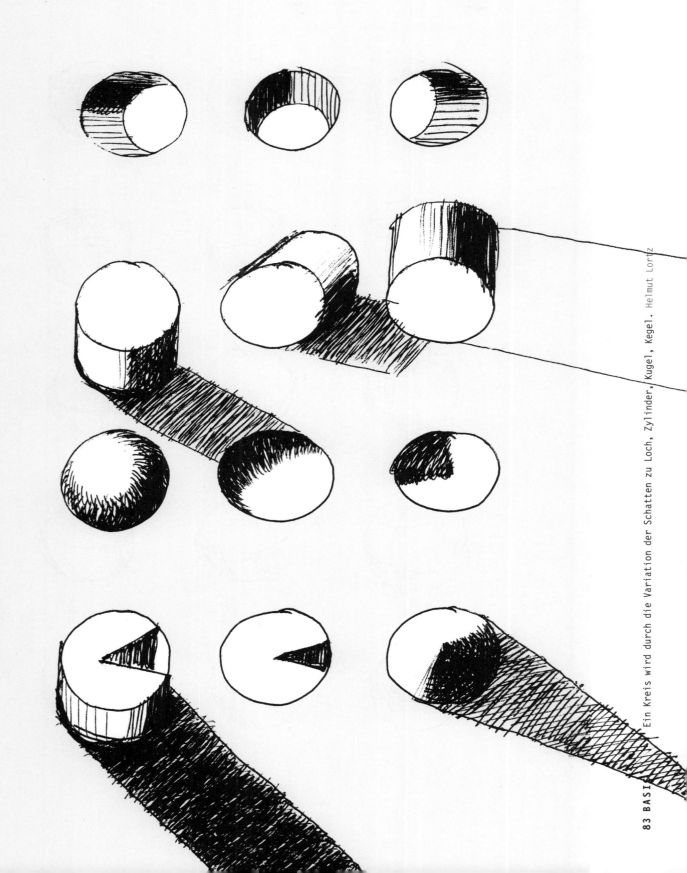

Ein Kreis wird durch die Variation der Schatten zu Loch, Zylinder, Kugel, Kegel. Helmut Lortz

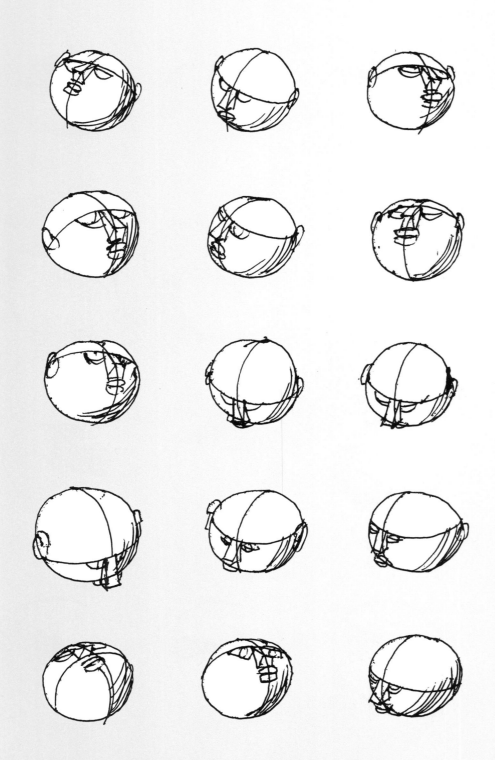

Rotation um eine vertikale Achse

Rotation und Drehung um eine horizontale Achse

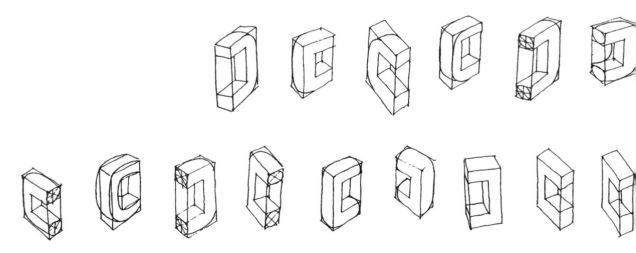

konstruiert-perspektivische Ansichten des Henkels einer Tasse

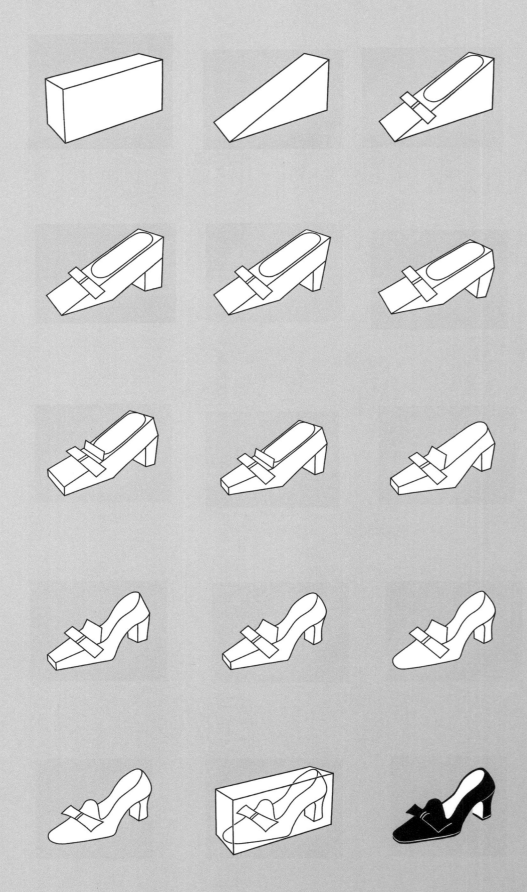

Ausgehend von einem Quader entstehen durch zunehmende Differenzierung Schuhe. Claudia Dani

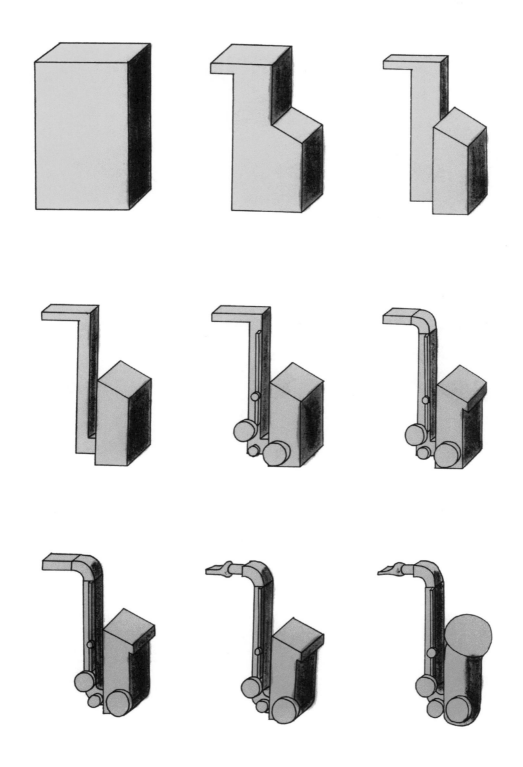

89 BASIS ... und Saxophon. Dominik Strauch

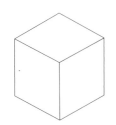

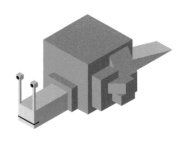

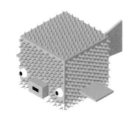

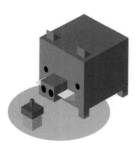

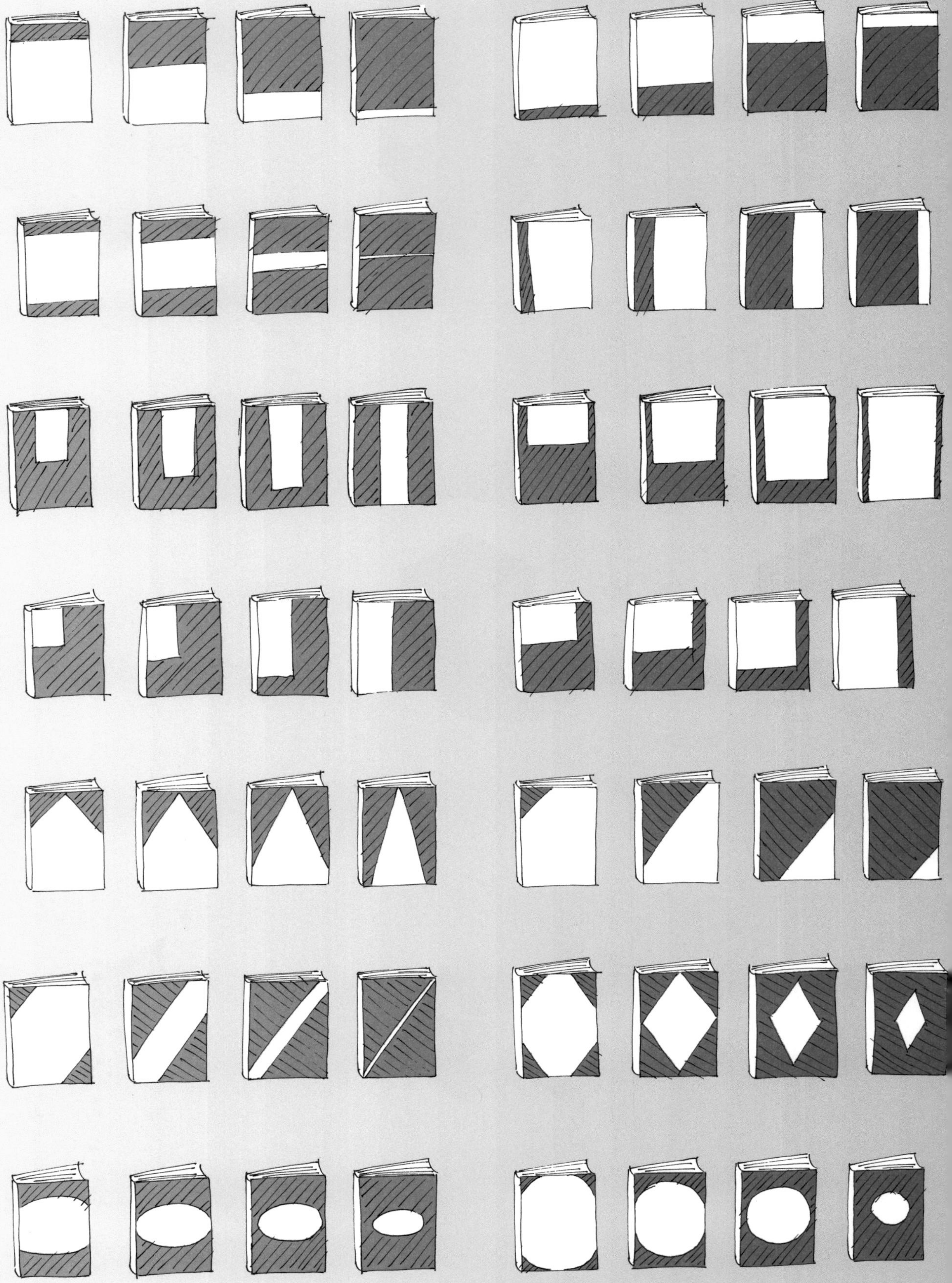

Untersuchung zur Aufteilung von Buchcovern. Armin Lindauer

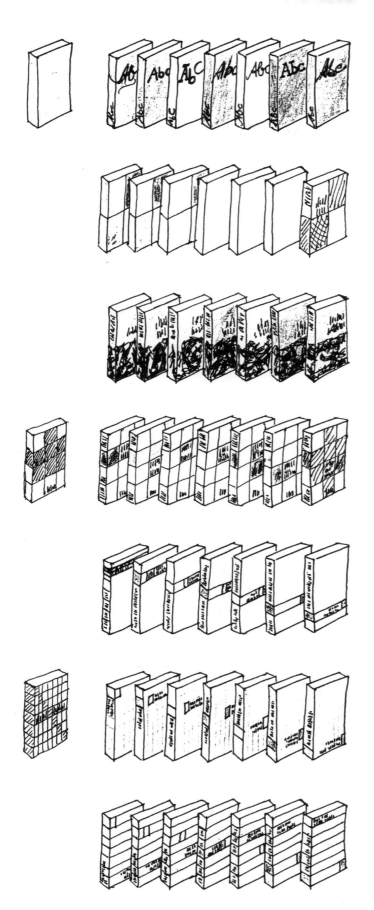

Textposition konstant,
Schriftart variabel

Flächenaufteilung konstant,
Flächeninhalt variabel

Position von Text und Bild konstant,
Schrift und Bild variabel

Flächenteilung basiert auf Raster,
Nutzung der Rasterzellen variabel

Bildelement konstant,
Position der Titelzeile variabel

Größe des Bildelements konstant,
Position der Titelzeile in Zeilenschritten variabel

Höhe von Bildelement und
Schrift konstant,
Position in gegenläufigen
Zeilenschritten variabel

93 BASIS Systematische Untersuchung zur Gestaltung von Buchreihen. Claudia Mittendorf

musik-biennale berlin

internationales fest
für zeitgenössische musik

**14. bis 24.
februar 1991**

programmvorschau

Getragen wurde die Biennale seit ihrem Bestehen vom Verband Deutscher Komponisten. Das Programm für 1991 entstand im Zusammenwirken mit der Gesellschaft für Neue Musik. Anliegen der Berliner Festspiele GmbH ist es, die Fortführung eines über viele Jahre in der ehemaligen DDR gewachsenen und für die Förderung und Verbreitung der zeitgenössischen Musik unverzichtbaren Festivals zu ermöglichen und dieses nicht zum Opfer der politischen Entwicklungen werden zu lassen.

Das Programm enthält, der Tradition der Musik-Biennale folgend, ein breites Spektrum zeitgenössischer Musik aller Genres. Es ist allerdings – dies erscheint uns unter den neuen Bedingungen gerechtfertigt – nicht mehr ganz so umfangreich wie bei früheren Musik-Biennalen. Einer der thematischen Schwerpunkte ist die Berliner Musikkultur zwischen den Weltkriegen, die Kultur einer Zeit also, die geprägt war von gesellschaftlichen Umbrüchen, von Revolution und Reaktion. Am konsequentesten benannt und ausgetragen wurden die Probleme dieser widersprüchlichen Zeit – wie so häufig in Deutschland – im Bereich von Kultur und geistigem Leben.

Insbesondere von den Künsten erhoffte man sich Impulse für eine geistige Neuorientierung. Berlin war damals ein dynamisches Zentrum künstlerischer Innovation, die zwanziger Jahre waren eine der aufregendsten Perioden der deutschen Musikgeschichte im 20. Jahrhundert.

Der politische Tod Luigi Nonos im Mai 1990 führte zu einer weiteren Schwerpunktsetzung. Es ist gelungen, eines seiner vokalsinfonischen Hauptwerke aus den 50er Jahren „Il canto sospeso" und sein letztes Orchesterwerk „No hay caminos, hay que caminar ... Andrej Tarkowskij" (1987) ins Programm zu nehmen.

Auch 1991 wird es eine Vielzahl von Uraufführungen geben, die überwiegend als Auftragswerke der Musik-Biennale vom Verband Deutscher Komponisten indiziert und von der Stiftung Kulturfonds finanziert wurden. Neben Orchesterwerken von Christfried Schmidt, Georg Katzer und Udo Zimmermann kommen Kammermusik und Solostücke von Dieter Schnebel, Wolfgang Rihm, Friedrich Schenker, Friedrich Goldmann, Mayako Kubo, Åse Hedstrøm, Rolf Wallin, Siegfried Matthus, Steffen Schleiermacher, Lothar Voigtländer u. a. zur Uraufführung. Ein Porträt-Konzert mit neuen Werken ist Paul-Heinz Dittrich zum 60. Geburtstag gewidmet.

Zu den Gastorchestern der diesjährigen Biennale gehört neben dem Berliner Sinfonie-Orchester (Leitung Udo Zimmermann) und dem Radio-Symphonie-Orchester Berlin (Olaf Henzold), das Gewandhausorchester (Max Pommer), das Chamber Orchestra of Europe (Peter Eötvös), das Rundfunkorchester Hannover des NDR (Mario Venzago). Aus Moskau kommen das Maly-Sinfonieorchester (Wassili Sinaiski) und das Kammerensemble des Bolschoi-Theaters (Alexander Lazarew).

Ihrer Mitwirkung zugesagt haben namhafte Interpreten Neuer Musik wie das Arditti String Quartet, der Pianist Herbert Henck, der Organist Zsigmond Szathmary, Mitglieder des Ensemble Modern, die Gruppe Neue Musik „Hanns Eisler" Leipzig, die Bläservereinigung Berlin, um nur einige zu nennen.

Mit der Musik-Biennale eröffnet sich für das groß gewordene Berlin eine vielversprechende Chance, die zeitgenössische Musik fester denn je im Kulturleben der Stadt zu verankern.

EINTRITTSPREISE
Schauspielhaus,
Großer Konzertsaal DM 15,-
Deutsches Theater,
Kammeroper DM 15,-/-10,-
Kammermusiksaal der
Philharmonie
DM 15,-/30,-/20,-/15,-
Alle anderen
Spielstätten DM 10,-

Biennale-Paß
für den Besuch aller Konzerte.
Gegen Vorlage des Passes an der Abendkasse erhalten Sie nach Verfügbarkeit eine kostenlose Eintrittskarte.
Der Paß ist übertragbar!
Er kostet DM 65,-

**SCHRIFTLICHE
BESTELLUNGEN**
Ihre Kartenwünsche (auch für den Biennale-Paß) richten Sie bitte schriftlich an das
Kartenbüro der
Berliner Festspiele
Budapester Straße 50
1000 Berlin 30
Tel. (030) 25489100

VORVERKAUF
Der Vorverkauf beginnt am Samstag, dem 19. Januar 1991 an der Kasse der Berliner Festspiele, Budapester Straße 48 (gegenüber der Kaiser-Wilhelm-Gedächtniskirche) und bei den bekannten Vorverkaufskassen.

JOURNAL
Mitte Januar erscheint das kostenlose Biennale-Journal mit ausführlichen Informationen zum Programm.

BERLINER FESTSPIELE 1991
Internationale Filmfestspiele Berlin
15.–26. Februar

Musik-Biennale Berlin
14.–24. Februar

Theatertreffen Berlin
2.–20. Mai

Theatertreffen der Jugend
25. Mai – 1. Juni

Berliner Festwochen
4.–30. September

Treffen Junge Musik-Szene
31. Oktober – 4. November

JazzFest Berlin
7.–10. November

Treffen Junger Autoren
23.–26. November

12. Musik-Biennale Berlin
internationales Fest für zeitgenössische Musik

Veranstalter
Berliner Festspiele
in Zusammenarbeit mit dem
Verband Deutscher Komponisten
und der Gesellschaft für Neue Musik

atelier: müller
Satz und Druck: Ludwig Vogt

13.
musik-biennale berlin
internationales fest
für zeitgenössische musik
**14. bis 24.
februar 1991**
programmvorschau

Programmfaltblatt DIN A 6

Titelseiten der Programmvorschau
DIN A 4

Die Jahrgänge unterscheiden
sich durch Auszeichnungsfarbe
und Variation der fünf Linien.

**14.
musik-biennale berlin**

internationales fest
für zeitgenössische musik

**12. bis 21. märz
1993**

**13.
musik-biennale berlin**

internationales fest
für zeitgenössische musik

20 Uhr Schauspielhaus
Großer Konzertsaal

**samstag
16. februar 1991**

**13.
musik-biennale berlin**

internationales fest
für zeitgenössische musik

11 Uhr
Schauspielhaus
Großer Konzertsaal

**samstag
23. februar 1991**

**13.
musik-biennale berlin**

internationales fest
für zeitgenössische musik
20 Uhr
Schauspielhaus
Großer Konzertsaal

**freitag
15. februar 1991**

**13.
musik-biennale berlin**

internationales fest
für zeitgenössische musik

11 Uhr
Schauspielhaus
Kammermusiksaal

**samstag
16. februar 1991**

**13.
musik-biennale berlin**

internationales fest
für zeitgenössische musik

**sonntag
17. februar 1991**

20 Uhr
Schauspielhaus
Großer Konzertsaal

**13.
musik-biennale berlin**

internationales fest
für zeitgenössische musik

19.30 Uhr
Schauspielhaus,
Kammermusiksaal

**donnerstag
21. februar 1991**

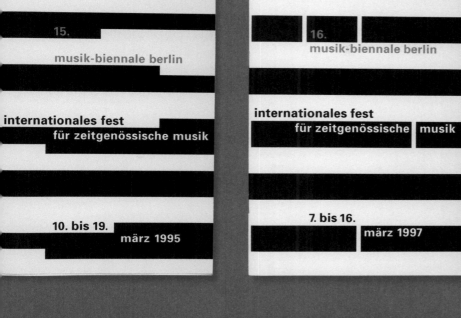

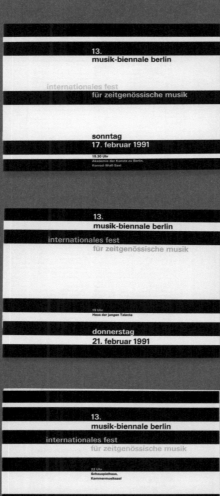

Programmhefte DIN A5

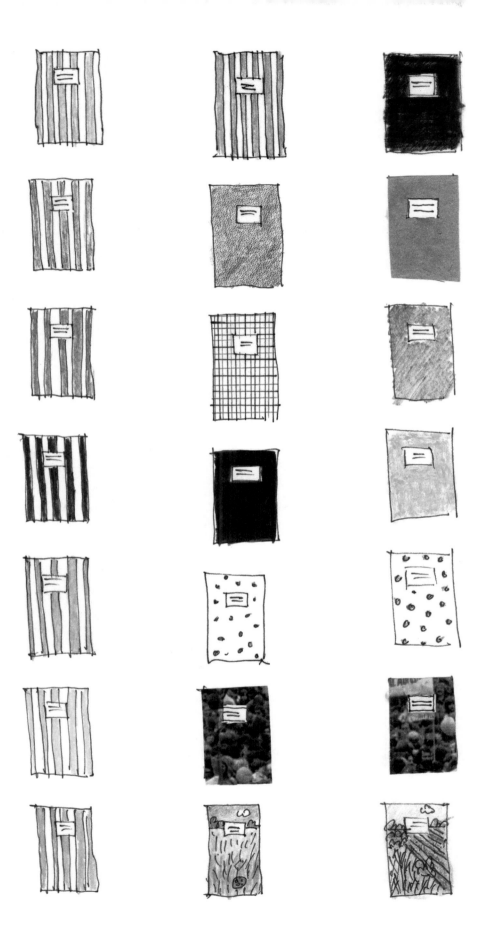

KLASSIK.JETZT!

Fritzi Haberlandt Max vo
Hille Darjes Hans-Micha
und andere
Lessing
EMILIA GA
Regie: Leonhard

Dauer: 78:51
Regie: Leonhard Koppelmann
Goethe
URFAUST
und andere
Traugott Buhre Sven

KLASSIK.JETZT!

KLASSIK.JETZT!

Sibylle Canonica Dagmar Manzel
Oliver Stokowski Jule Böwe
und andere
Goethe
STELLA
Regie: Leonhard Koppelmann
Dauer: 76:37 Minute
8661017

KLASSIK.JETZT!

Wolf-Dietrich Sprenger Hilmar Eichhor
Winfried Glatzeder Jutta Hoffmann
und andere
Kleist
DER ZERBROCHNE KR
Regie: Leonhard Koppelmann

argon
hörbuch

SWR

KLASSIK.JETZT!

Hans-Michael Rehberg Alexandra Henkel
Oliver Stokowski Wolfgang Pregler
und andere
Schiller
DIE RÄUBER
Regie: Leonhard Koppelmann
Dauer: 75:09 Minuten
866101753
8661018

KLASSIK.JETZT!

argon
hörbuch

Dau
86610

SWR

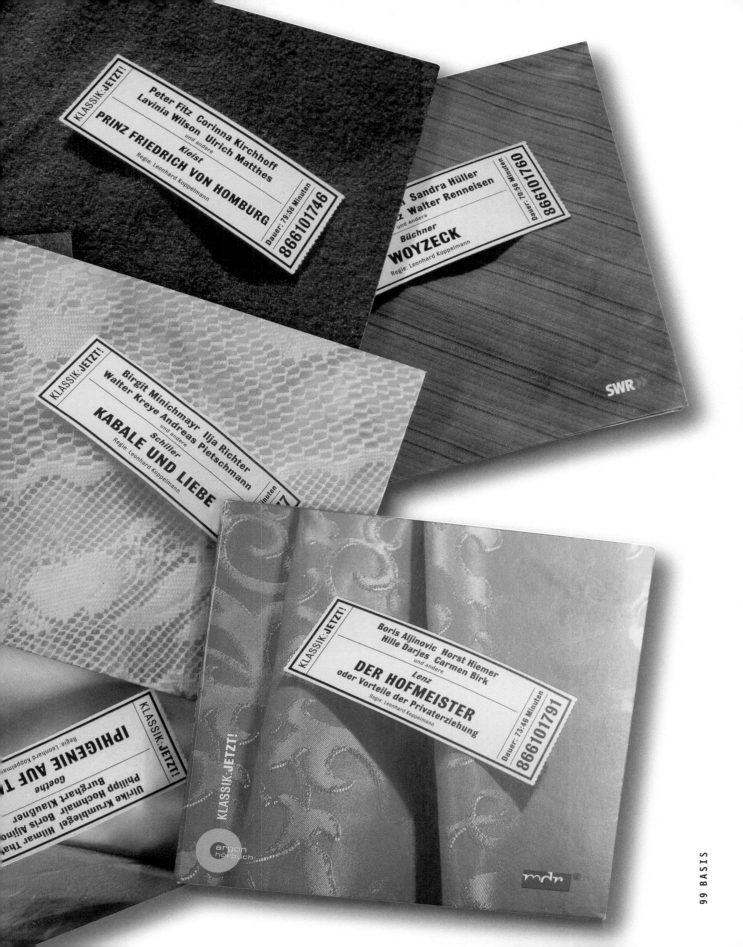

KLASSIK.JETZT!

Peter Fitz Corinna Kirchhoff
Lavinia Wilson Ulrich Matthes
und andere

Kleist
PRINZ FRIEDRICH VON HOMBURG
Regie: Leonhard Koppelmann

Dauer: 79:56 Minuten

8661101746

KLASSIK.JETZT!

Sandra Hüller
Walter Renneisen
und andere

Büchner
WOYZECK
Regie: Leonhard Koppelmann

Dauer: 70:56 Minuten

8661101760

SWR

KLASSIK.JETZT!

Birgit Minichmayr Ilja Richter
Walter Kreye Andreas Pietschmann
und andere

Schiller
KABALE UND LIEBE
Regie: Leonhard Koppelmann

KLASSIK.JETZT!

Boris Aljinovic Horst Hiemer
Hille Darjes Carmen Birk
und andere

Lenz
DER HOFMEISTER
oder Vorteile der Privaterziehung
Regie: Leonhard Koppelmann

Dauer: 73:46 Minuten

8661101791

KLASSIK.JETZT!

Ulrike Krumbiegel Hilmar Thate
Philipp Hochmair Boris Aljinovic
Burghart Klaußner

Goethe
IPHIGENIE AUF TAURIS
Regie: Leonhard Koppelmann

argon
hörbuch

mdr

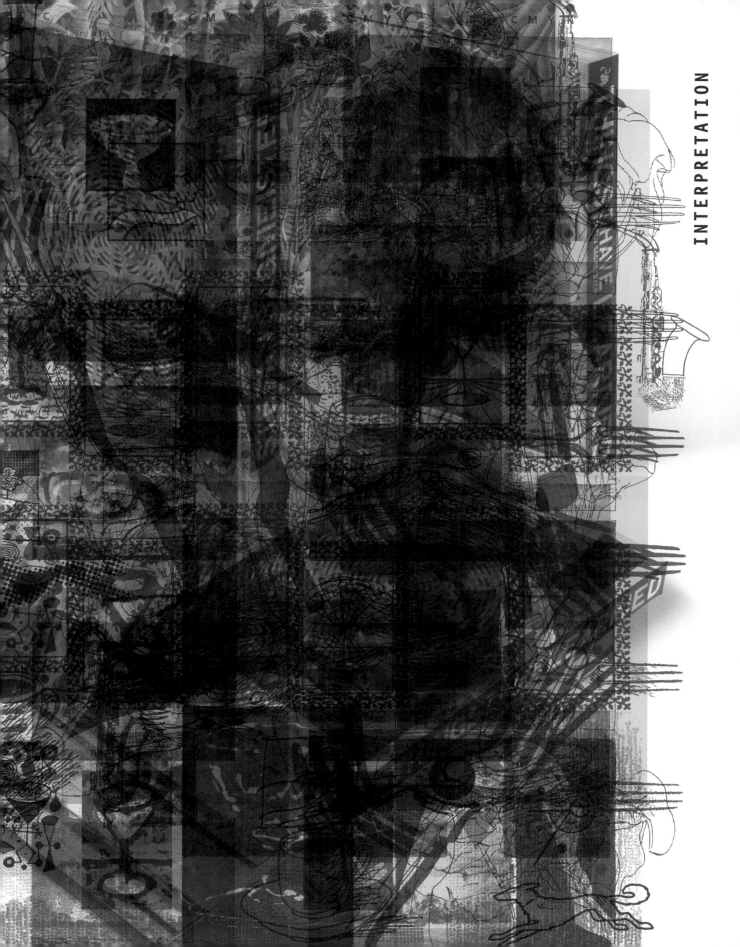

2. INTERPRETATION Eine bildliche Darstellung ist jedes Mal eine Konstruktion der Wirklichkeit, auch bei höchstem Realismus oder bei dem Versuch größtmöglicher Abbildungstreue. Jede Darstellung übersetzt, legt aus oder erklärt und wird infolgedessen zur Interpretation, die – nicht zuletzt vom Aufzeichnenden – geprägt ist. Seine Wahrnehmung, seine gezielte oder unbewusste Umsetzung ist also stets Teil der Mitteilung. Rudolf Arnheim drückt dies in KUNST UND SEHEN so aus: «Jede Reproduktion ist eine Interpretation durch Anschauungsmittel.»[1]

In einer Zeit inflationärer Stilvielfalt und permanenter Stilbrüche möchte man postulieren: Stil ist hinderlich. Entscheidend für die Wahl eines Stils, einer bestimmten Darstellungsweise sollte heute mehr denn je die beabsichtigte Aussage sein. Der Stil als Mittel interpretiert und unterstützt diese.

Für die unterschiedlichen Interpretationen kann prinzipiell jeder Gegenstand als Objekt verwendet werden. Sinnvoll zur Erprobung der Mittel ist es, einen einfachen, bekannten und leicht nachvollziehbaren Gegenstand zu wählen. Die Festlegung des Stils und die Klärung kompositorischer Fragen vorab ermöglichen die Konzentration auf die Variation des Parameters ‹Darstellung›. Seine Qualitäten und die durch ihn bedingten Veränderungen der Aussage werden so nachvollziehbar und bewertbar.

Um möglichst viele Darstellungsmittel kennenzulernen, soll die Untersuchung eine große Breite erzeugen >108/128 ff. Stellvertretend für die zahllosen Möglichkeiten werden hier nur einige genannt: Linie, Fläche, Halbton, Struktur, Oberfläche, Material, Licht, Handzeichnung, Konstruktion, Grafit, Buntstift, sämtliche Drucktechniken – vom Linolschnitt über Offset- bis zum Lichtdruck. Die Substitution von Objektkonstanten, beispielsweise des Porzellans einer Tasse durch andere Materialien wie Metall, Holz, Stein, Stoff, Fell, Papier etc., ermöglicht es, das Potenzial des Parameters ‹Darstellung› zu erfahren. Auch genügt es nicht immer, auf bekannte Techniken oder Methoden zurückzugreifen, weshalb Erfindung, unerwartete Kombination oder eine eigene Handschrift gefordert sind. Gerade der individuelle Stil oder eine erfundene Technik können zu eigenständigen und innovativen Ergebnissen führen. Je mehr Stilmittel dem Gestalter zur Verfügung stehen, desto gezielter kann er seine Mitteilung ausrichten. Auch bei diesen zunächst formal und auf Erweiterung des visuellen Vokabulars angelegten Untersuchungen wird deutlich, dass stets auch eine inhaltliche Komponente deutlich wird. Das Ziel ist, sich eine Breite technischer Fähigkeiten, ein Repertoire, anzueignen, aus dem bei Bedarf gewählt werden kann.

Das Beispiel der Firma O.R.T. OffsetReproTechnik >132/133 zeigt, wie mit der Interpretation einer kleinen gezeichneten Landschaft als Markenzeichen unterschiedliche Firmenleistungen mitgeteilt werden. Dabei sind die verschiedenen Techniken und Darstellungen ein Verweis auf das Leistungsspektrum der Firma. Ein völlig konträres Beispiel sind die fünftausend nahezu gleichen Bilder eines

Glases›[112]. Ihre Darstellung bleibt im Prinzip immer gleich, aber eben nur im Prinzip. Der aufmerksame Betrachter nimmt die minimalen Unterschiede wahr und ist versucht, ihnen Bedeutung zuzuschreiben. Der französische Philosoph Jacques Derrida vertritt die Auffassung, dass jedes Wort mit jeder Wiederholung, mit jedem Gebrauch seine Bedeutung verändert. Unter diesem Aspekt betrachtet, erhält diese serielle Arbeit eine weitere Dimension.

Die Arbeiten im Kapitel INTERPRETATION sind von denen des folgenden Kapitels VARIATION nicht immer eindeutig zu unterscheiden, und doch lässt sich feststellen: Wird hier der Ausdruck mittels Darstellungsstil untersucht, so erfährt dort das Objekt eine funktionale Umgestaltung.

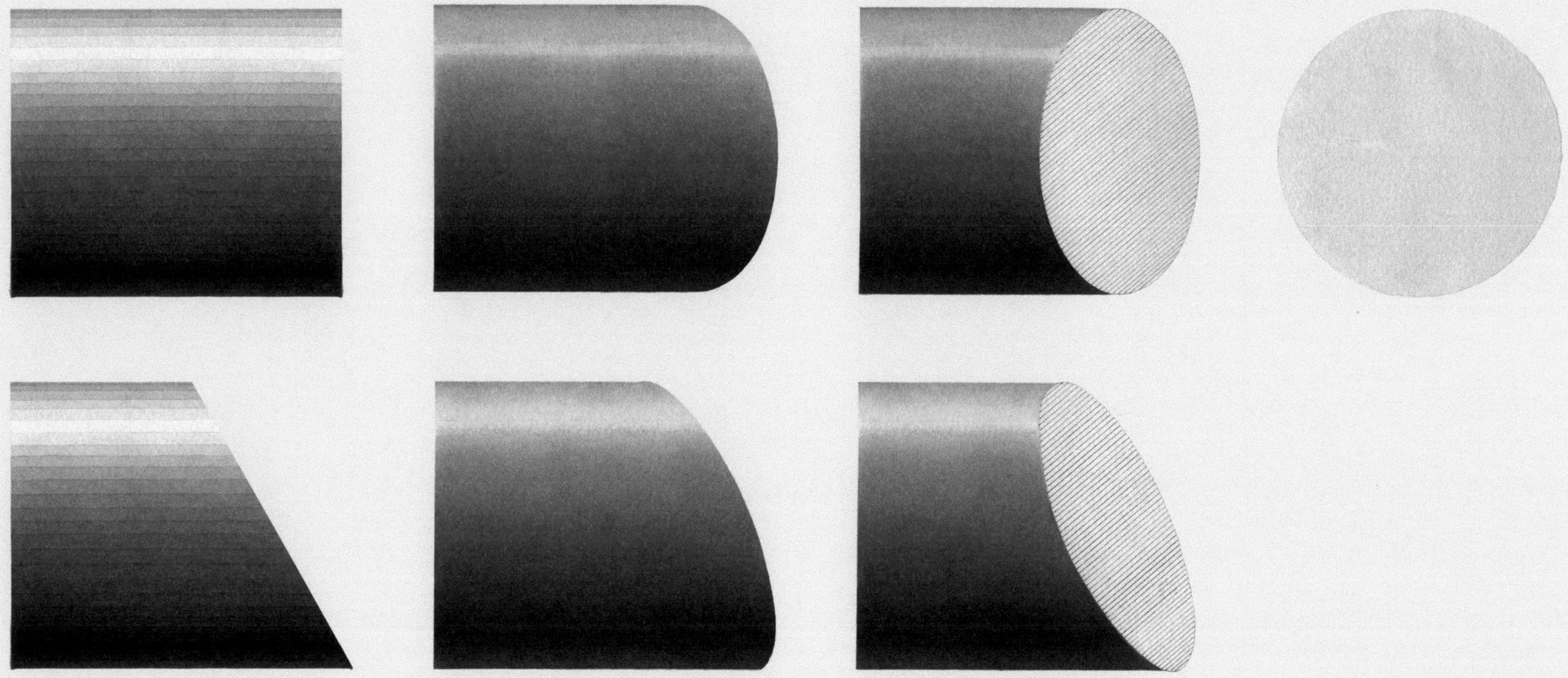

105 INTERPRETATION Die Perspektive bestimmt die Interpretation des Objektes. Nach einer Zeichnung von Alexandre Meunier

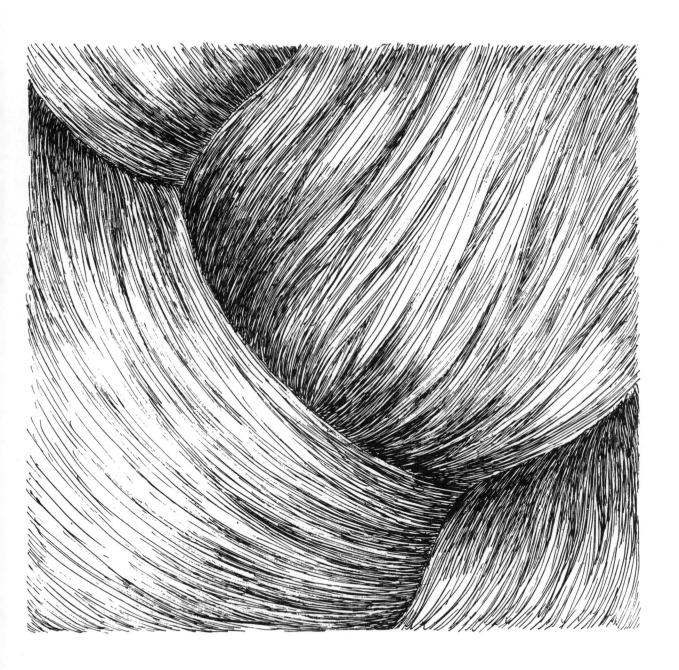

Unterschiedliche Schraffuren bestimmen die Bildwirkung. Theres Weishappel

Wasserfarben mit Aussparungen

Aussprengtechnik

Zeichnung

Collage aus Spitzen

Fotografie

Kanten betonen

Scharfzeichnen

Tontrennung 1

Tontrennung 2

Kontur

Glasfilter

Relief

Chrom

Peter Paul Rubens, DER RAUB DER TÖCHTER DES LEUKIPPOS, 1618; Rembrandt Harmensz van Rijn, PORTRÄT DER AGATHA BAS, 1641; **117 INTERPRETATION** Hans Baldung Grien, BILDNIS EINER DAME, 1530.

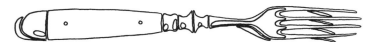

Linienzeichnung

Linienzeichnung

Lichtreflexe

Schattenriss

Tuschezeichnung

Tuschezeichnung

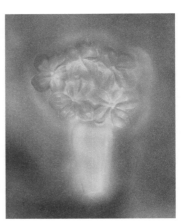

126 INTERPRETATION Geschäftsbericht des Lichttechnik-Unternehmens Zumtobel aus dem Jahr 2001/2002. Die Tiefziehform aus Kunststoff ist Bildmotiv und Einband zugleich. Durch Lichteffekte wird das Tätigkeitsfeld des Unternehmens beleuchtet. Praxisbeispiel: Stefan Sagmeister

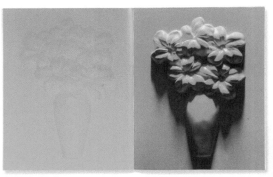

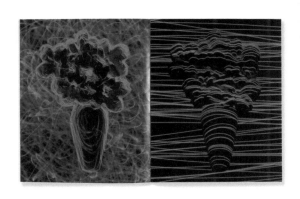

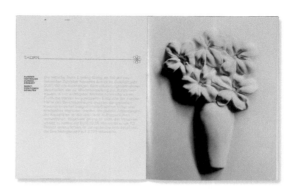

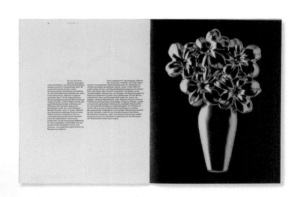

Praxisbeispiel: Peter Andersen, Adolfo Best-Maugard,
Karl, Chip Kidd, Paul Rand, Rudolph Ruzicka, Elvis Swift, Triboro

128 **INTERPRETATION** Das Verlagslogo von Alfred A. Knopf, New York.
Warren Chappell, William A. Dwiggins, Guy Fleming, Jonathan Hoefler, Anita

Ur-Borzoi

Der ‹Borzoi› als Verlagssignet wird seit 1915 immer wieder durch namhafte
131 **INTERPRETATION** Thomas M.Cleland, José Miguel Covarrubias Duclaud,
Gestalter neu interpretiert: Boris Artzybasheff, Warren Chappell,
William A.Dwiggins, Chuck Gabriel, Joseph Claude Sinel

132 INTERPRETATION Eine kleine Landschaft wird zum Markenzeichen von O.R.T., einer Firma für Offsetlithografie. Das Motiv wird mit unterschiedlichen Mitteln interpretiert. Praxisbeispiel: Theres Weishappel für MetaDesign

Ausgangsmotiv

farbige Marker

Kreidezeichnung

Kreidezeichnung

Feder, laviert

Feder, laviert

Zeichnung, koloriert

frei geschnittene
Formen

Zeichnung
Ebenenmodell

Zeichnung Ebenen-
modell, Grautöne

Ebenenmodell,
farbige Marker

Zeichnung Ebenen-
modell, Farbe

Kontur mit Marker

Kontur mit Marker

Farbstift

Computerzeichnung,
handkoloriert

digitalisierte
Zeichnung

digitalisierte
Zeichnung

Computerzeichnung,
handkoloriert

Computerzeichnung,
handkoloriert

Computerzeichnung,
Grauflächen

Computerzeichnung,
Farbflächen

Computerzeichnung,
Farbflächen

Computerzeichnung,
Rot, Grün, Blau

OffsetReproTechnik
Kirchner + Graser GmbH & Co
Produktions KG

O.R.T. _____ Charlottenstraße 95
1000 Berlin 61

Telefon   Telekopierer
030/251 80 07 **030/251 30 95**

OffsetReproTechnik
Kirchner + Graser GmbH & Co
Produktions KG

O.R.T. _____ Charlottenstraße 95
1000 Berlin 61

Telefon   Telekopierer
030/251 80 07 **030/251 30 95**

OffsetReproTechnik
Kirchner + Graser GmbH & Co
Produktions KG

O.R.T. _____ Charlottenstraße 95
1000 Berlin 61

Telefon   Telekopierer
030/251 80 07 **030/251 30 95**

Berlin, den

OffsetReproTechnik
Kirchner + Graser GmbH & Co
Produktions KG

O.R.T. _____ Charlottenstraße 95
1000 Berlin 61

Telefon   Telekopierer
030/251 80 07 **030/251 30 95**

Sparkasse der   **Zahl**
Stadt Berlin West   **3 Tag**
BLZ 100 500 00   **30 Ta**
Konto-Nr. 0250010909

Berliner Bank AG
BLZ 100 200 00
Konto-Nr. 4214501500

Berlin, den

OffsetReproTechnik
Kirchner + Graser GmbH & Co
Produktions KG

Telekopierer
030/251 30 95

O.R.T. _____ Charlottenstraße 95
1000 Berlin 61

Telefon
030/251 80 07

Digital · Repro · Technik
Gesellschaft mbH & Co
Produktions KG

D.R.T. .... Bundesplatz 3
1000 Berlin 31

Telefon
030/853 80 39
.... **251 20 95**

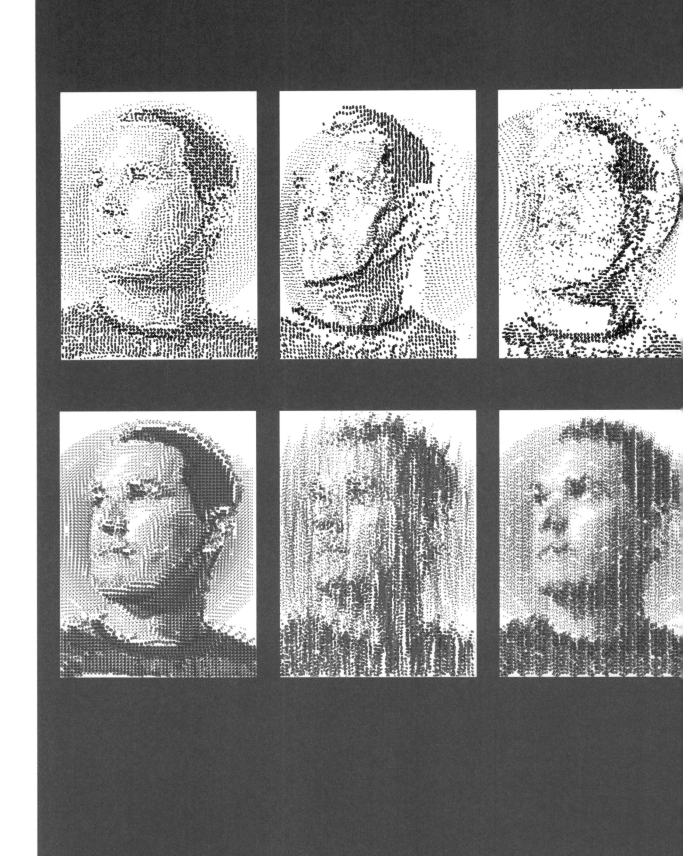

Das Schwarz-Weiß-Porträt
wird als Pixelbild importiert.
Die Graustufenwerte der einzelnen Pixel werden ausgelesen.

An die Stelle jedes Pixels
werden jeweils drei Buchstaben
in den drei Farben Rot, Grün
und Blau übereinander gesetzt
und nach einem zuvor definierten
Algorithmus gedreht und
verschoben.

Zunächst stehen die drei farbigen
Buchstaben exakt übereinander.

Je länger man die Maus über die
Zeichenfläche bewegt, desto
stärker entfernen sich diese Buchstaben voneinander.

Die Drehung sowie Größe eines
Buchstabens wird über den Grauwert
des Bildpunktes und die aktuelle
Mausposition sowie eine
Modellierung der Drehung durch
die mathematischen Funktionen
Sinus, Cosinus und Tangens oder
durch deren Multiplikation erzeugt.

Die acht verschiedenen Modi für die Modulation
der Zeichendrehung sind:

1 sinus (graustufenwert * mouseX * mouseY)
2 Graustufe * cos(mouseX * mouseY)
3 Graustufe * tan(mouseX * mouseY)
4 Graustufe * tan(zaehler * mouseX * mouseY)
5 Graustufe * sin(zaehler) * tan(mouseX * mouseY)
6 cos(graustufe) * sin(zaehler) * tan(mouseX * mouseY/10.000)
7 Graustufe * sin(mouseX * mouseY)
8 sin (Graustufe)

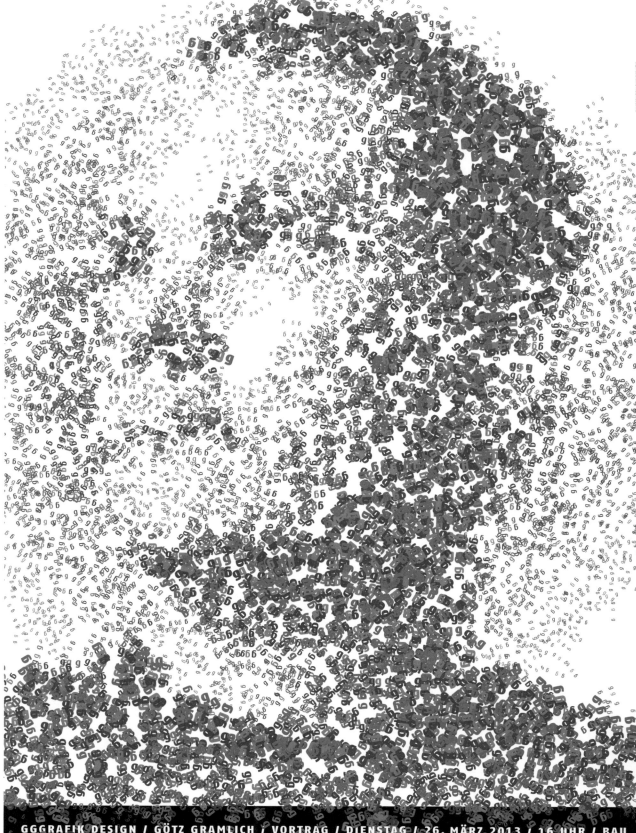

GGGRAFIK DESIGN / GÖTZ GRAMLICH / VORTRAG / DIENSTAG / 26. MÄRZ 2013 / 16 UHR / BAU
ZEICHENSAAL / HOCHSCHULE MANNHEIM / PAUL-WITTSACK-STR 12 / 68163 MANNHEIM

GGGRAFIK DESIGN / GÖTZ GRAMLICH / VORTRAG / DIENSTAG / 26. MÄRZ 2013 / 16 UHR / BAU ZEICHENSAAL / HOCHSCHULE MANNHEIM / PAUL-WITTSACK-STR 12 / 68163 MANNHEIM

GGGRAFIK DESIGN / GÖTZ GRAMLICH / VORTRAG / DIENSTAG / 26. MÄRZ 2013 / 16 UHR / BAU ZEICHENSAAL / HOCHSCHULE MANNHEIM / PAUL-WITTSACK-STR 12 / 68163 MANNHEIM

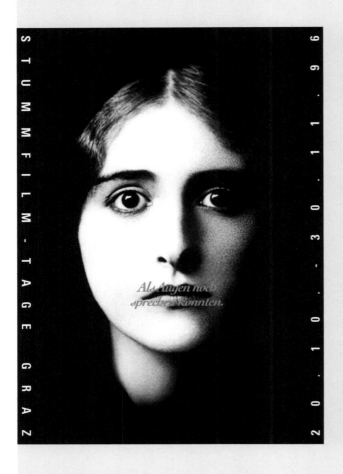

ALS AUGEN NOCH SPRECHEN KONNTEN: Plakatreihe für ein Stummfilm-Festival. Das Gestaltungsprinzip ist die Verwendung fotografischer Fehler wie Doppelbelichtung, Unschärfe und Negativ. Fons Hickmann

Tunika- und Hemdkleider

um 300

um 500

um 1300

140 INTERPRETATION Lehrmaterial für Auszubildende in der Damenoberbekleidung. Gestempelte Figurinen werden durch Zeichnungen im Stil der jeweiligen Epoche des Kleidertyps ergänzt. Praxisbeispiel: Betina Müller für Ott+Stein

Schnitt- und Stilkleider

um 1300

um 1600

um 1700

um 1975

um 1920

um 1980

um 1850

um 1950

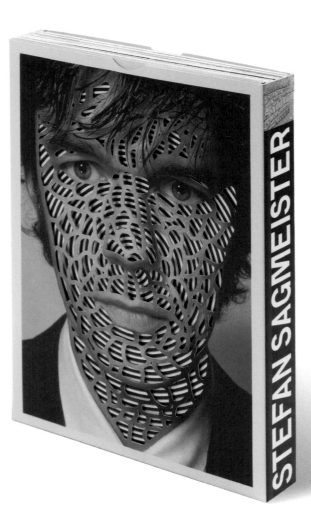

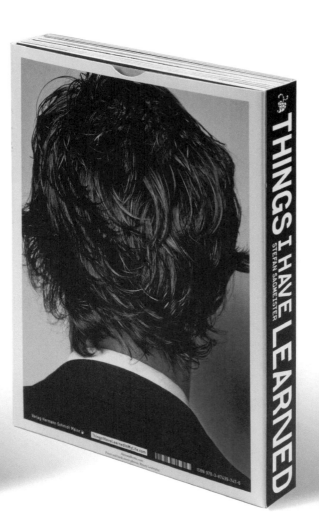

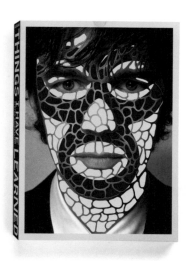

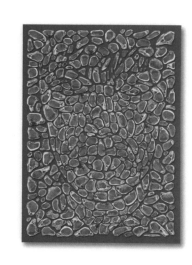

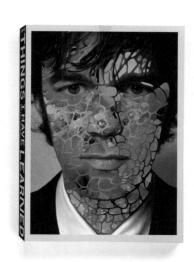

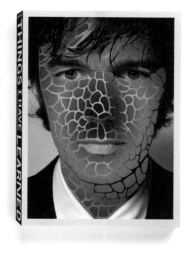

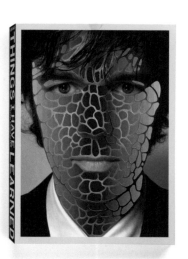

143 INTERPRETATION Je nachdem, welche Broschüre zu oberst im Schuber liegt, ergibt sich ein anderes Bild.

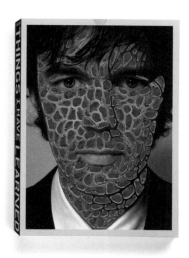

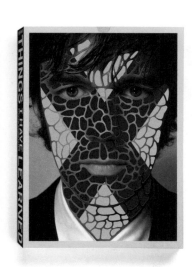

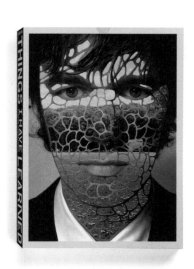

die Vorlage

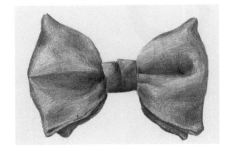
weicher Bleistift

harter Bleistift

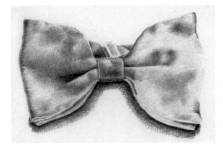
Farbstift

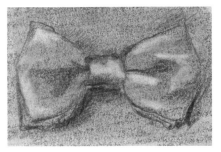
Bleistift

Sepia-Kreide, weiß gehöht

Fineliner

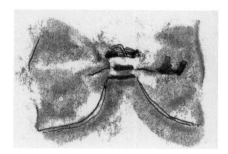

Monotypie

Feder in Grau, weiß gehöht

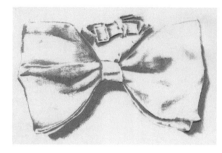

Siebdruck, dreifarbig

monochrom gemalt

Aquatinta-Radierung

Linienzeichnung

Kreide-
zeichnung

Montage aus
verschiedenen
Techniken

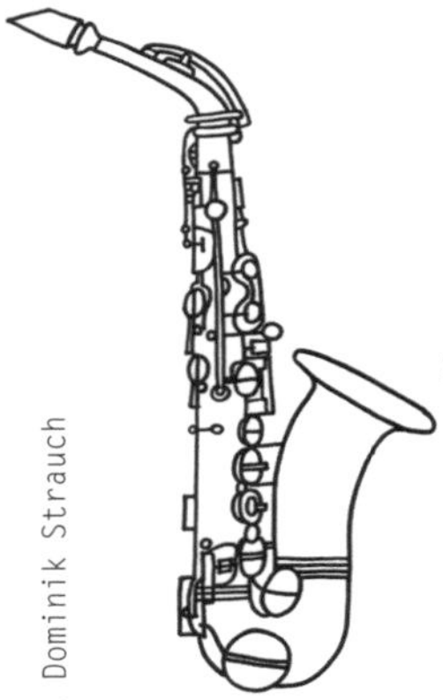

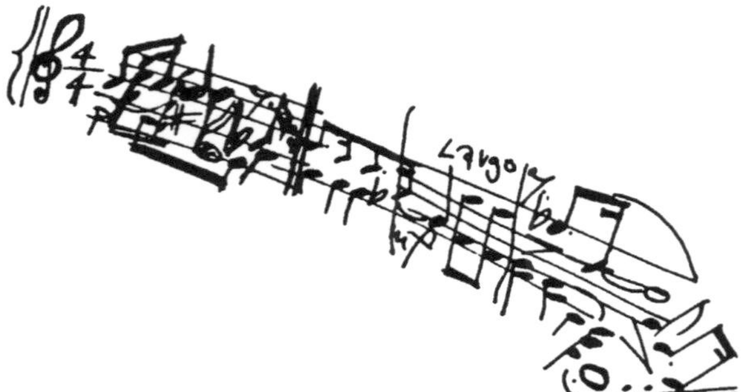

Härtung

Zeichnung aus Noten

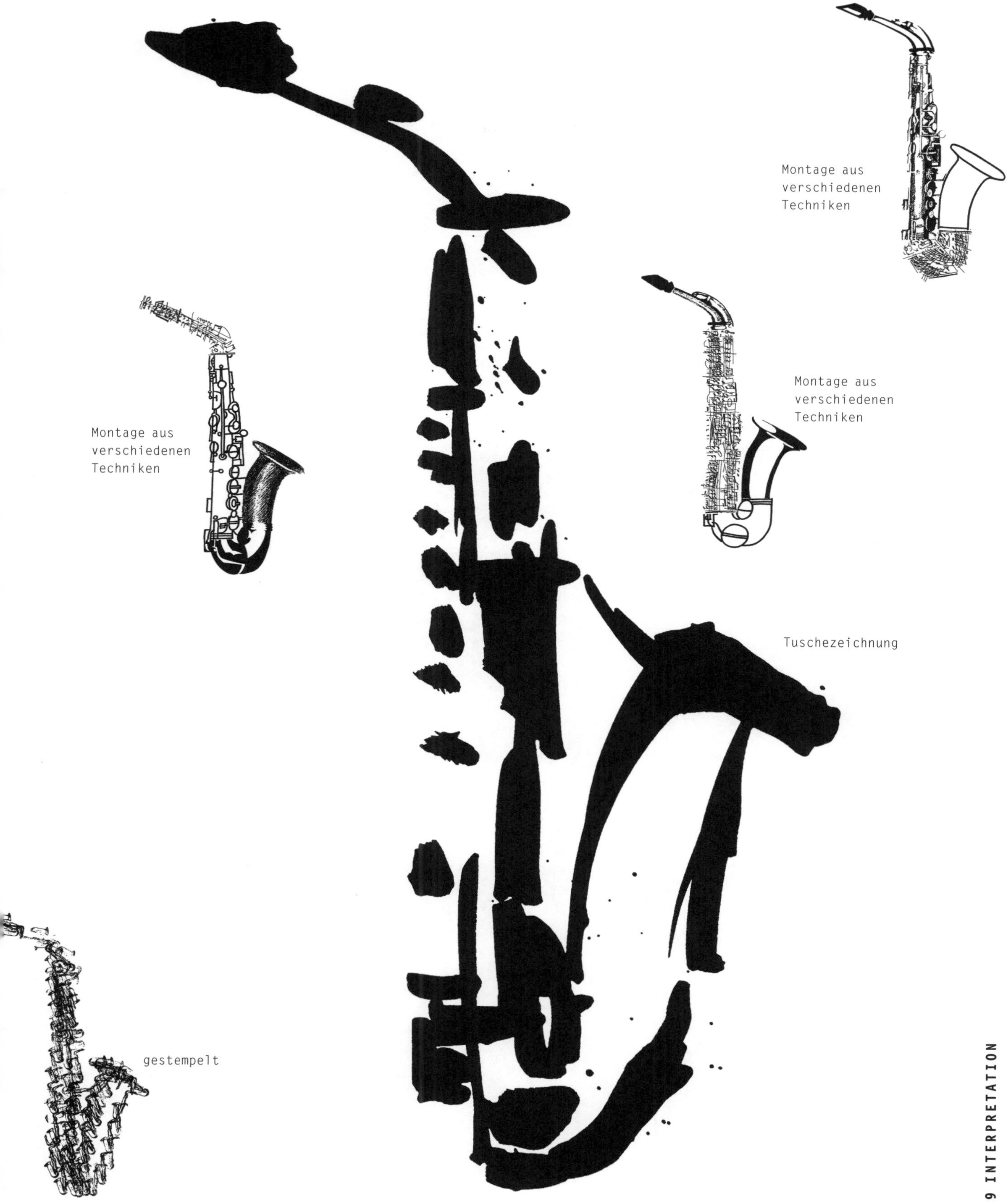

Montage aus
verschiedenen
Techniken

Montage aus
verschiedenen
Techniken

Montage aus
verschiedenen
Techniken

Tuschezeichnung

gestempelt

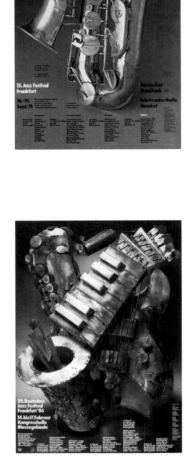

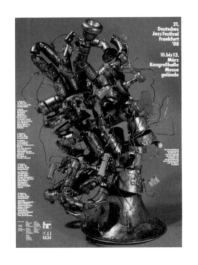

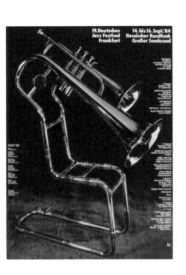

150 INTERPRETATION Plakatreihe für das Jazzfestival in Frankfurt. Für den Jazz typische Musikinstrumente wurden fragmentiert, neu zusammengesetzt und anschließend fotografiert. Praxisbeispiel: Günther Kieser

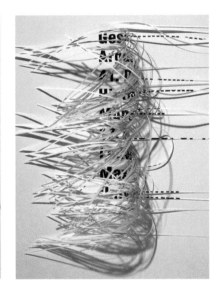

realisiertes Plakat

Cyan-Platte   Magenta-Platte    Gelb-Platte    Schwarz-Platte

C    M    Y   K

156 INTERPRETATION Realisierung: Die Farbauszüge einer reproduzierten Zeichnung werden systematisch variiert, indem die vier Druckfarben Cyan, Magenta, Yellow und Black beim Drucken gewechselt. Eine Druckplatte druckt stets die ‹richtige› Farbe. Die drei anderen Druckplatten werden mit ‹falscher› Farbe gedruckt. So entstehen 24 Varianten des Ausgangsmotivs. Helmut Lortz

Konstante ●
C
Cyan-Platte,
cyan gedruckt

C M Y K

Konstante ●
C
Cyan-Platte,
magenta gedruckt

C M Y K

Konstante ●
C
Cyan-Platte,
gelb gedruckt

C M Y K

Konstante ●
C
Cyan-Platte,
schwarz gedruckt

C M Y K

158 INTERPRETATION Systematische Variation eines häufig verwendeten Bildmotivs einer Bilddatenbank. Von einer gedruckten Anzeige werden Schwarz-Weiß-Auszüge der Farbanteile erstellt. Sie erzeugen durch Belichtung die unterschiedlichen Druckformen für den farbigen Siebdruck. Armin Lindauer

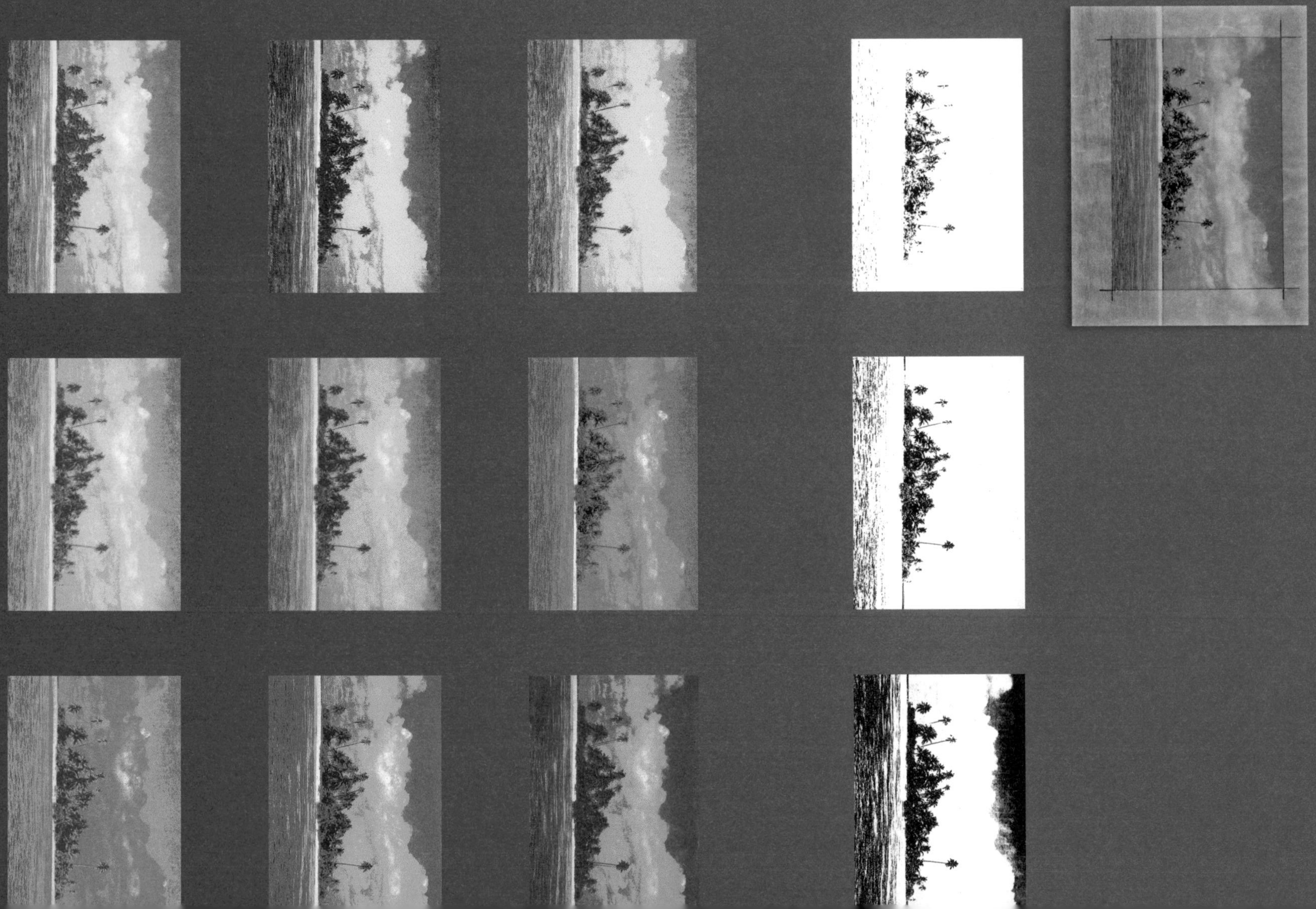

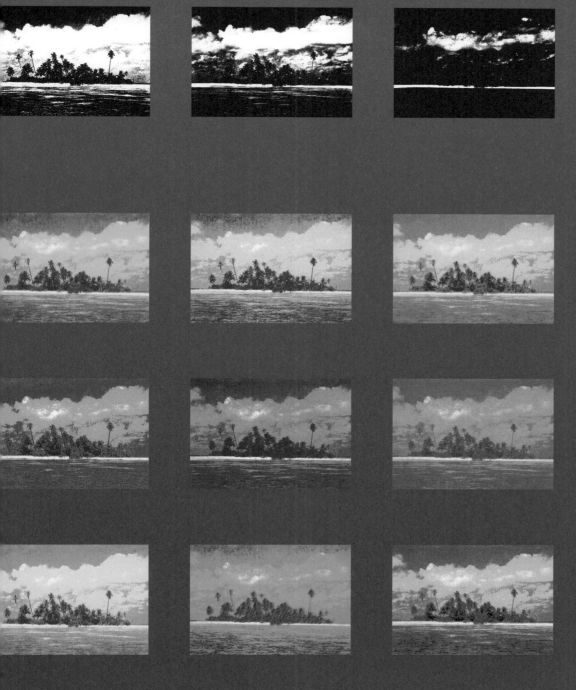

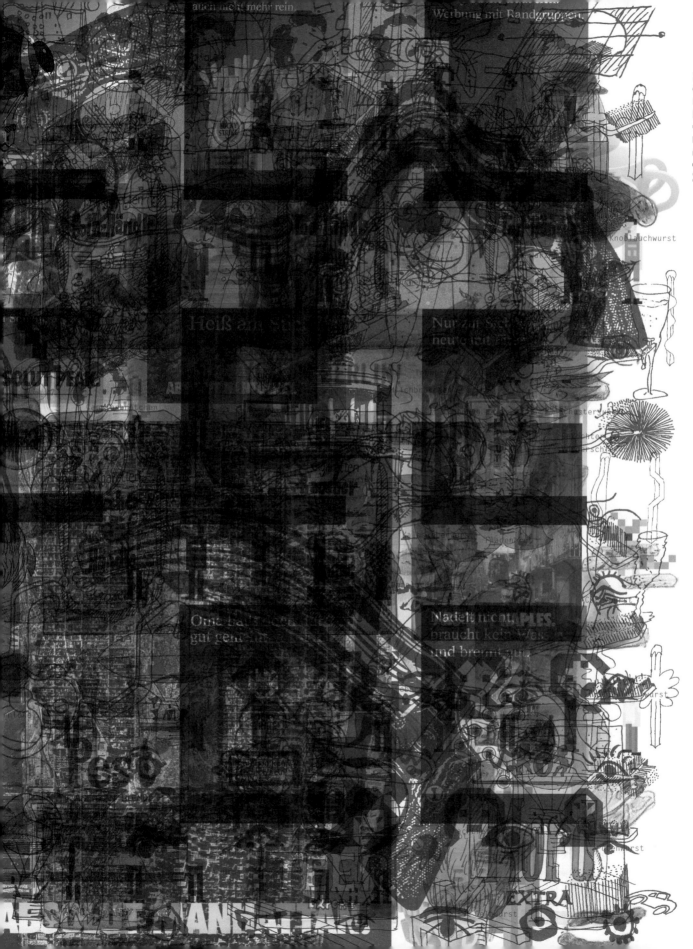

3. VARIATION ‹Variatio delectat› – Abwechslung erfreut. Variieren bedeutet, ein Thema, einen Gedanken umzugestalten und dabei zu erweitern, es kommt von ‹variare› (lat.), was so viel besagt wie «mannigfaltig machen, verändern, wechseln, verschieden sein, bunt schillern». Die Variation ist in der Musik als Begriff seit dem 16. Jahrhundert dokumentiert, ein Kompositionsprinzip, das durch konstante und variable Parameter gekennzeichnet ist. Sie meint dort die «melodische, harmonische oder rhythmische Veränderung, Abwandlung eines Themas»[1] und ist nicht beliebig, sondern steht in einem unmittelbaren Verhältnis zur Ausgangsgröße, dem musikalischen Thema. Unser Variationsbegriff bezeichnet die bewusst-gezielte Veränderung des gewählten Objektes oder Teilen davon, diese zu modifizieren, zu transformieren oder neu zu erfinden. Er meint die funktional-inhaltliche Variation.

Das gewählte Objekt befindet sich meist zentral im Bildfeld, sodass kompositorische Entscheidungen entfallen. Auch der Darstellungsstil soll einfach sein und gleich bleiben, denn es gilt: Je einfacher die Darstellung, desto leichter und schneller können neue und weitere Einfälle notiert werden. Die Ausarbeitung würde einer schnellen, unmittelbaren Notiz entgegenstehen. Die Konzentration auf einen einzigen Gegenstand, wie beispielsweise eine Zahnbürste[258ff], einen Schnuller[196] oder eine Ente[210ff], ermöglicht dabei, die Bedeutungs- und Assoziationsräume des gewählten Objektes zu erkunden. Durch die Veränderung funktionaler Teile wie Mundstück oder Haltering eines Schnullers entstehen neue Objekte, die nutzlos bis humorvoll, absurd bis neuartig, überraschend bis bösartig erscheinen können. Der Gegenstand wird derart umgebildet, dass neue Handhabungs-, Nutzungs- und Anwendungsmöglichkeiten entstehen.

OCTOPUZZLE[169] und Picassos Augen[165] veranschaulichen zwei Prinzipien, die Vorstufen zu den oben genannten Beispielen darstellen und die formale Variationen erkunden. Die interaktive Arbeit OCTOPUZZLE gibt die Regel vor, immer genau 64 weiße und 64 schwarze Dreiecke auf einem quadratischen Grundraster von acht mal acht Feldern zu verwenden. Das Prinzip ‹Gesicht› wird von verschiedenen Personen online gestaltet. Erstaunlich ist, dass trotz dieser einschränkenden Rahmen-bedingungen derart viele, abwechslungsreiche Ergebnisse erzielt werden. Das zweite Beispiel sind die gezeichneten und gemalten Augen von Picasso, die von ihm in mannigfaltiger Weise dargestellt wurden. Für dieses Schaubild wurden sie aus seinen Zeichnungen, Bildern und Keramiken isoliert, auf ihre Schwarz-Weiß-Figur reduziert und anschließend nach formalen Kriterien geordnet. Seine vielfältigen, fantasie-vollen Erfindungen variieren das Prinzip ‹Auge›, das bei aller Diversität der Darstellung trotzdem deutlich bleibt. So aufbereitet zeigt sich, trotz größter Vielfalt, ein erstaunlicher innerer Zusammenhang.

Bekannte Objekte durch Variation zu untersuchen, provoziert, Form und Funktion neu zu erfinden und neu zu interpretieren. Folgende Strategien kommen hier zum Einsatz: Analyse, Analogie, Kombinatorik, Segmentierung, Ergänzung, Erweiterung, Assoziation,

1 Renate Wahrig-Burfeind, WAHRIG. FREMDWÖRTERLEXIKON, Gütersloh, München 2011, S. 1046.

163 VARIATION

Transformation, Verknüpfung, Modifizierung und Metamorphose. Dabei können überraschend neue, jedoch auch völlig nutzlose Objekte entstehen. Es geht um das Generieren von Einfällen, um Erfindung und Fantasie, um Provokation und die gezielte Suche nach neuen Verknüpfungen. Ursula Brandstädter schreibt hierzu: «Ähnlichkeitsbeziehungen sind grundsätzlich offene Beziehungen, sie nutzen den offenen Zwischenraum zwischen Identität und Differenz. [...] Dort [...] wo nach möglichen Ähnlichkeiten gefragt wird, entsteht ein komplexer Denkraum, der Korrespondenzen und Analogien in Bezug auf eine vorher nicht festgelegte Zahl von Eigenschaften ins Spiel bringt.»[2] «Viele Entdeckungen beruhen auf dem Erkennen von Analogien, die vorher noch niemand wahrgenommen hat [...], auf der Verlagerung der Aufmerksamkeit und auf der Verschmelzung zweier Bezugssysteme.»[3]

2 Ursula Brandstätter, GRUNDFRAGEN DER ÄSTHETIK, Köln, Weimar, Wien 2008, S. 23.
3 Ebd., S. 56.

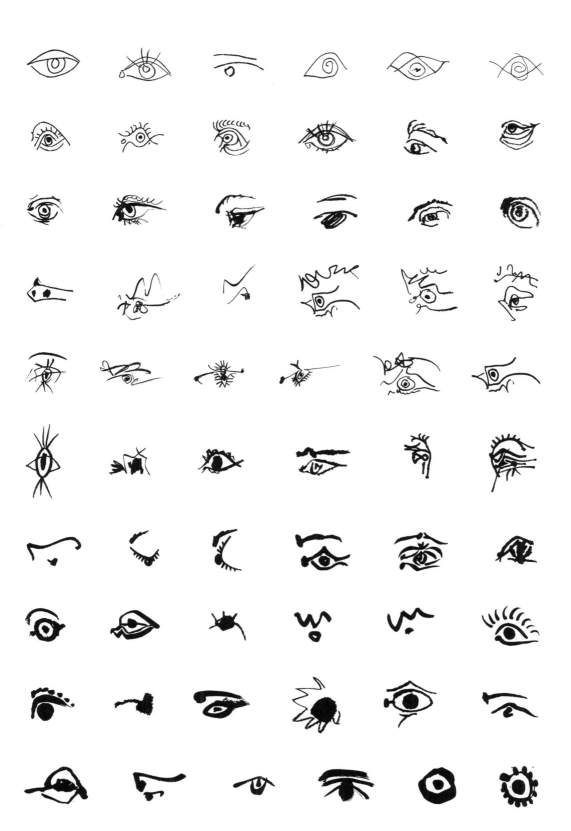

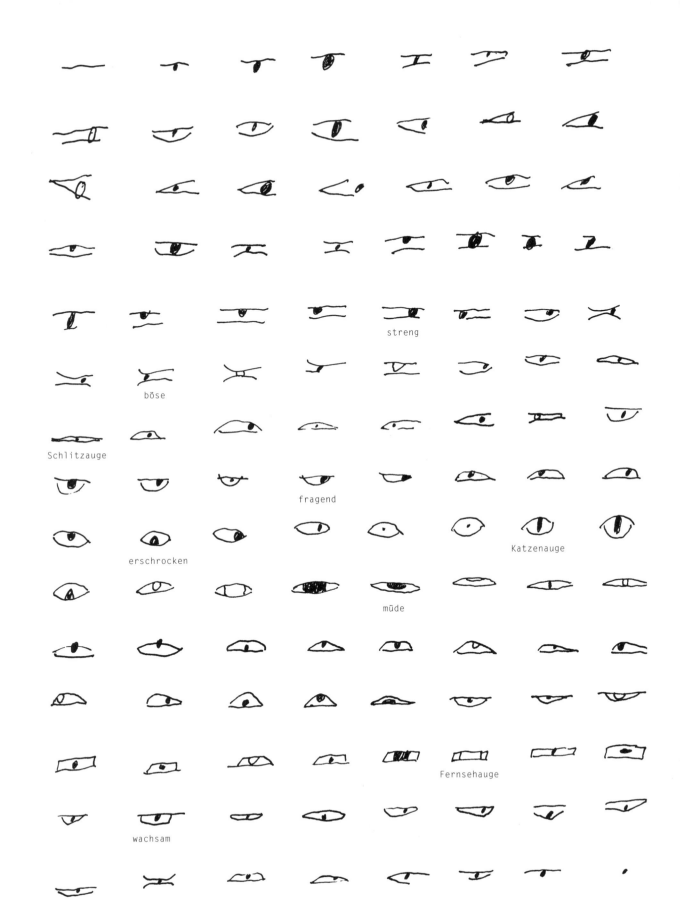

streng

böse

Schlitzauge

fragend

erschrocken

Katzenauge

müde

Fernsehauge

wachsam

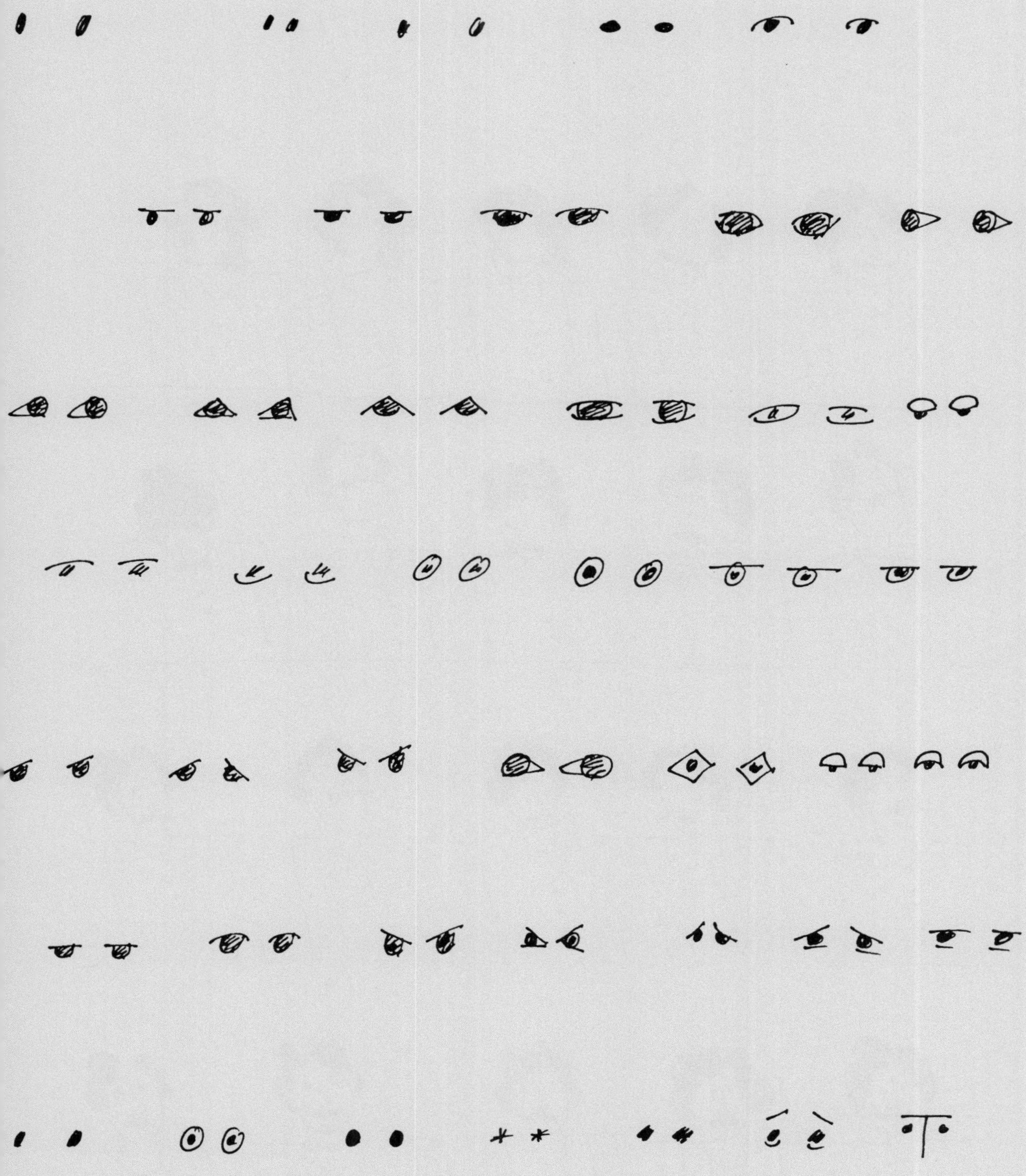

167 VARIATION Untersuchung zum Ausdruck von Augenformen. Betina Müller

Der Ausdruck wird durch die Kopfhaltung bestimmt. Betina Müller

neugierig

hochnäsig

ernst

ratlos

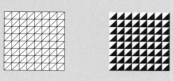

Immer genau 64 schwarze und
64 weiße rechtwinklinge
Dreiecke werden in einem
quadratischen Feld verwendet.

171 VARIATION Breite, schmale, lange, kurze ... Alda Loa Leifsdottir

172 VARIATION MINIPOPS: Mit wenigen farbigen Pixeln werden bekannte Personen charakterisiert. Craig Robinson

spex

Das Magazin für Popkultur · www.spex.de

G 6952

No.03/01 SONDER

#4.80·S67·Fr20·Mfl2/5·L012.000Pta·#
1.000 · Popverständnistück Gebühr bezahlt
#2#

SPEX-History
Serien
Der Leser
Retrostyle
Animation
Steckbriefe
Pixel Intim
Pixelverwandtschaften

Sonderheft CD-ROM

SPEX-CD-ROM

Ausgabe März 2001

173 **VARIATION** Entwurf zu Cover und Rückseite für die Musikzeitschrift SPEX. Auch gestickte Punkte sind im Prinzip Pixel. Daniela Burger

Zeitschrift SPEX • Theorie-
arbeit von Daniela Burger •
Studiengang Kommunika-
tionsdesign • Winter-
semester 2000 / 2001 •
FH Potsdam • FB Design •
Gutachter: Klaus Dufke,
Betina Müller

In Leserichtung: Jimi Hendrix, Hulk, Indiana Jones, Columbo, Luke Skywalker, Marilyn Monroe, Adam und Eva, Michael Jackson, E.T., Mussolini, Queen Elizabeth, Che Guevara, Napoleon, Spiderman, Grace Jones, Diego Maradona, Batman, Karl Lagerfeld, Fidel Castro, The Beatles, Arnold Schwarzenegger, George Lucas, Pelé, Elvis Presley, ABBA, Charlie Chaplin, Charles Darwin, R2-D2, Clint Eastwood, **175 VARIATION** Shakespeare, Michael Jackson, Albert Einstein, Mohammed Ali, Andy Warhol, Darth Vader, C-3PO. Craig Robinson

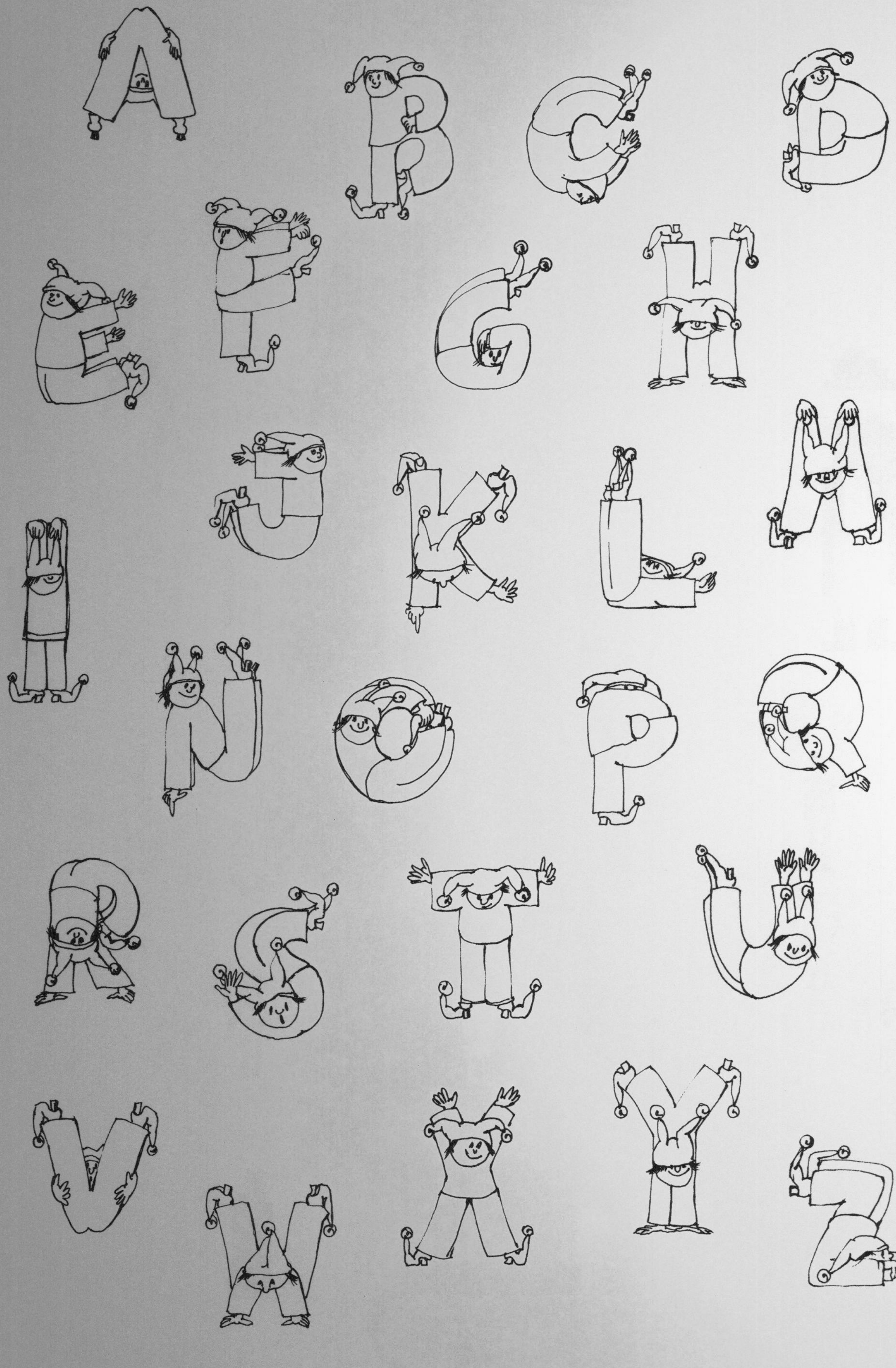

Kasper als Buchstabenfigur. Karin Cerna-Lobpreis

177 **VARIATION** Kasper ‹verkörpert› seinen Namen.

 Illustrationen zu einem Kochbuch mit Ei-Rezepten. Alexandra Fragstein

Illustrationen für ein fiktives Unternehmen, das exklusive und ausgefallene Reisen anbietet. Yann Ubbelohde

Naturreisen

Jagdreisen

Musikreisen

Pilgerreisen

Naturreisen

Sportreisen

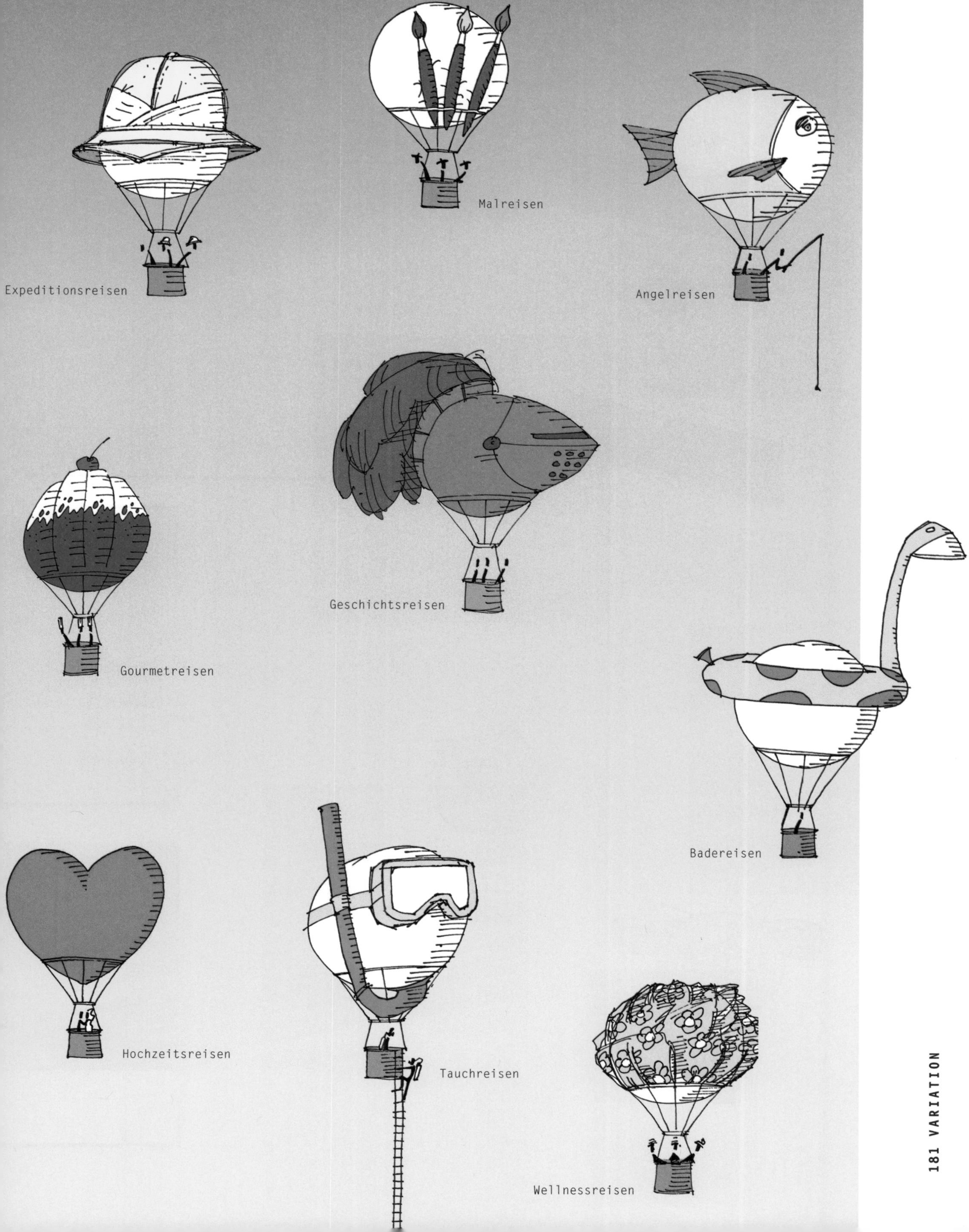

Expeditionsreisen

Malreisen

Angelreisen

Gourmetreisen

Geschichtsreisen

Badereisen

Hochzeitsreisen

Tauchreisen

Wellnessreisen

Kinderreisen

Ausblick 2004 – anhaltender Aufwind

Bau der Ballonhülle 325

ein innovatives Konzept

unseren Kunden die Möglichkeit geben, erste Erfahrungen
...tzung eines professionellen Teams. Mit den Kinderreisen
...er Sparte zelebriert.

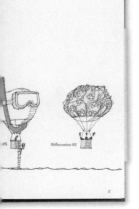

Weltwesentsten 315

184 VARIATION Zeichnerische Typisierung von Bäumen. Helmut Lortz

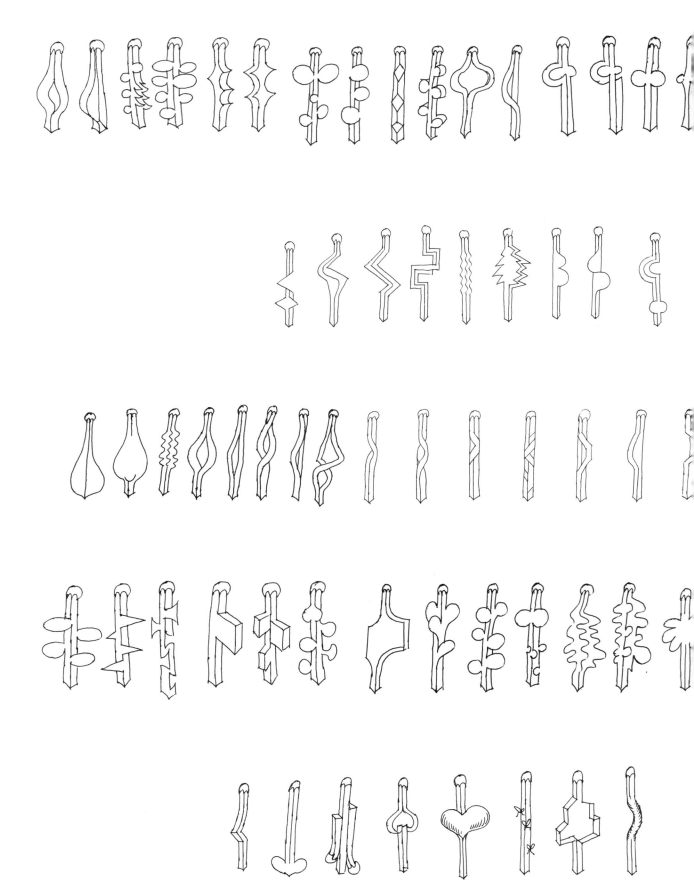

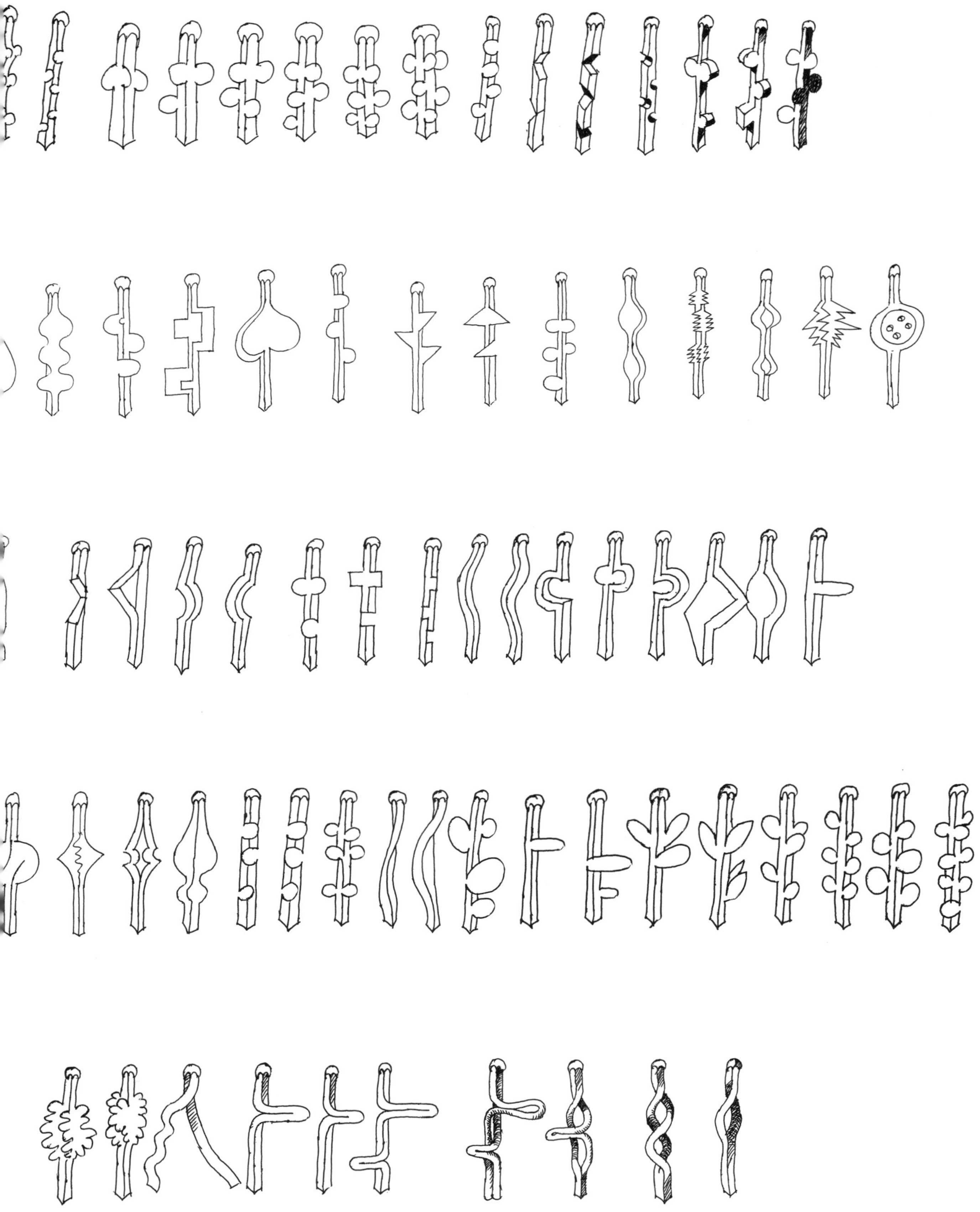

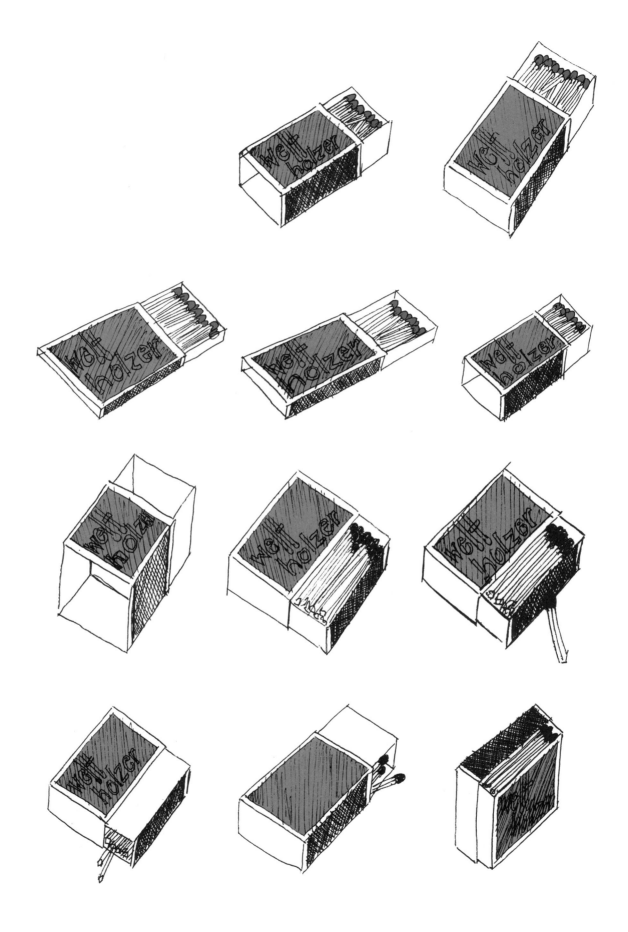

192 VARIATION Montage von fotokopierten Tabakpfeifen. Barbara Klute

193 **VARIATION** Durch diskrete Verfremdung bekannter Zigarettenpackungen wird die Bildaussage umgekehrt. Frank Stiebi

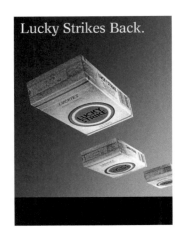

Lucky Strikes Back.

Über Satellit bekommen Sie auch nicht mehr rein.

Lucky Strike traut sich: Werbung mit Randgruppen.

Am 21.6. ist Sommeranfang.

Heiß am Stiel.

Nur zur Sicherheit: heute mit Firewall.

Oder hätten Sie lieber ein Paar Socken?

Oma hat's doch nur gut gemeint.

Nadelt nicht, braucht kein Wasser und brennt gut.

Extra für Peking: 'ne Ente.

Absolut Luckies.

Bitte nicht in diesem Ton!

Prêt-à-fumer.

Finden Sie mal eine gute Urlaubsvertretung.

Zu wissen, SIE hat es getragen…

Puzzle für Jecken!

Sie wollen den Tatort sehen? Bitte schön.

Den Rest können Sie sich ja ausmalen …

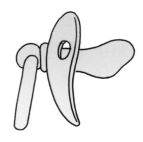
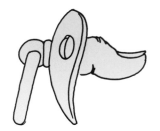

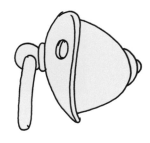

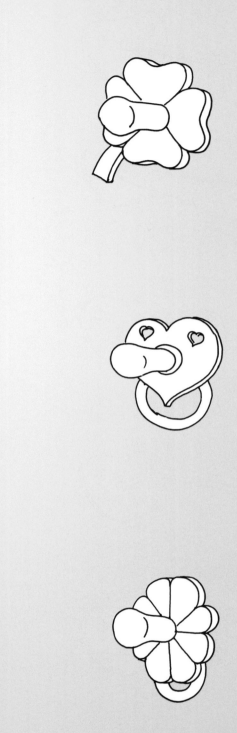

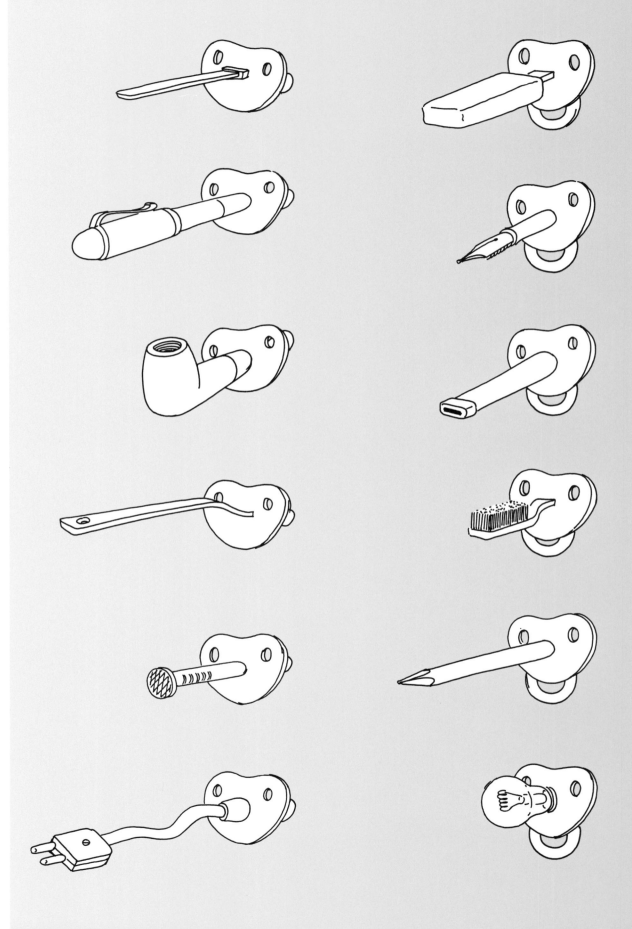

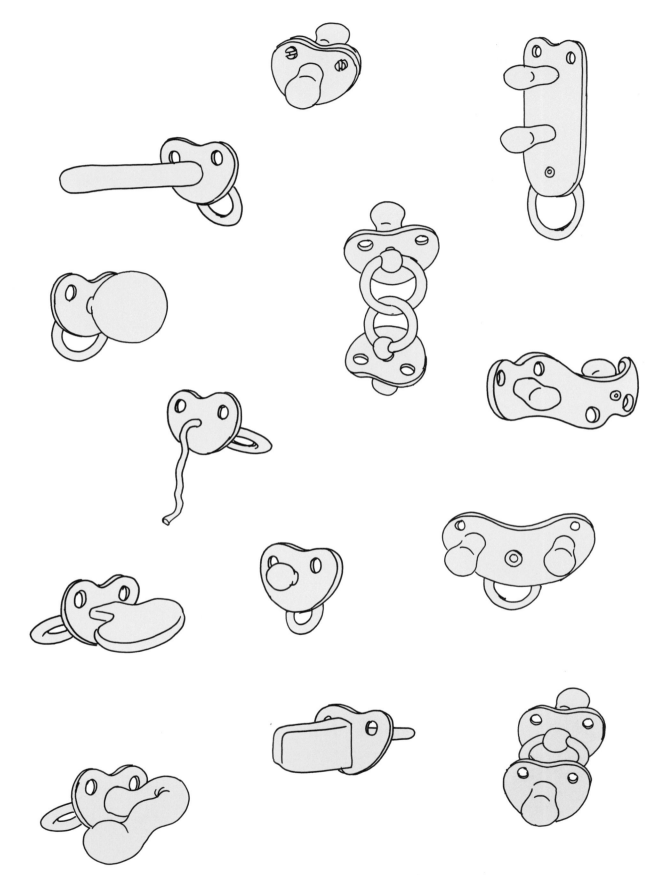

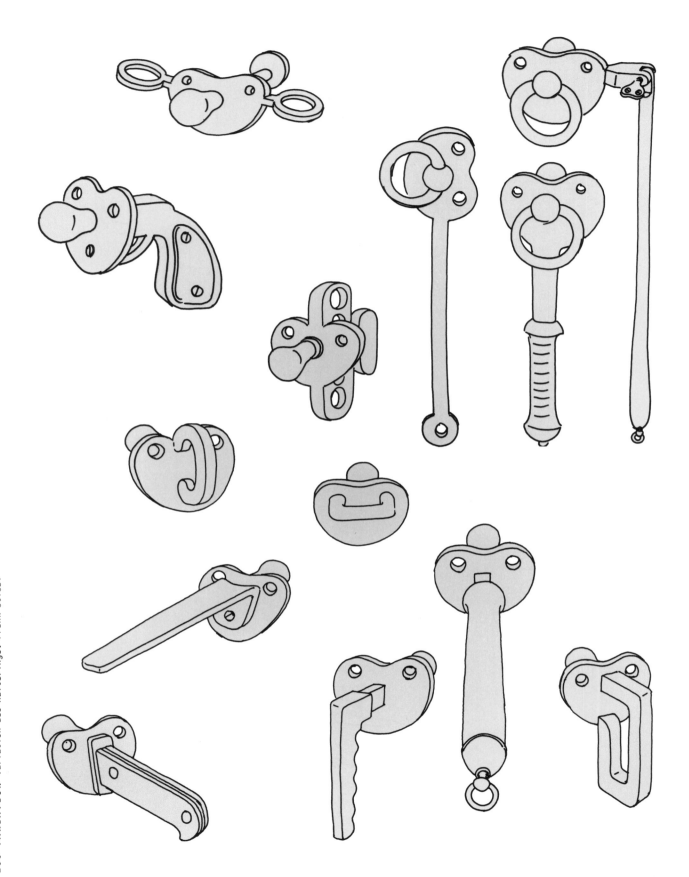

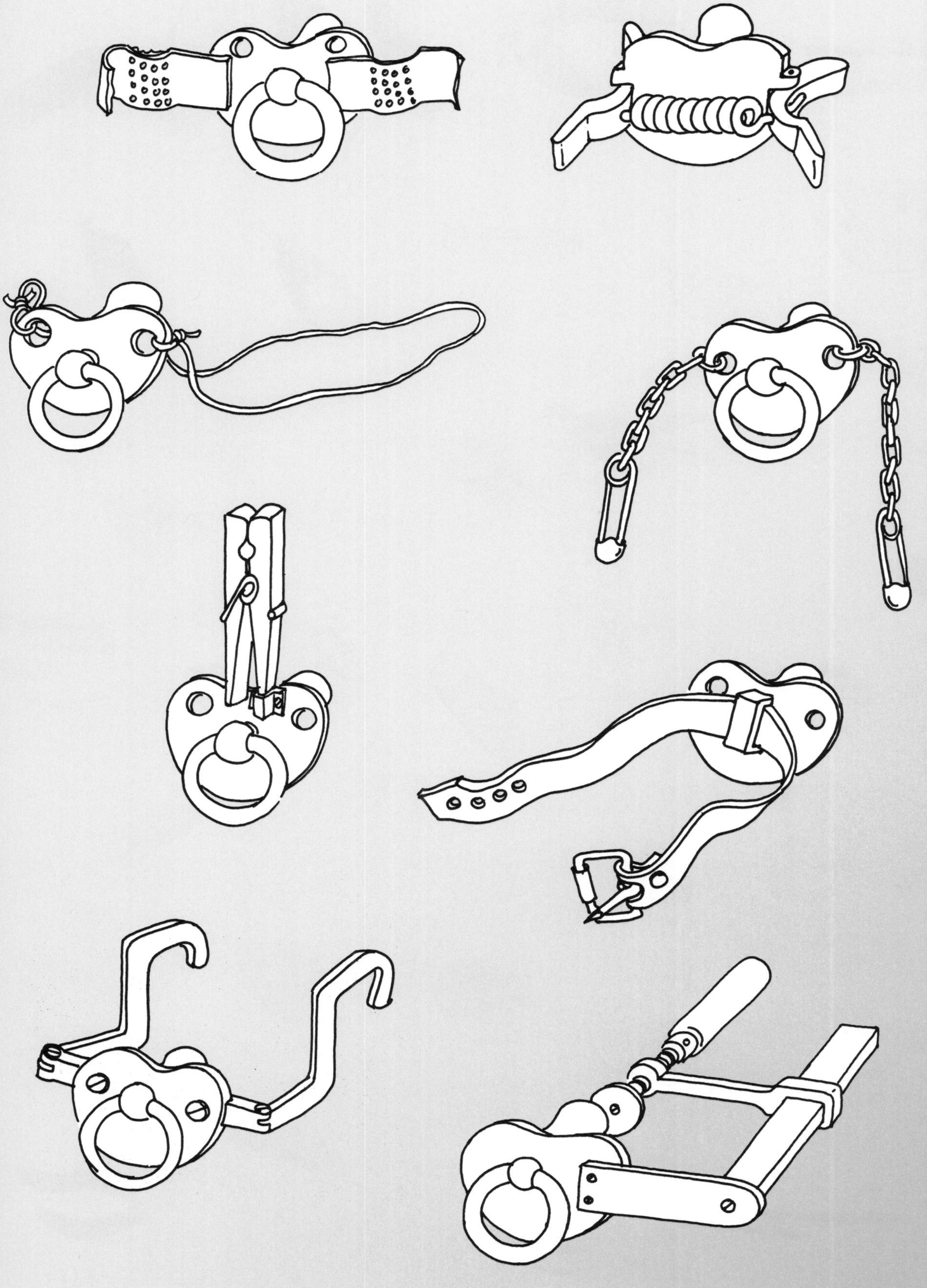

201 **VARIATION** Befestigungsvorschläge.

Wiener

Fleischwurst

Kabanos

Dauerwurst

Salami

Knoblauchwur

Mortadella

Zwiebelmett

Bratwurst

Jagdwurst

Teewurst

Blutwurst

Bockwurst

Schinken

Lachsschinken

gekochter
Vorderschinken

Cervelatwurst

Sülze

Leberwurst

Currywurst

Räucherspeck

feine Leberwurst

grobe Leberwurst

Kalbsleberwurst

Gänseleberwurst

Leberkäse

Lachsschinken

Pastete

Schachbrettwurst

Putenwurst

Mettwurst

Bierwurst

Gelbwurst

Knacker

Bifi

Zungenwurst

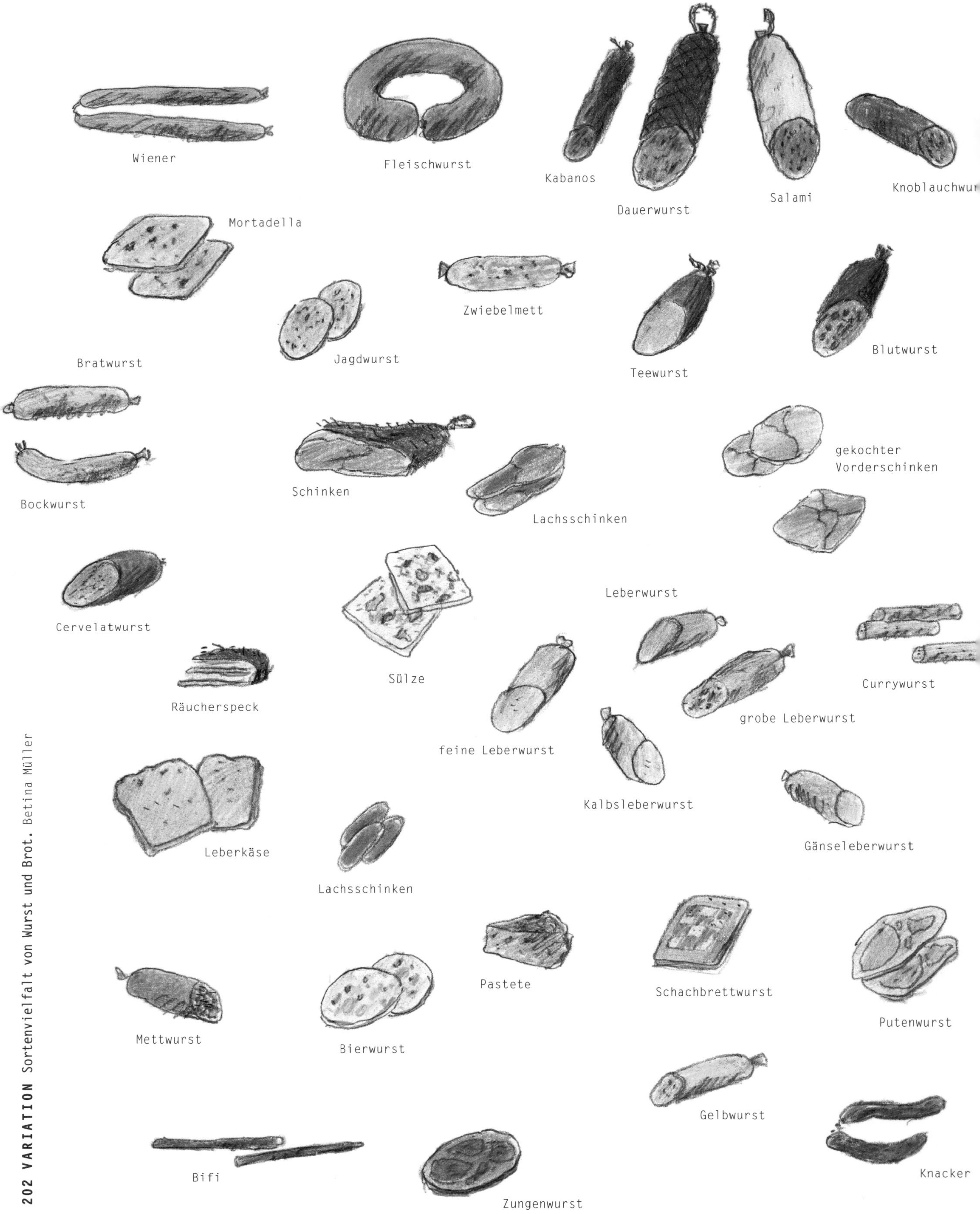

Vollkornbrot

Toastbrot

Landbrot

helles Mischbrot

Vollkorntoast

Kastenbrot

Steinmetzbrot

Croissant

Goldkruste

Schwarzwälder Brot

Holzlukenbrot

Steinofenbrot

Hörnchen

Rosinenbrötchen

Blätterteig-
brötchen

Milchbrötchen

Campingbrötchen

Brötchen

Schusterjunge

Kommissbrot

Laugencroissant

Schrippe

Knüppel

Semmel

Fladenbrot

Hefezopf

Kieler Brötchen

Kümmelbrötchen

Weißbrot

Baguette

Partystange

Pumpernickel

Knäckebrot

Schnittenbrot

Klumpen

Schüttelbrot

Hamburger
Schwarzbrot

Schinkenbrot

Tasse aus Draht

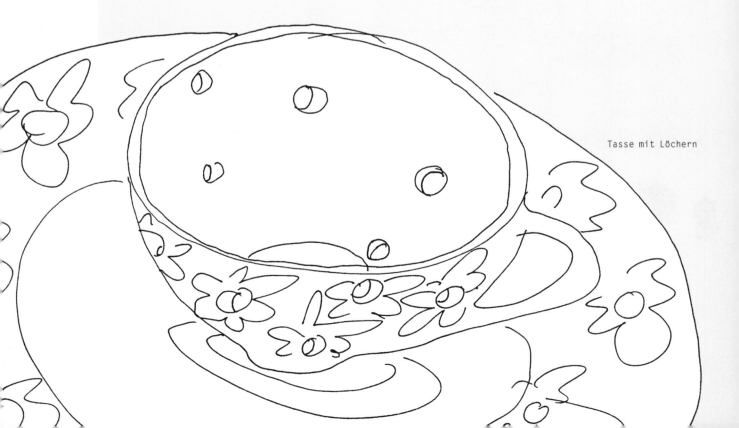

Tasse mit Löchern

Tasse als Schornstein

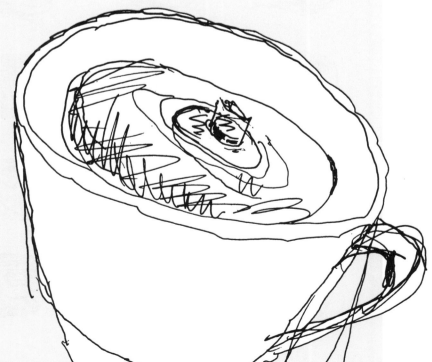

Tasse mit U-Boot

Tasse mit geringer Auflösung

Klein Flaschentasse

fette Tasse

Cup-Cake-Tasse

Nietengürteltasse

Vogelnest-Tasse

Reiche-Tussie-Tasse

Siamesische Tasse

gestrickte Tasse

Kryptonit-Tasse

doppelte Espressotasse

erodierte Tasse

Emmentaler Tasse

Octo-Tasse

50-Prozent-Tasse

schwer benutzbare Tasse

Savoy-Tasse

90-Grad-Tasse

Fischschuppentasse

Golfball-Tasse

Wellentasse

Champions-Kaffee-Cup

Badewannentasse

Helveticatasse

Entenbrust

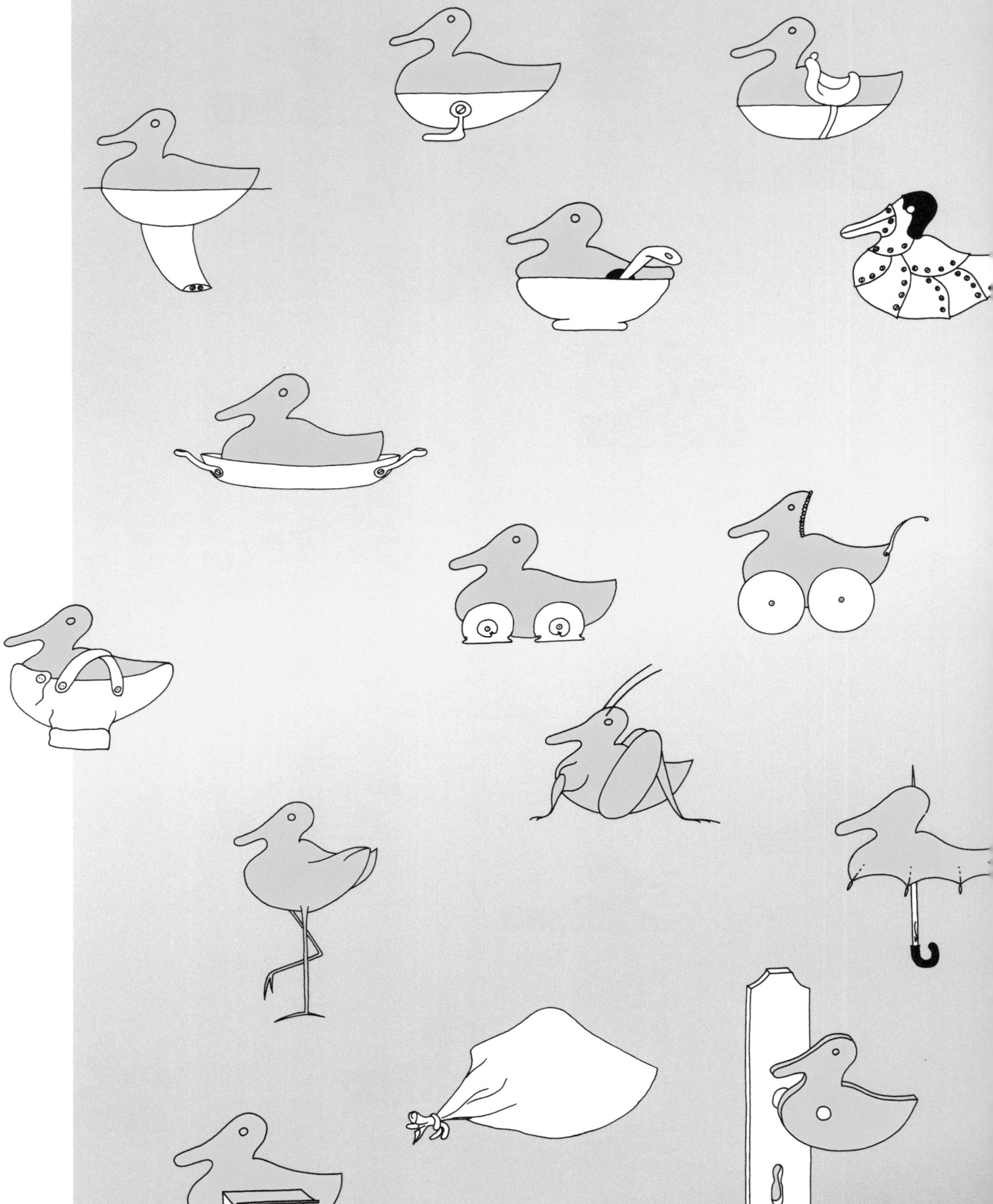

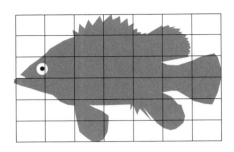

Polyprion

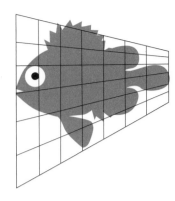

Pseudopriacanthus altus

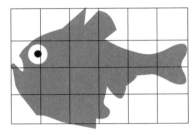

Argyropelecus olfersi

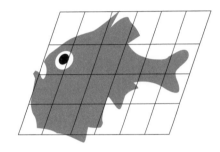

Sternoptyx diaphana

Bei Fischen ist ein Grundmuster erkennbar,
das durch verschiedene mathematische
Operationen wie Schrägstellen oder Verzerren
zu neuen, jedoch ähnlichen Formen
der Art führt.

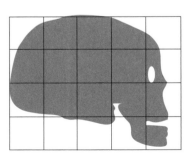

menschlicher Schädel

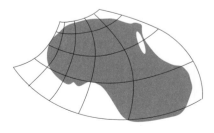

Schädel eines Schimpansen

Scorpaena species

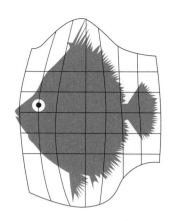

Antigonia capros

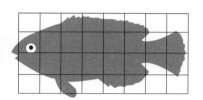

Scarus species

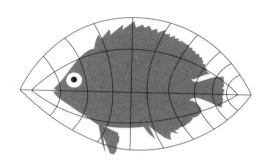

Pomacanthus

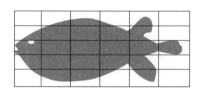

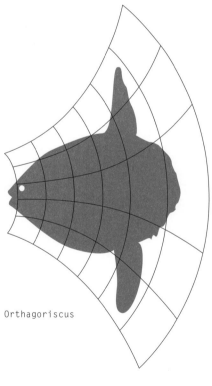

Orthagoriscus

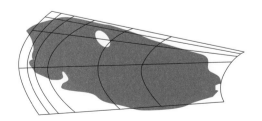

Schädel eines Pavians

Schädel eines Hundes

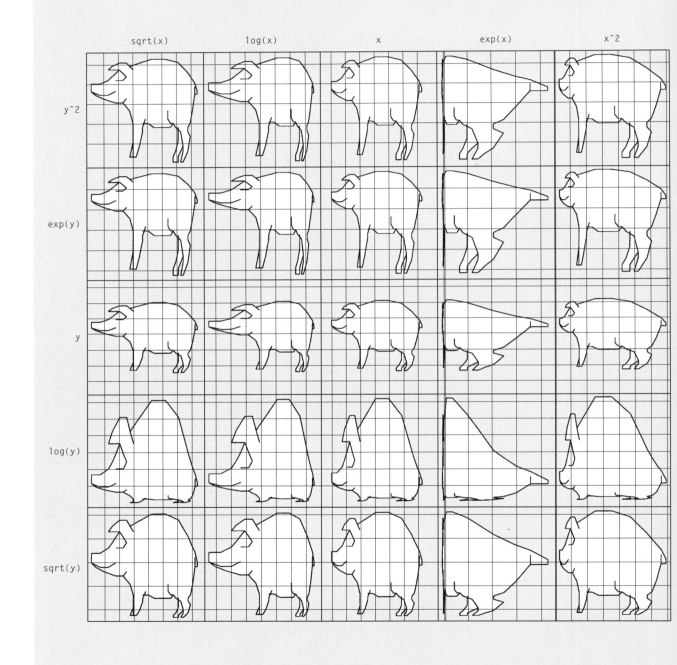

sqrt(x)   log(x)   x   exp(x)   x^2

y^2

exp(y)

y

log(y)

sqrt(y)

216 VARIATION Das Schaubild zeigt eine Kurve in Form der Umrisslinie eines Schweines. Diese Figur lässt sich mit Zahlenpaaren der xy-Ebene mathematisch exakt definieren. Zweidimensionale Transformation eines Tierbildes. Nach einer Illustration von V. R. Berger

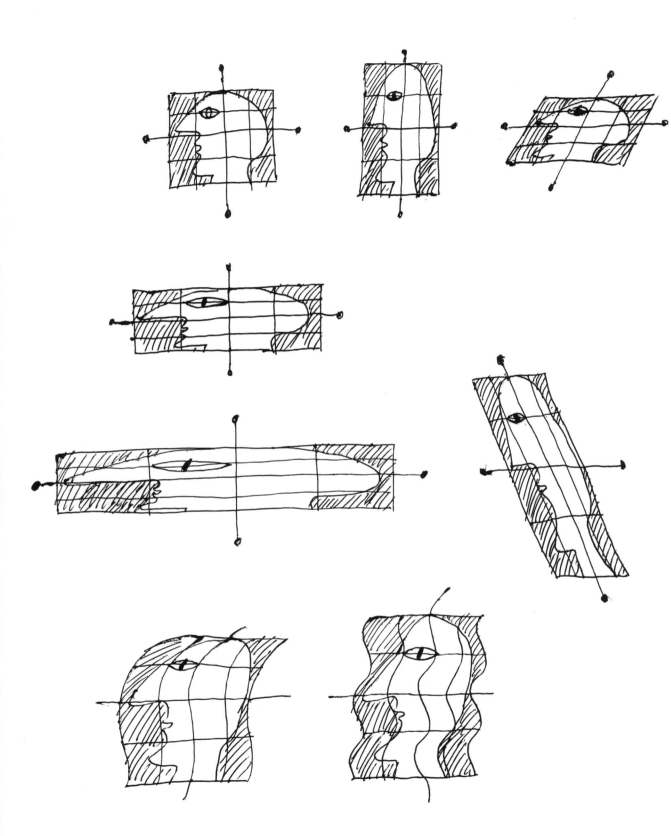

217 **VARIATION** Systematische Verformung einer Zeichnung mithilfe eines Koordinatensystems. Helmut Lortz

Schwalbe

Amsel

Grünfink

Bartmeise

Rotkehlchen

Kaiserpinguin

Sittich

Grünköpfige
Prachtmeise

Grünspecht

Bachstelze

Spatz

Fasan

Buchfink

Dompfaff

Turmfalke

Blaumeise

Eisvogel

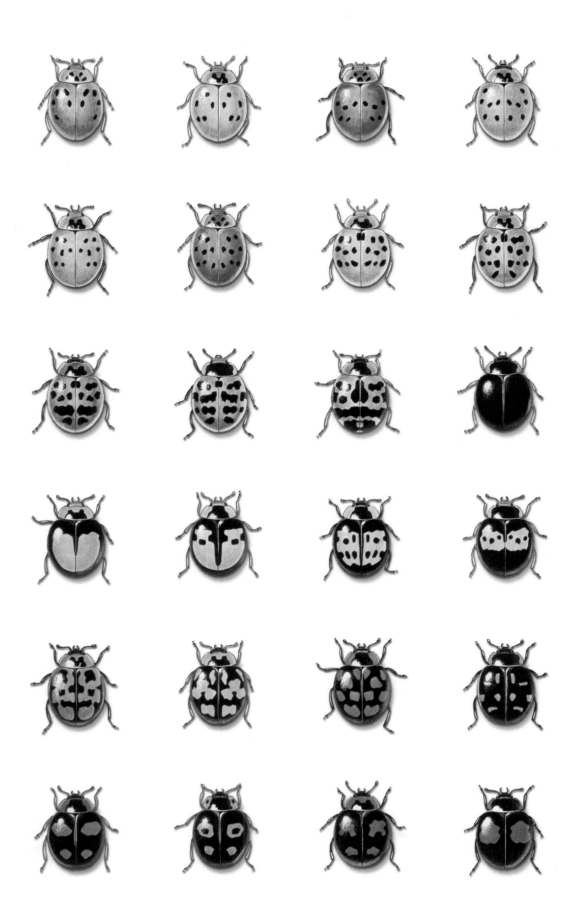

Das Evolutionsprinzip erzeugt beim asiatischen Marienkäfer durch genetische Variation und natürliche Selektion eine enorme Breite an Farbmustern.
219 VARIATION Bereits die natürliche Population weist hier eine beträchtliche genetische Vielfalt auf. *Spektrum der Wissenschaft*

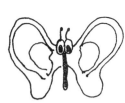
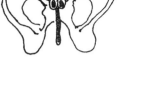

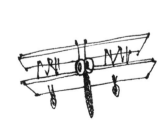

220 VARIATION Flügel, Fliegen, Muster.

222 VARIATION MANEGEN DER MACHT: Plenarsäle verschiedener Länder. In Leserichtung: Belgien, Brüssel; Großbritannien, London; Frankreich, Paris; Malta, Valetta; Tschechien, Prag; Deutschland, Bonn; Dänemark, Kopenhagen; Estland, Talinn; Portugal, Lissabon; Deutschland, Berlin. Jörg Hempel

223 **VARIATION** In Leserichtung: Rumänien, Bukarest; Slowenien, Ljubljana; Bulgarien, Sofia; Polen, Warschau; Ungarn, Budapest; Litauen, Vilnius.

224 VARIATION In Leserichtung: Slowenien, Ljubljana; Schweden, Stockholm; Griechenland, Athen; Belgien, Brüssel; Luxemburg, Luxemburg; Irland, Dublin; Italien, Rom; Rumänien, Bukarest. Jörg Hempel

In Leserichtung: Frankreich, Straßburg, Europaparlament; Österreich, Wien; Norwegen, Oslo; Finnland, Helsinki; **225 VARIATION** Italien, Rom; Russland, Moskau; Spanien, Madrid; Belgien, Brüssel, Europaparlament.

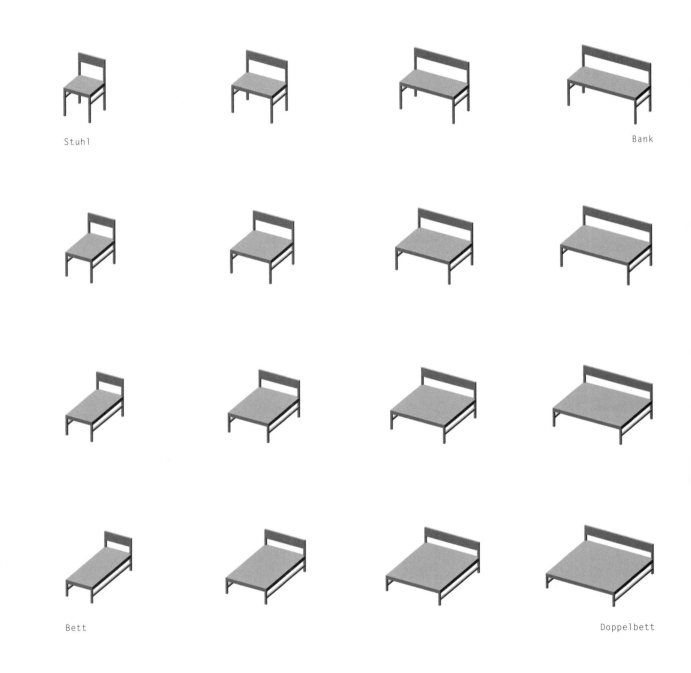

Stuhl

Bank

Bett

Doppelbett

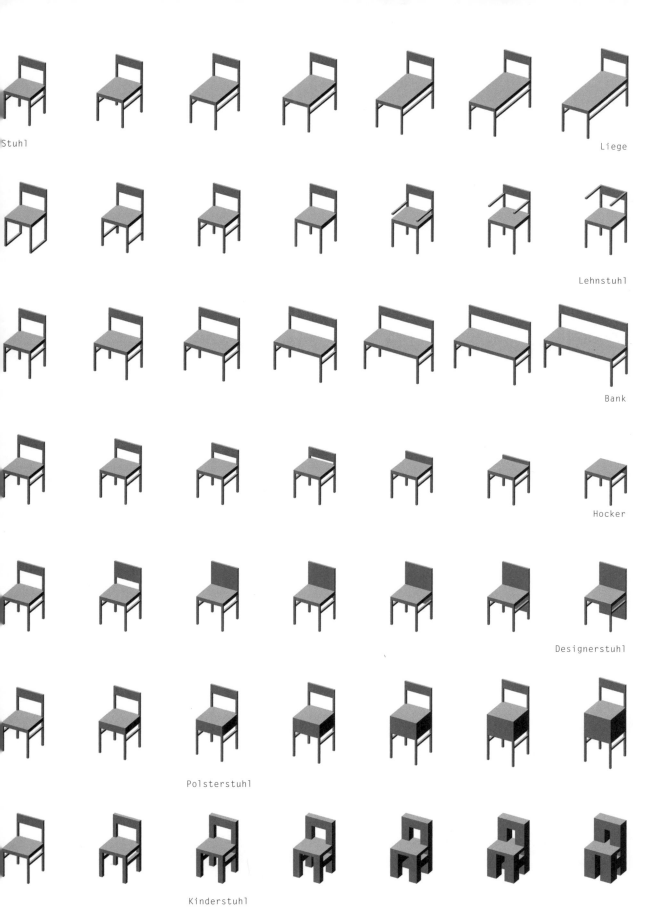

Stuhl

Liege

Lehnstuhl

Bank

Hocker

Designerstuhl

Polsterstuhl

Kinderstuhl

VARIATION Dekonstruktion und Rekombination eines industriell hergestellten Tisches. Roman Lindebaum, Rüdiger Otte

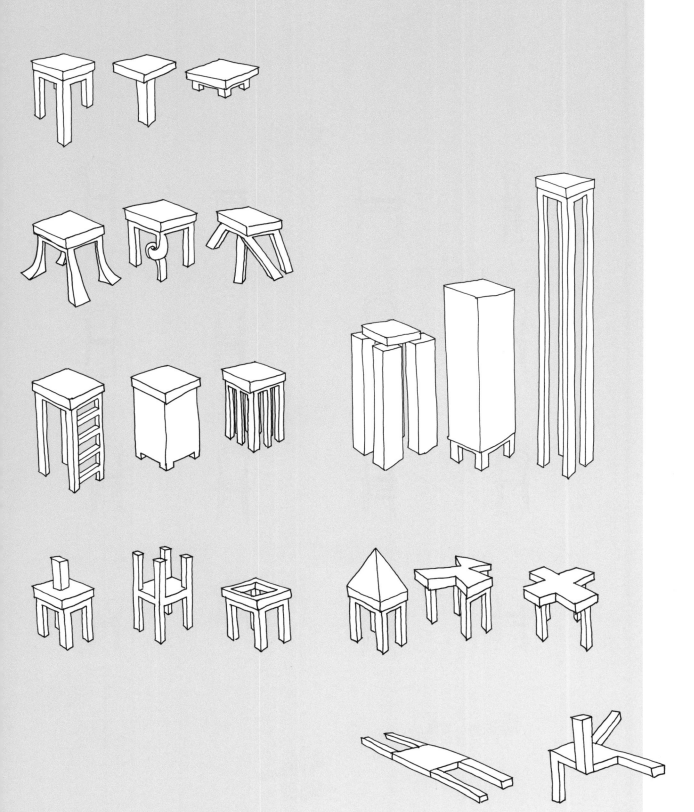

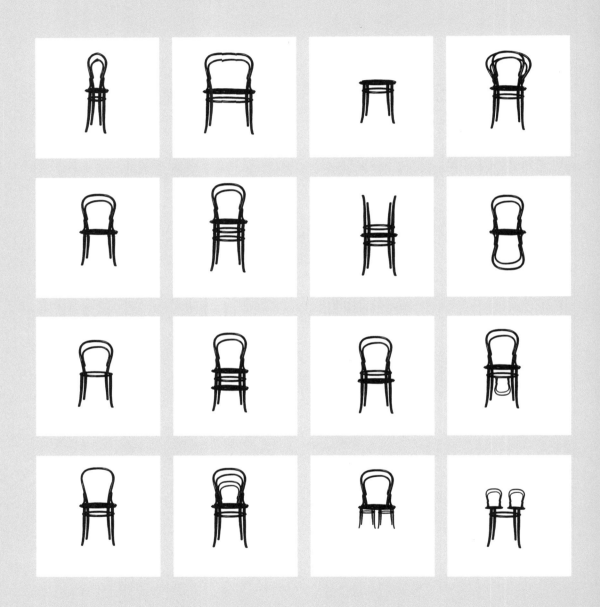

WEISSER SCHIMMEL: Online-Computerspiel der Künstlergruppe Kairos. Die Tautologie des Wortes findet in der Bildwiederholung ihre Entsprechung. **231 VARIATION** Der weiße Schimmel ist hier ein negativ dargestellter schwarzer Hengst. Praxisbeispiel: Fons Hickmann

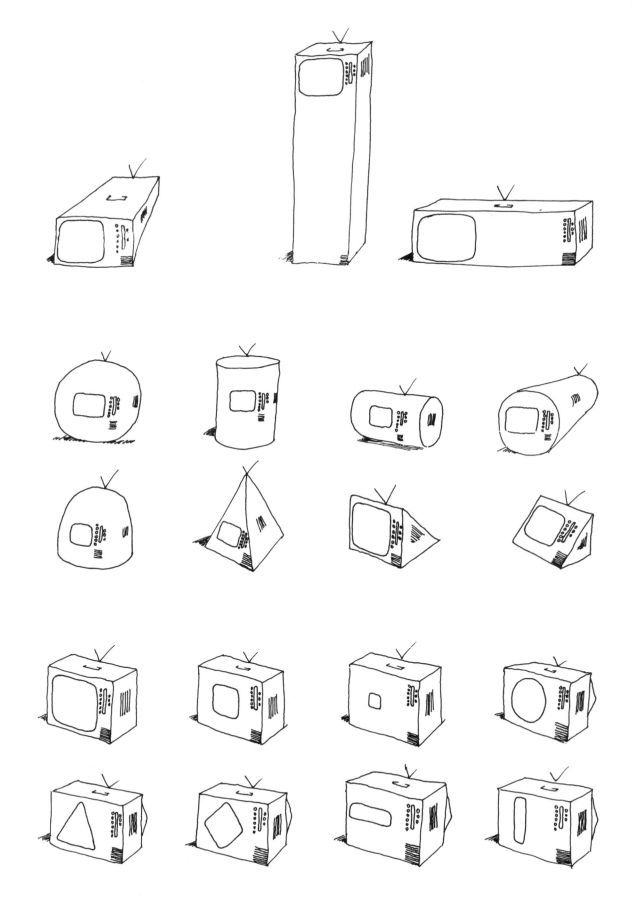

VARIATION Der Fernseher bleibt in Form und Position konstant, die Umgebung variiert.

katZENklo

Katzengott

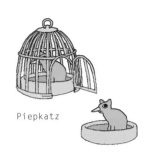

Piepkatz

Sonnenkatze

Aerokatz

Konzeptkatze

Mizó

Katzenfisch

Akropokatz

Katztus

Katzka

Mexikatz

MickeyCat

Spacecat

Osterkatze

Käsekatze

Kuhkatz

Historikatz

Skatzabäus

Atomkatze

Katzkimo

van Katz

Discomieze

Santakatz

Ökatz

Schwarze Katze

 VARIATION Möglichkeiten, einen Koffer zu verschließen und Tragegriffe zu befestigen. Christian Dorn

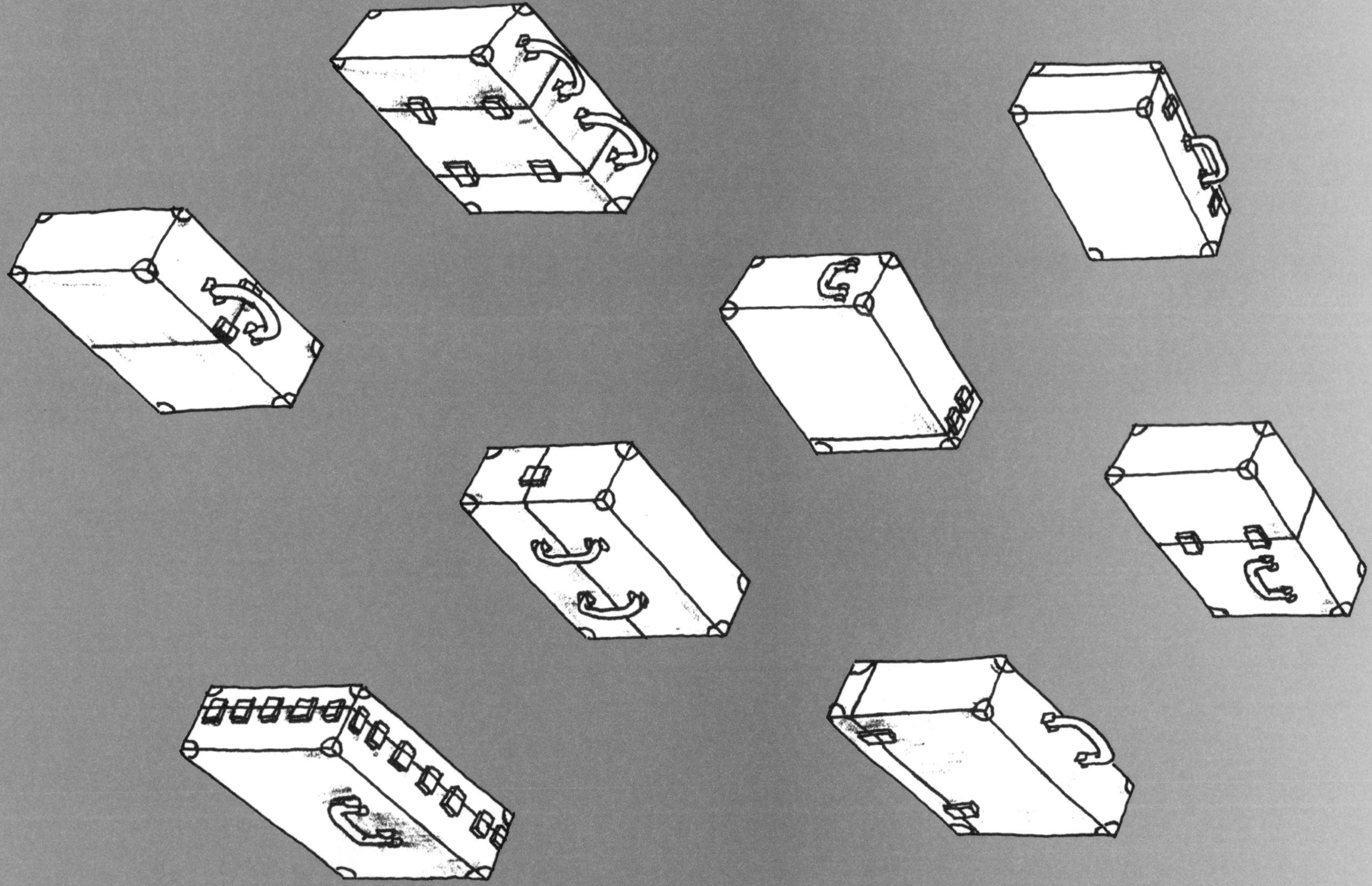

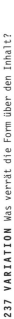

Revolver: Durch Bewegen beim Scannen entstehen grafische Figuren, die die Funktion des Revolvers konterkarieren. Michaela Booth

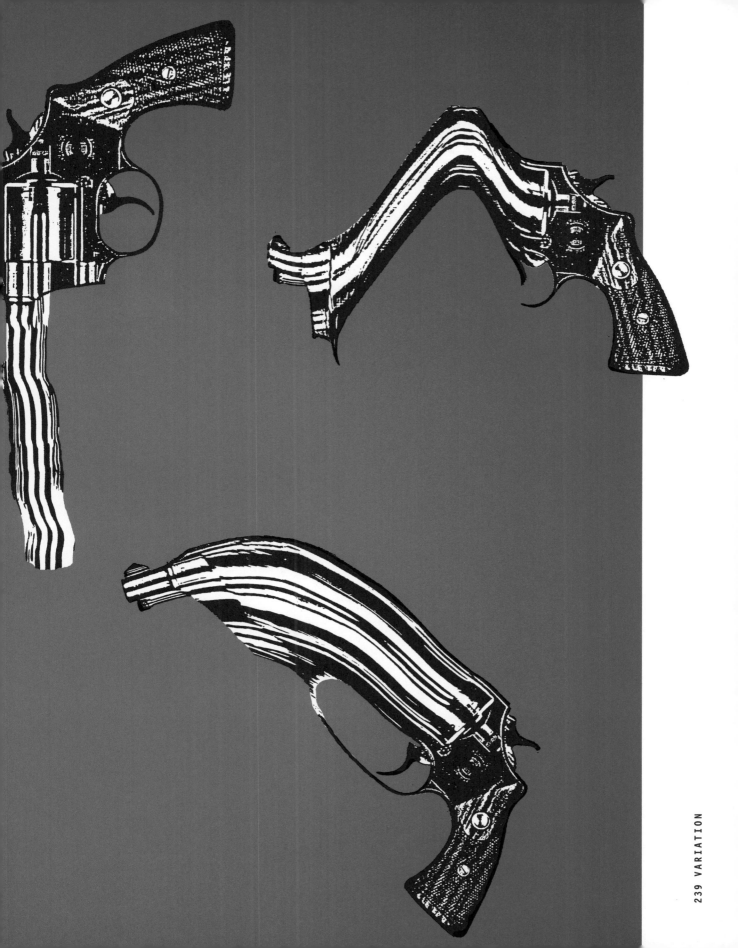

bei Nacht von innen gesehen

bei Tag von innen gesehen

Fensterformen und Vorhänge

Möglichkeiten, eine Tür zu öffnen

Türen und passende Schuhe

fotokopierte Zeichnung

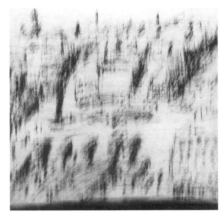

Fotokopie der Fotokopie

überzeichnete Kopie der Kopie

Kopie der überzeichneten Kopie,
zerkratzt

bearbeitete Zeichnung, koloriert

Es gibt Autofahrer, ...

... die erregt fahren   ... die an allem sparen   ... die nicht fahren können

... die ihr Auto lieben   ... die bissig fahren   ... die wie ein Kamel fahren

... die säuisch fahren   ... die im Verkehr abschlaffen   ... die schnell fahren

... die ängstlich fahren

... die Umweltverschmutzer sind

... die immer Vorfahrt haben

... die immer rot sehen

... die alles überrollen wollen

... die flotte Hirsche sind

... denen ihr Auto heilig ist

... die königlich fahren

... die diszipliniert fahren

245 VARI

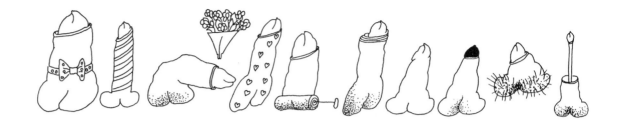

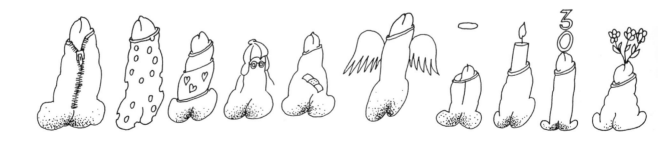

Überläufer

Zahnweh

Diabetes

Abläufer

Rückläufer

Longdrink

Fusel

251 VARIATION Die Form des Glases entspricht seinem Inhalt und dem Anlass. Reinhard Binder

ABSOLUT BROOKLYN.

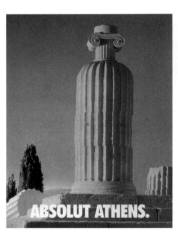

ABSOLUT ATHENS.

ABSOLUT PARIS.

ABSOLUT PEAK.

ABSOLUT NANTUCKET.

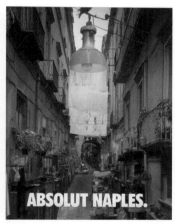

ABSOLUT NAPLES.

ABSOLUT MANHATTAN.

ABSOLUT PERFECTION.

ABSOLUT SHELLEY.

ABSOLUT HOUDINI.

ELLEN COLTON'S DINNER PARTY WAS THE opening of the season. Her first dinner this particular year was to officially introduce Maggie, though she was already known to many of the ladies who were wearing her Miss MerMaid fashions. Among the guests was Mortimer Sheldon, a leather manufacturer from Massachusetts. He was a childless widower, his wife having died five years earlier. When his eyes first lit on Maggie, his heart beat wildly; he had found the perfect mate. Her diminutive stature, rose-gold hair and delicate features represented the child he never had; her petite, shapely body–a pocket-Venus, he called her–made her a desirable second wife.

Mortimer had little opportunity to get close to her on that first occasion as she was surrounded most of the evening by others equally eager to welcome her. He left early, his mind a whirl with plans to make her his very own.

THE FOLLOWING MORNING, Maggie received a huge bouquet of roses tied with a green satin ribbon. A card was pinned to the ribbon with a diamond brooch: "Please accept this as a token of my deepest admiration," she read, astonished. The card was signed "Mortimer Sheldon" and as hard as she tried she could not remember him.

Four o'clock was the accepted time for callers and Ellen's home became the only place to be at teatime (although there were stronger libations for those who wanted them). Mortimer was the first to call that day, carrying a tremendous bouquet. When he was announced, Maggie came forward to meet him, took the flowers and asked the maid to put them in water. As she extended her hand he held it too long and kissed it greedily. Inwardly she recoiled from this unprepossessing old man. He was approaching fifty and the passing years and his unstinting devotion to business had not been kind to him. His eyes had puffy, dark bags under them, his whole being had sagged and his mouth on her hand felt loose-lipped and wet. Although he did not resemble the man in the least, a picture of Dr. Henderson flashed in Maggie's mind's eye. A few years ago, Maggie would have run from him; but now she called on her newly acquired sophistication to handle the situation.

"Mr. Sheldon," (she withdrew her hand wishing she could wipe it off) "thank you for the flowers, but I cannot accept the gift you attached to them. She reached into a pocket of her dress and held out the diamond pin.

He pushed her hand away. "My dear, this is just a token of my affection. There is much more I will give you when we get to know each other better."

"Again I thank you," Maggie said firmly, "but believe me when I say I will not accept more of or any anything of this. Flowers if you insist without, I prefer not to receive anything."

Mortimer, delighted by her reserve, said, "I am very well, my dear, and does me to treasures at your feet."

Exasperated, Maggie as a answer when another caller was announced. She trust the brooch into his hand and moved away to greet the new comer. She managed to dodge Mortimer's attentions for the rest of the afternoon and was satisfied that she had discouraged his insistence. She had not.

Mortimer was observed with extreme youth and each and prettiness and cave of her after no always with flowers and a card had decreed that as long it trinket the ornament her la there caught her as her a him to receive a a law student who as also Maggie but secret by her the Maggie! Mortimer he to and like fully pulse of the terrace I love want you for my wife and his heads on her to draw her to her on her face With wrenched out of her handbag she sped much force as she could who had witness the called for on and came ostensibly to Maggie id necessary Mortimer was rubbing his cheek stunned the next John first guiding Mortimer door was angry for see so to or the order an. What with you, Morty is wrong with Maggie alone!" he leave Maggie alone!" "I would rather the

I LOVE Mortimer whined–"I can do so for her" can you dream that doesn't want the She has worked to become well in her own "She's only a child! She does not what she want. I can't world," Mortimer protested.

John took a deep breath "We've been married for a long Morty and I'm so to say h must ask you to go there again.

You're being rude but not patient. You'll see she'll come one day Mortimer baby And no more gifts this Not even flowers John had him out of the time and said he had one things Not even flowers stay away

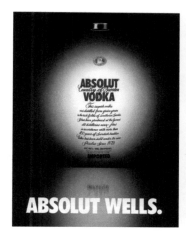

ABSOLUT WELLS.

ABSOLUT STOKER.

ABSOLUT MAGNETISM.

ABSOLUT FAX.

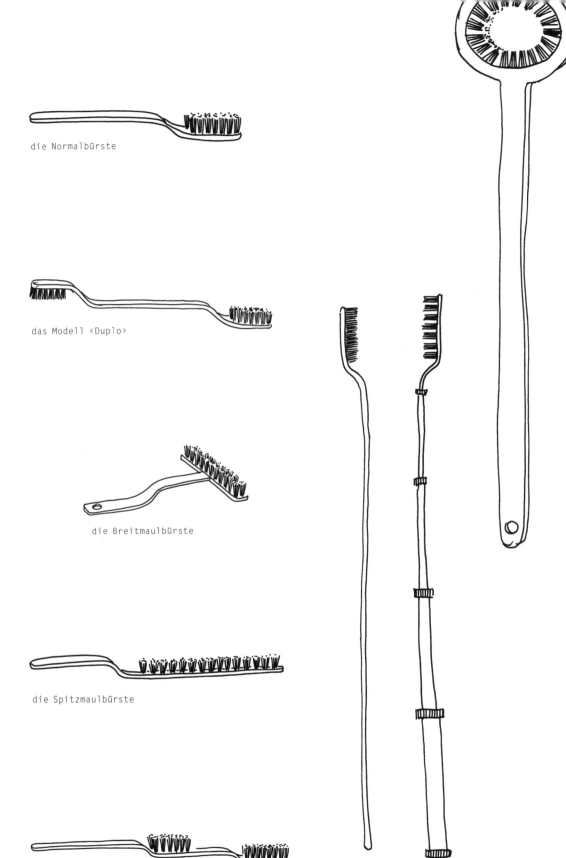

die Normalbürste

das Modell ‹Duplo›

die Breitmaulbürste

die Spitzmaulbürste

die Bürste für siamesische Zwillinge

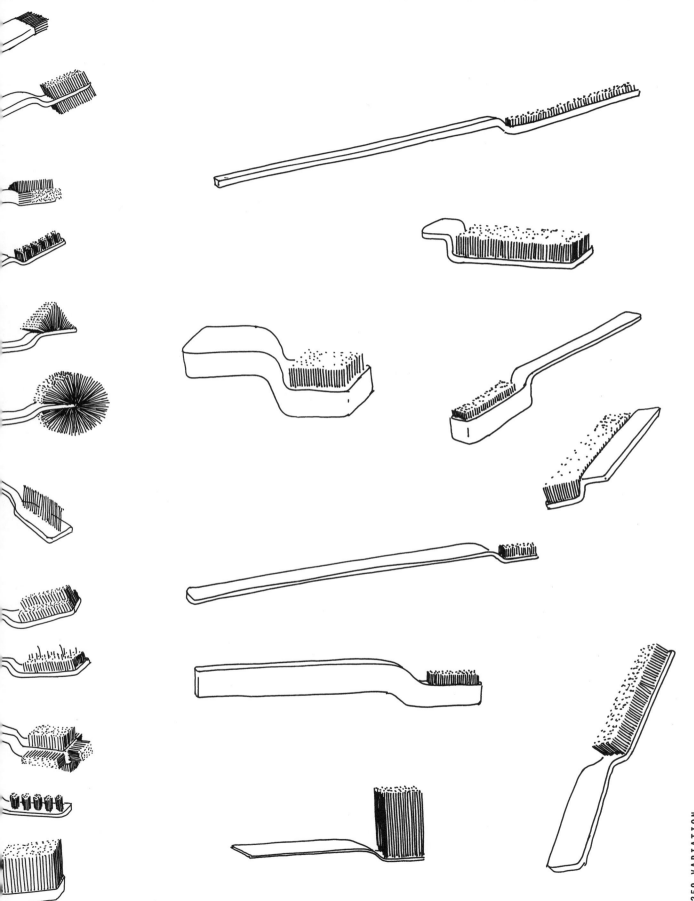

zu jedem Typ die passende Bürste:

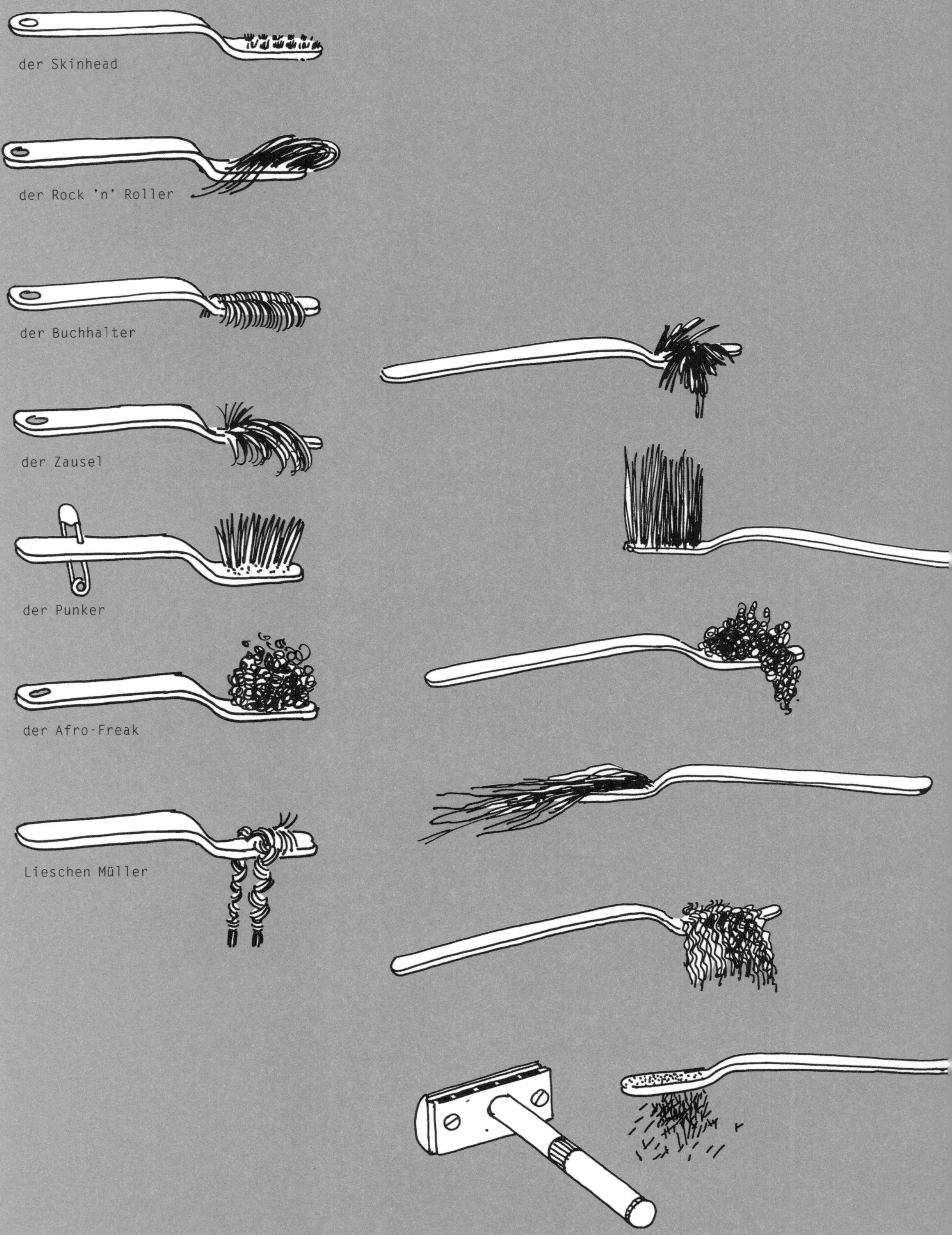

der Skinhead

der Rock 'n' Roller

der Buchhalter

der Zausel

der Punker

der Afro-Freak

Lieschen Müller

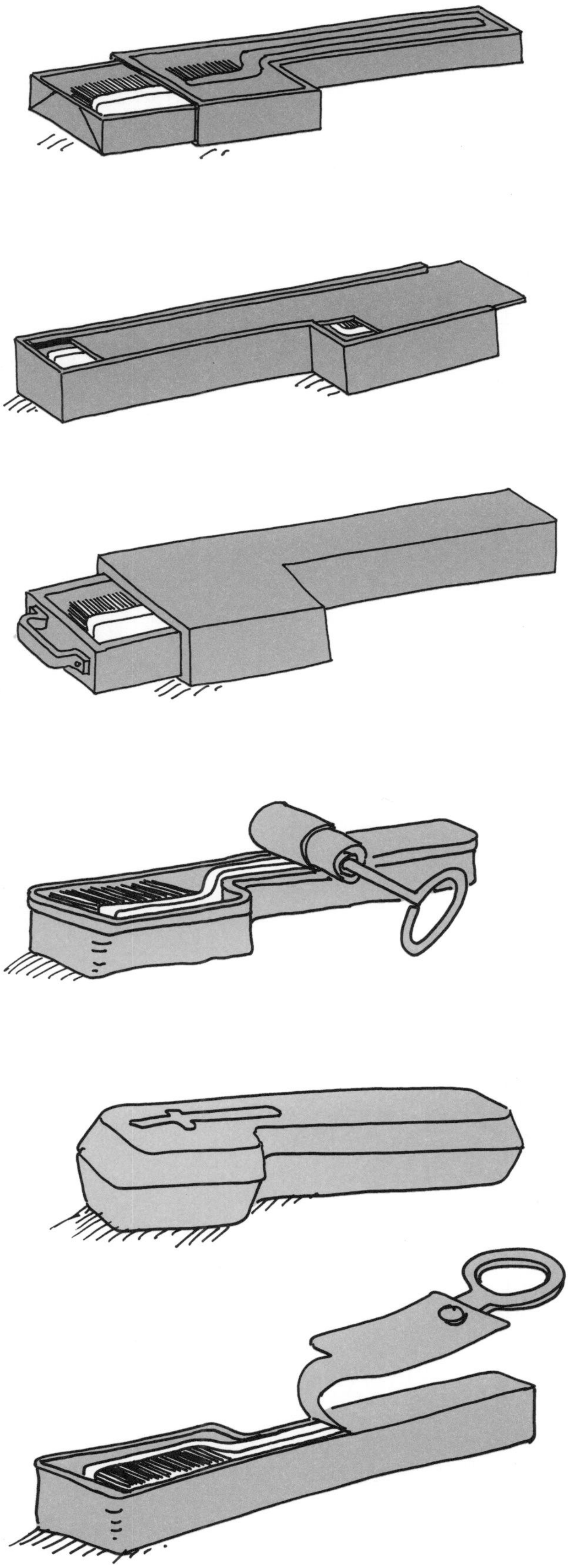

261 VARIATION Verpackung für Zahnbürsten.

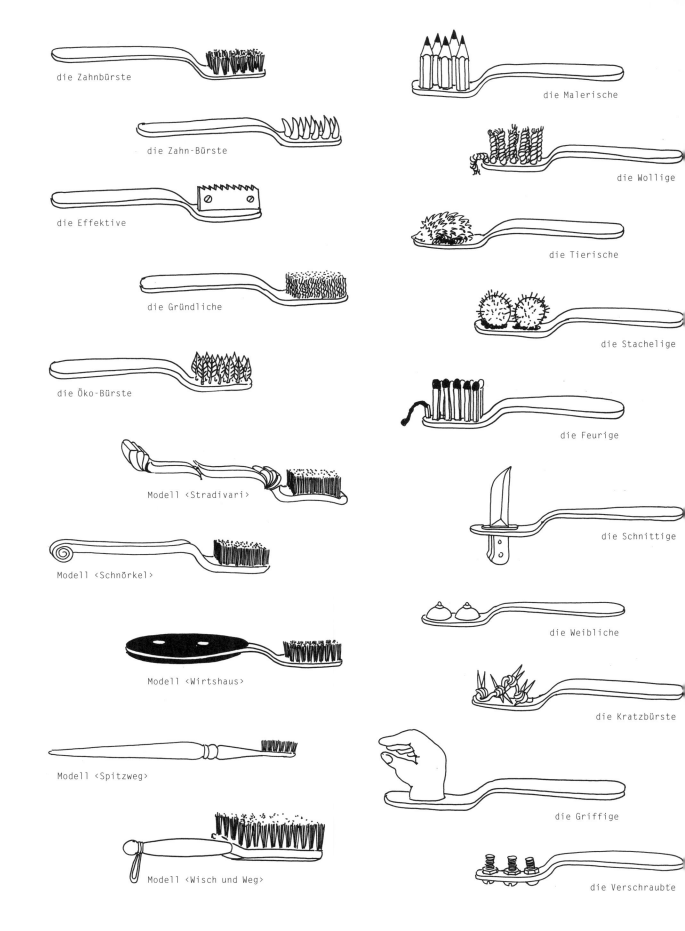

die Zahnbürste

die Zahn-Bürste

die Effektive

die Gründliche

die Öko-Bürste

Modell <Stradivari>

Modell <Schnörkel>

Modell <Wirtshaus>

Modell <Spitzweg>

Modell <Wisch und Weg>

die Malerische

die Wollige

die Tierische

die Stachelige

die Feurige

die Schnittige

die Weibliche

die Kratzbürste

die Griffige

die Verschraubte

die Spontane,
das Modell Essen/Putzen

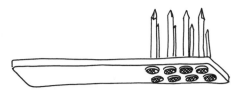

die Genagelte für Fakire

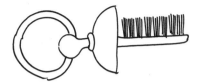

die Gewöhnungsbürste

die Pfadfinderbürste

die Genaue mit Taschenrechner

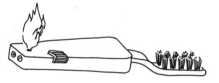

die Raucherbürste

die Helle mit Beleuchtung

die Elektrischen

Diebstahlsicherung

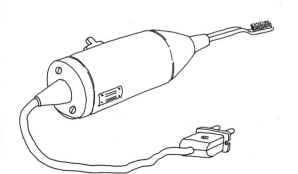

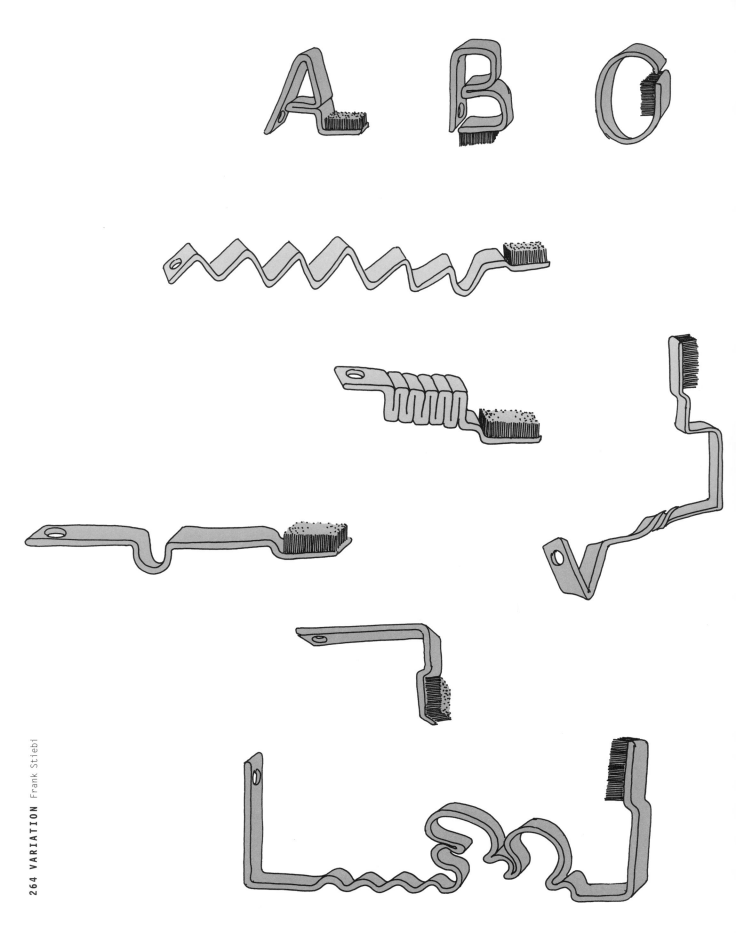

Toyball

Nagelbürste

Schlüsselbart

266 VARIATION entwickelt wurden.

DAS IMAGINÄRE MUSEUM: Bürstenvariationen, die in Zusammenarbeit mit den Werkstätten der Blindenanstalt Berlin Praxisbeispiel: Vogt+Weizenegger zusammen mit Shin und Tomoko Azumi, Veronika Becker, Berit Burester, Niels Engelbrecht, Monteiro, Marti Guixe, Peter Hils, Jörg Hundertpfund, Tim Parson, Hartmut Ringel, Manuel Tavora, Mats Theselius, Elder Ferreiro

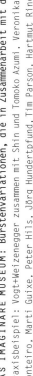

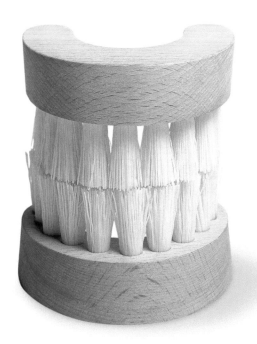

Zahnbürste

Quickie
Kartoffelbürste

Obstnest

Propeller

Brushhanger

Limpo
Radiergummi

Fusspilz
Türstopper

Diva

Daruma

Et voilá

Einest

Braille-Bürste
Tastaturbürste

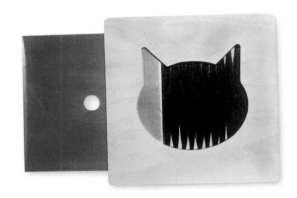

Catdoor

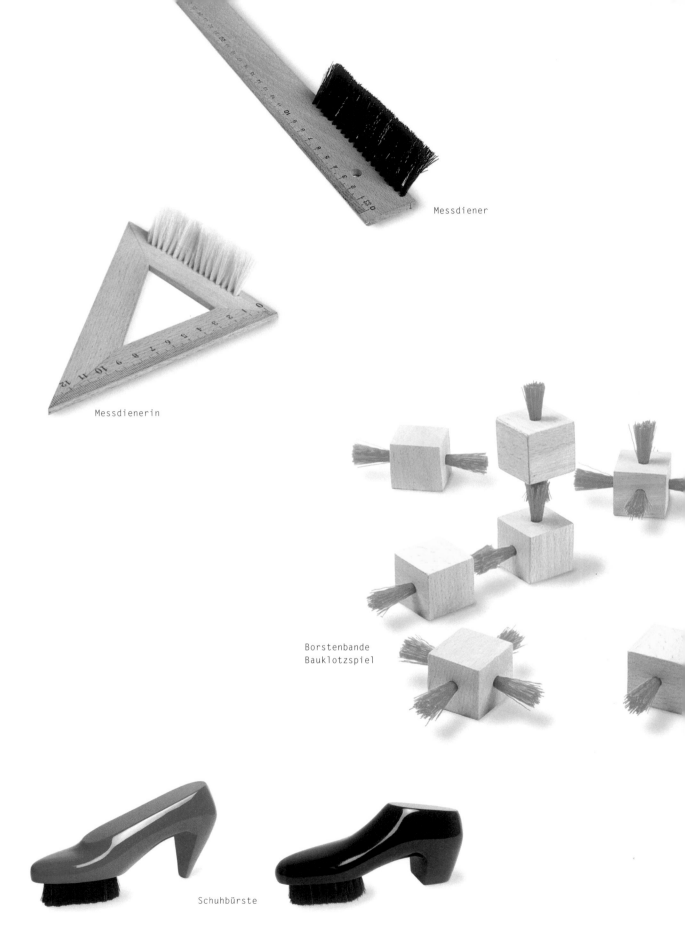

Messdiener

Messdienerin

Borstenbande
Bauklotzspiel

Schuhbürste

Dustbrother

Erlöserin
Kreuzkratzbürste

Bebox
Schmuckkasten

Bürstenlicht
Lampe

Brandenburg Gate Brush

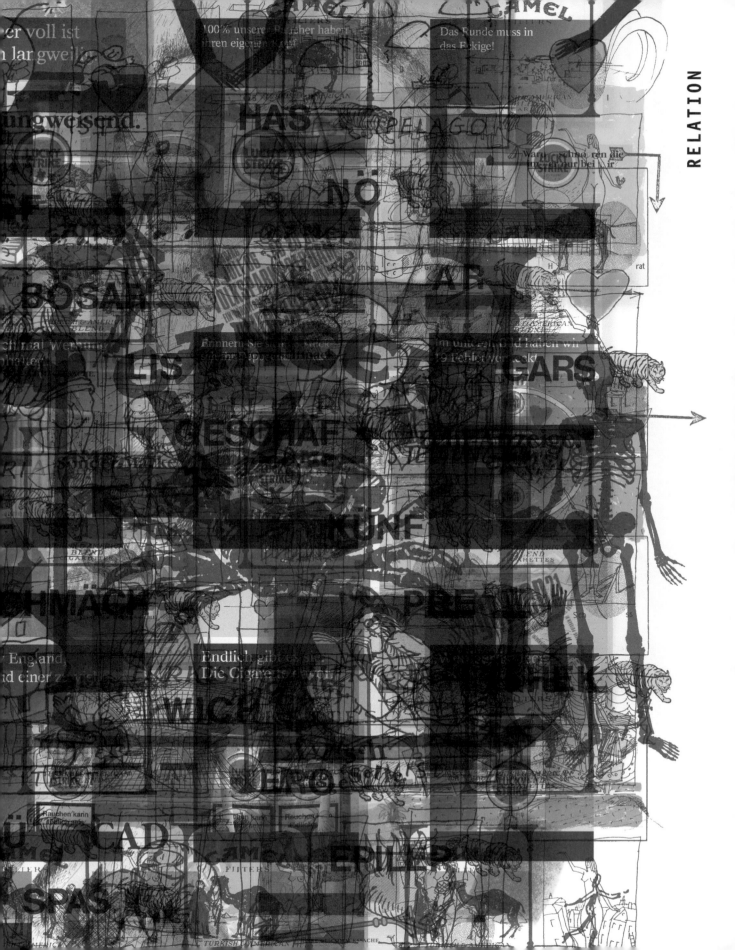

4. RELATION   Nach Untersuchung der Parameter eines einzelnen Bildzeichens in
den vorangegangenen Kapiteln wird nun ein zweites Zeichen hinzugenommen. Die Beziehung
zwischen diesen beiden nennen wir ‹Relation› – hier tritt nun die äußere Erscheinung
der Zeichen hinter ihre Beziehung zurück. Die philosophische Denkrichtung, die dieses
Phänomen behandelt, wird als Relativismus bezeichnet: Es ist die «erkenntnis-
theoretische Lehre, nach der nur die Verhältnisse der Dinge zueinander, nicht diese
selbst erkennbar sind.»[1]

Als Zeichenpaar sind nahezu alle Kombinationen vorstellbar. Zunächst wird auch
dafür wieder ein Zeichen konstant gehalten, während das andere systematisch variiert
wird. Der Darstellungsstil bleibt hier ebenfalls idealerweise einfach.
Komposition im Sinne ästhetischer Anordnung spielt eine nachgeordnete Rolle.
Diese einschränkenden Vorbedingungen erleichtern das systematische Deklinieren der
möglichen Konstellationen. Während man also das eine Zeichen konstant hält,
verändern sich die Parameter des anderen, wie etwa Ort, Größe, Farbe, Bewegung
und weitere. Auch Bildsymbole für Fläche oder Raum, wie Bildbegrenzung[>284], Bildkante,
Horizontlinie[>276ff] etc. können als zweites Zeichen verwendet werden. Wie sich die
Beziehung der Figuren zueinander verändert, läßt sich hierbei besonders gut beobachten.
Im nächsten Schritt werden das konstante und das sich verändernde Objekt getauscht.

Das Beispiel ‹Pfeil und Fläche›[>274] zeigt, wie einfachste Elemente, allein durch
wechselnde Zuordnung, unterschiedliche Bedeutungen hervorrufen. Zunächst entstehen
räumliche Aspekte wie hinein, davor, dahinter, hindurch usw.; nimmt man einen zweiten
Pfeil hinzu, so werden bereits Beziehungen zum Ausdruck gebracht, wie miteinander,
zueinander, nebeneinander, entgegen etc. Das weithin bekannte Symbolpaar ‹Herz
und Pfeil›[>308] wird hier verwendet, um emotionale Verhältnisse auszudrücken. Dabei
genügt es, Größe und Zuordnung der Symbole nur wenig zu verändern, um unterschiedlichste Liebesbeziehungen mitzuteilen. Diese Arbeit bezieht ihre Überzeugungskraft und ihren wundervollen Charme vermutlich aus dem Kontrast zwischen der Einfachheit der Darstellung und der Größe der bekundeten Gefühle.

Im Weiteren kann als zweites Zeichen auch ein sprachliches verwendet werden –
beispielsweise ein Wort, ein Begriff oder ein Satz. Bild- und Sprachzeichen werden
hierbei in Relation gebracht. Eine besonders reizvolle Kombination ist der
Stempelabdruck eines Tigers mit einer Ergänzungssilbe[>338–339]. Diese Wortsilbe-Bild-
Kombination wird genau da besonders humorvoll, wo man erkennt, dass sich Bild
und Wort eben gerade nicht richtig ergänzen.

Auch bei diesen Untersuchungen ist die Nachvollziehbarkeit ein maßgeblicher Aspekt,
der durch die Einführung eines dritten oder weiterer Objekte erschwert würde.
Durch Gegenüberstellung ähnlicher Konstellationen entstehen hier bereits Anfänge
von Handlungsabläufen, von Sequenzen, die im folgenden Kapitel ausführlicher
behandelt werden.

1 Bibliographisches Institut (Hrsg.), DUDEN. FREMDWÖRTERBUCH, Mannheim, Wien, Zürich 1982, S. 660.

273 RELATION

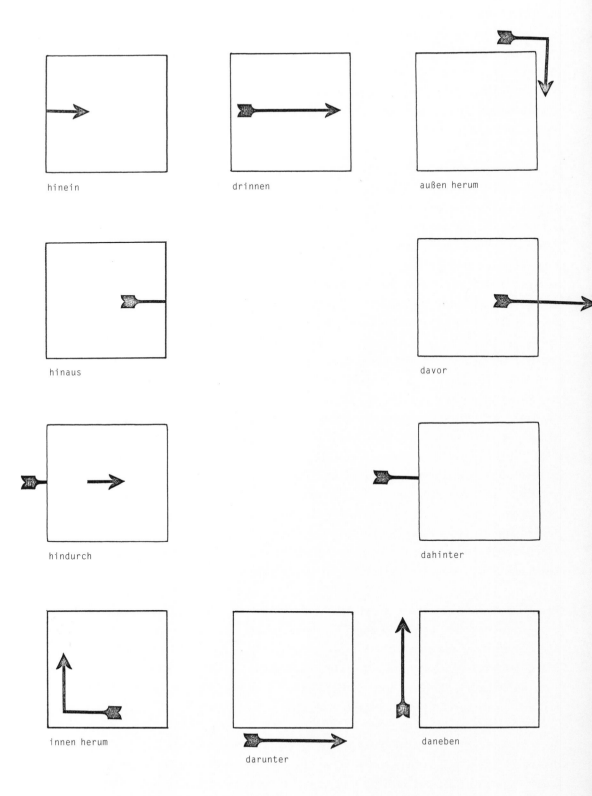

hinein

drinnen

außen herum

hinaus

davor

hindurch

dahinter

innen herum

darunter

daneben

entgegengesetzt

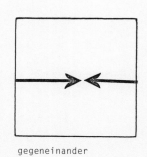

gegeneinander

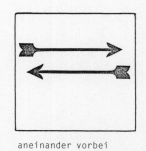

aneinander vorbei

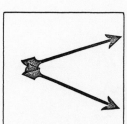

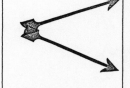

auseinander

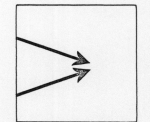

zueinander

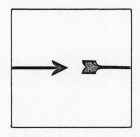

hintereinander

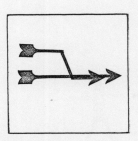

miteinander

umkehren

nebeneinander

aufholen

 Durch Kombination mit einem zweiten Pfeil entstehen neue Aussagen.

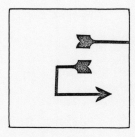

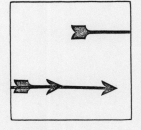

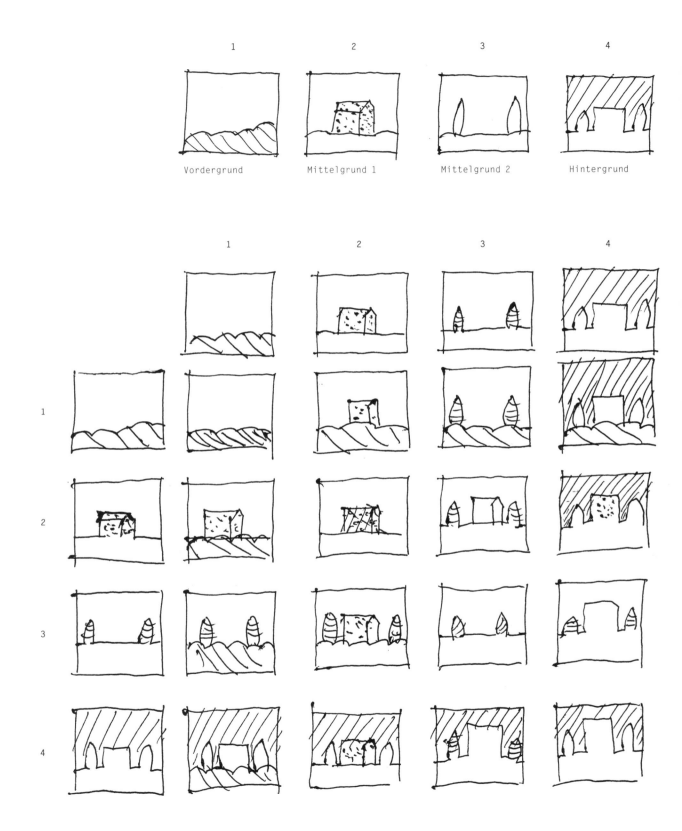

1   2   3   4

Vordergrund   Mittelgrund 1   Mittelgrund 2   Hintergrund

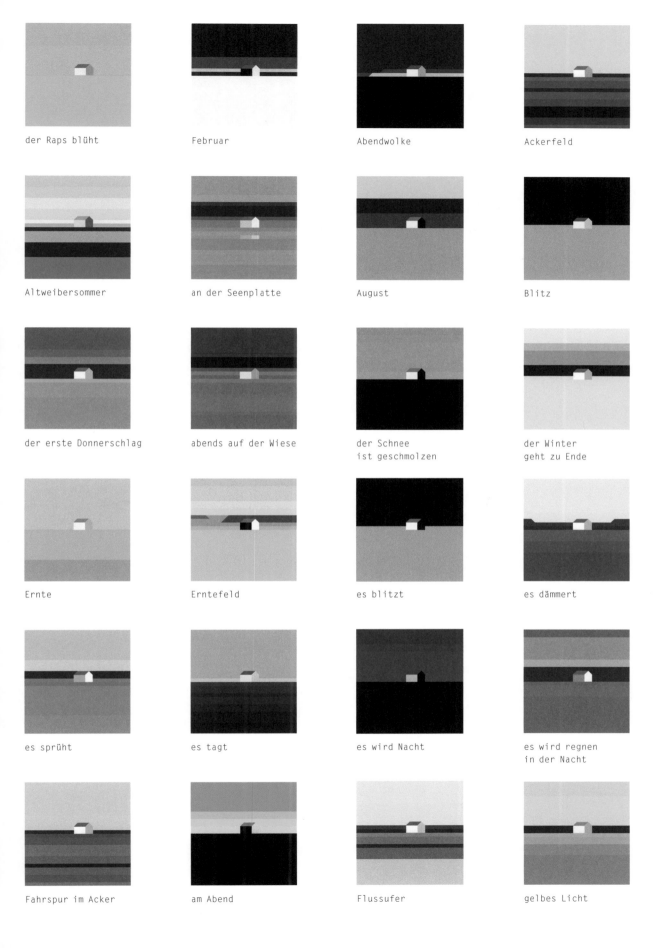

der Raps blüht

Februar

Abendwolke

Ackerfeld

Altweibersommer

an der Seenplatte

August

Blitz

der erste Donnerschlag

abends auf der Wiese

der Schnee
ist geschmolzen

der Winter
geht zu Ende

Ernte

Erntefeld

es blitzt

es dämmert

es sprüht

es tagt

es wird Nacht

es wird regnen
in der Nacht

Fahrspur im Acker

am Abend

Flussufer

gelbes Licht

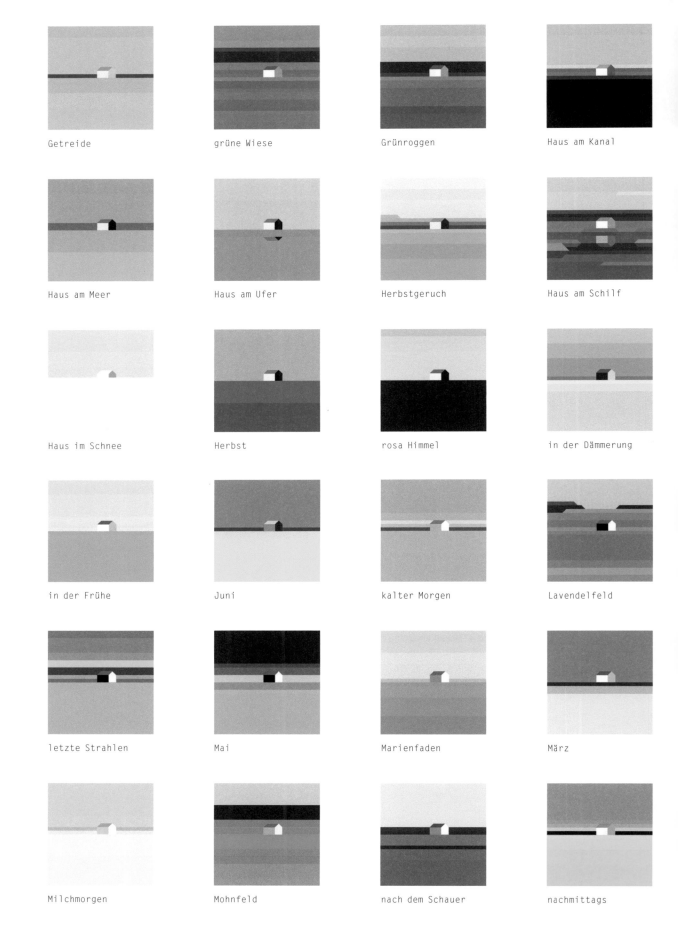

Getreide

grüne Wiese

Grünroggen

Haus am Kanal

Haus am Meer

Haus am Ufer

Herbstgeruch

Haus am Schilf

Haus im Schnee

Herbst

rosa Himmel

in der Dämmerung

in der Frühe

Juni

kalter Morgen

Lavendelfeld

letzte Strahlen

Mai

Marienfaden

März

Milchmorgen

Mohnfeld

nach dem Schauer

nachmittags

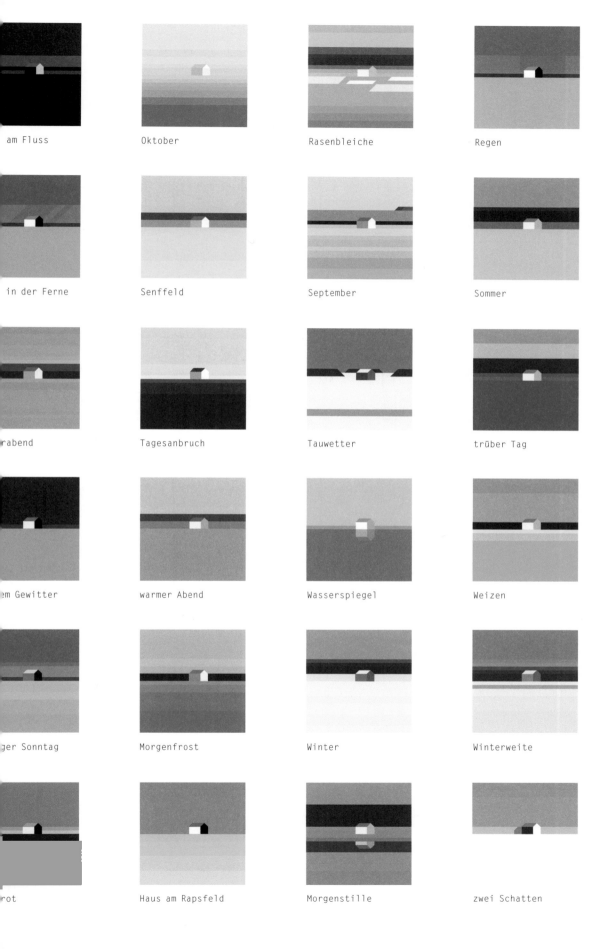

am Fluss

Oktober

Rasenbleiche

Regen

in der Ferne

Senffeld

September

Sommer

rabend

Tagesanbruch

Tauwetter

trüber Tag

em Gewitter

warmer Abend

Wasserspiegel

Weizen

ger Sonntag

Morgenfrost

Winter

Winterweite

rot

Haus am Rapsfeld

Morgenstille

zwei Schatten

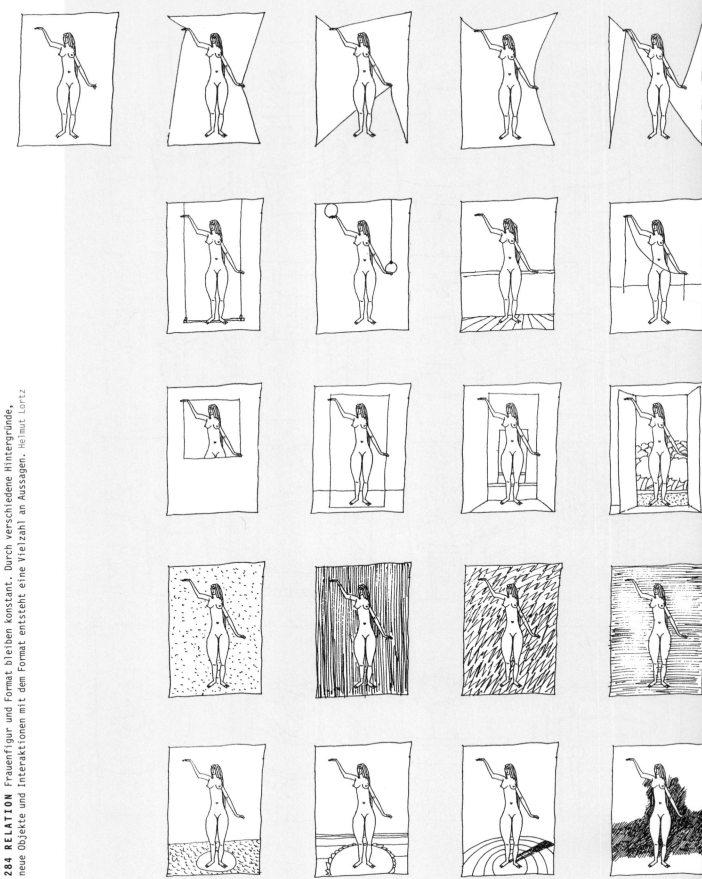

284 RELATION Frauenfigur und Format bleiben konstant. Durch verschiedene Hintergründe, neue Objekte und Interaktionen mit dem Format entsteht eine Vielzahl an Aussagen. Helmut Lortz

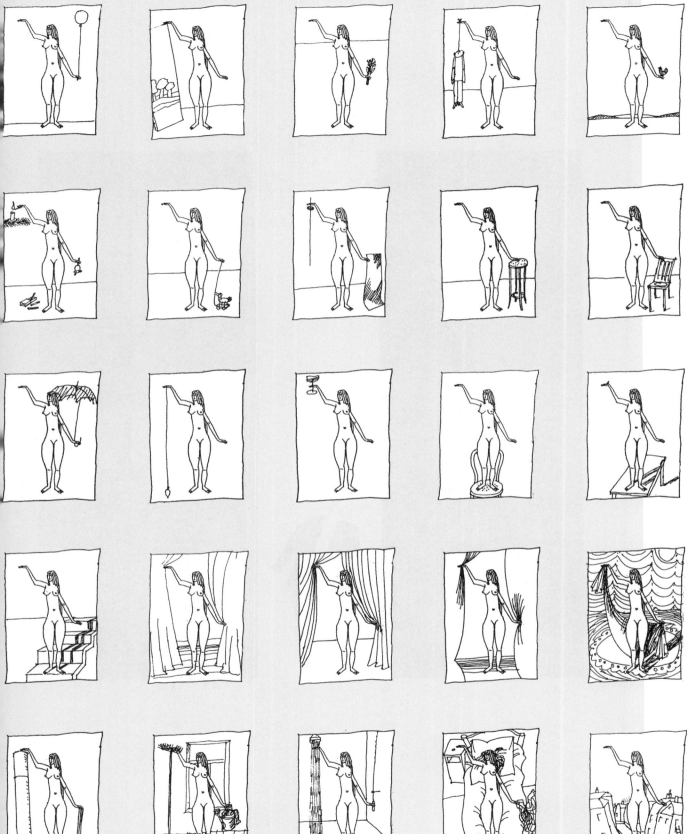

285 RELATION

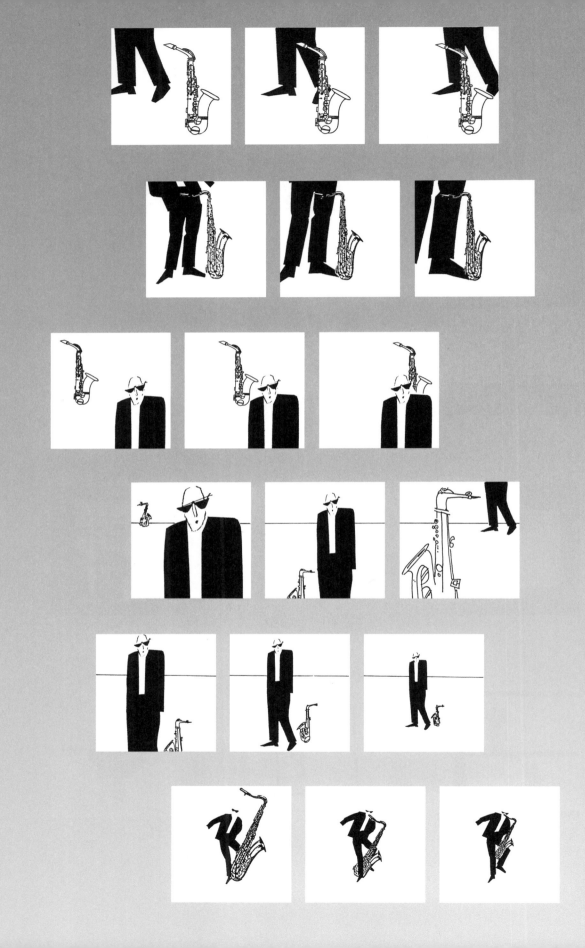

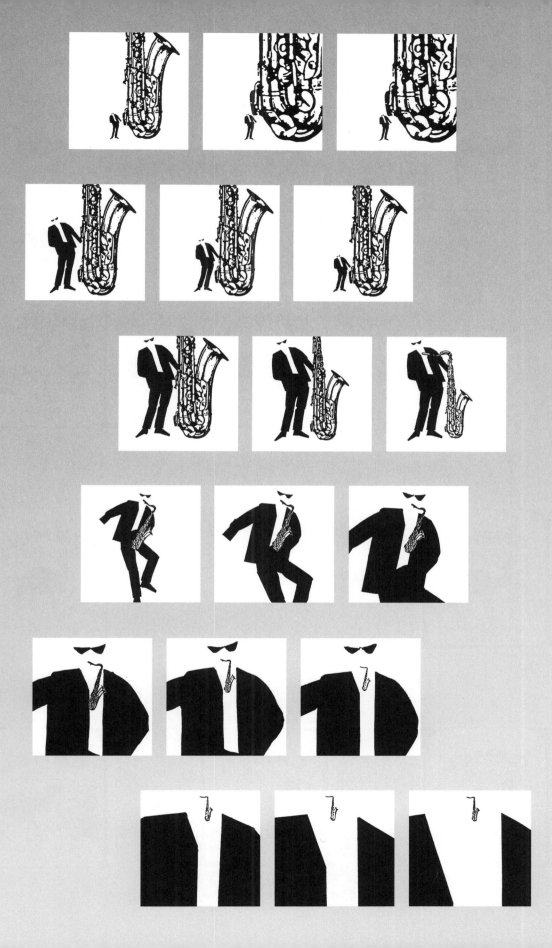

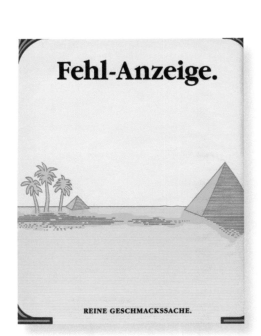

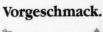

Zu den 19 Zigaretten
bekommen Sie diese
hübsche Schachtel ganz
umsonst dazu.

REINE GESCHMACKSSACHE.

Für unsere
australischen Freunde.

REINE GESCHMACKSSACHE.

Urlaubsvertretung.

REINE GESCHMACKSSACHE.

Das Größte.

REINE GESCHMACKSSACHE.

Best of Camel

REINE GESCHMACKSSACHE.

nach Fläche sortiert (vertikal und horizontal)

nach Höhe (vertikal und horizontal)

nach Breite (vertikal und horizontal)

nach Seitenverhältnis (vertikal und horizontal)

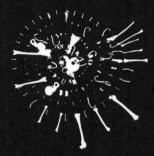

nach Seitenverhältnis (vertikal)

Die Knochen in die Vertikale rotiert, dann nach Seitenverhältnis von innen nach außen aufsteigend sortiert.

nach Breite (vertikal)

Die Knochen in die Vertikale rotiert, dann nach Breite von innen nach außen aufsteigend sortiert.

nach Breite (horizontal)

Die Knochen in die Horizontale rotiert, dann nach Breite von innen nach außen aufsteigend sortiert.

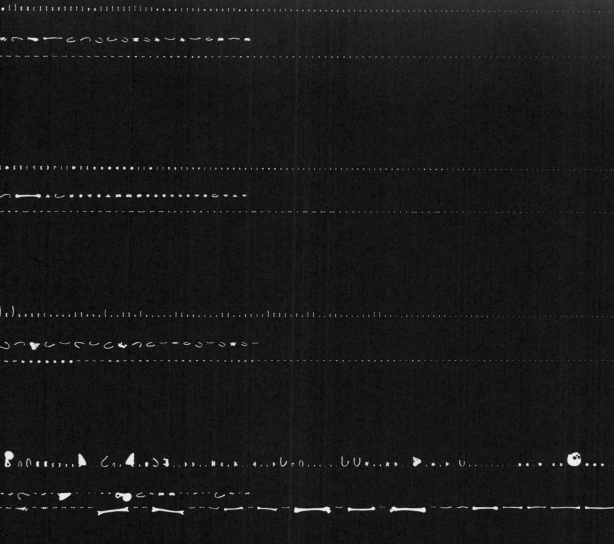

nach Ausdehnung (ohne vorherige Rotation)

Ohne vorheriges Aufrichten der Knochen
nach Ausdehnung (= Grundfläche) von innen
nach außen aufsteigend sortiert.

nach Breite (vertikal)

Die Knochen in die Vertikale rotiert,
dann nach Breite von innen nach außen
absteigend sortiert.

spiralförmig sortiert

unten bündig

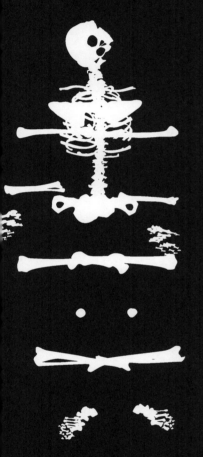

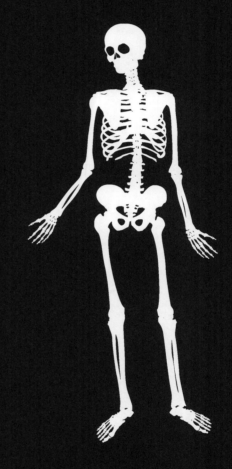

waagerecht   senkrecht

oben bündig

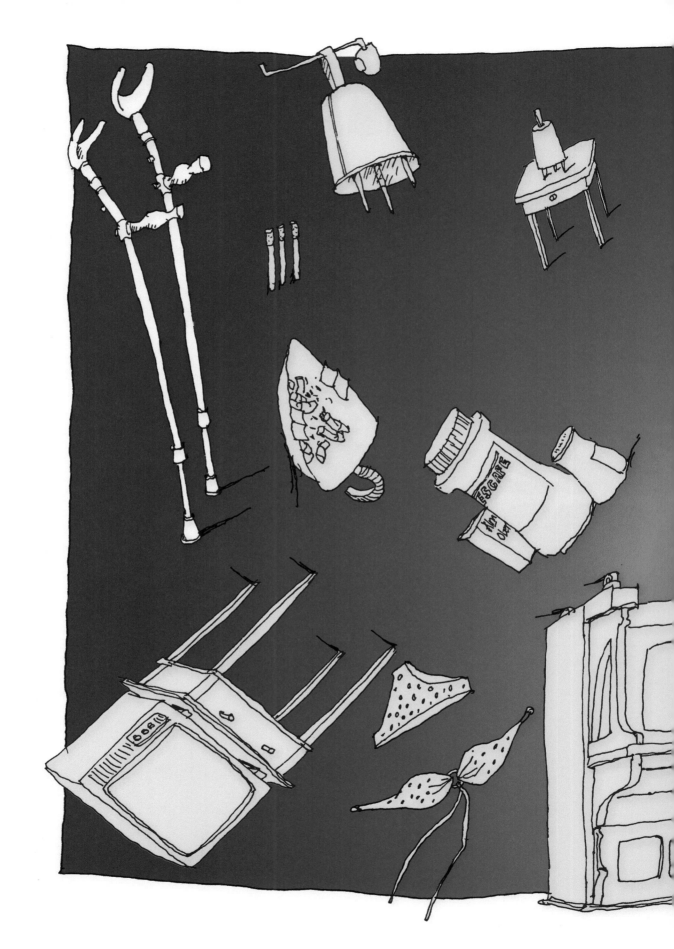

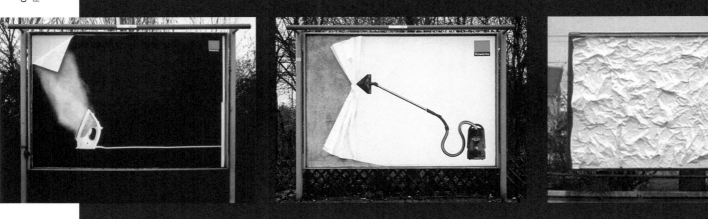

302 RELATION Die Motive einer Werbekampagne für Haushaltsgeräte zeigen
der Umgebung oder der Plakatfläche die Funktion der Geräte. Praxisbeispiel:

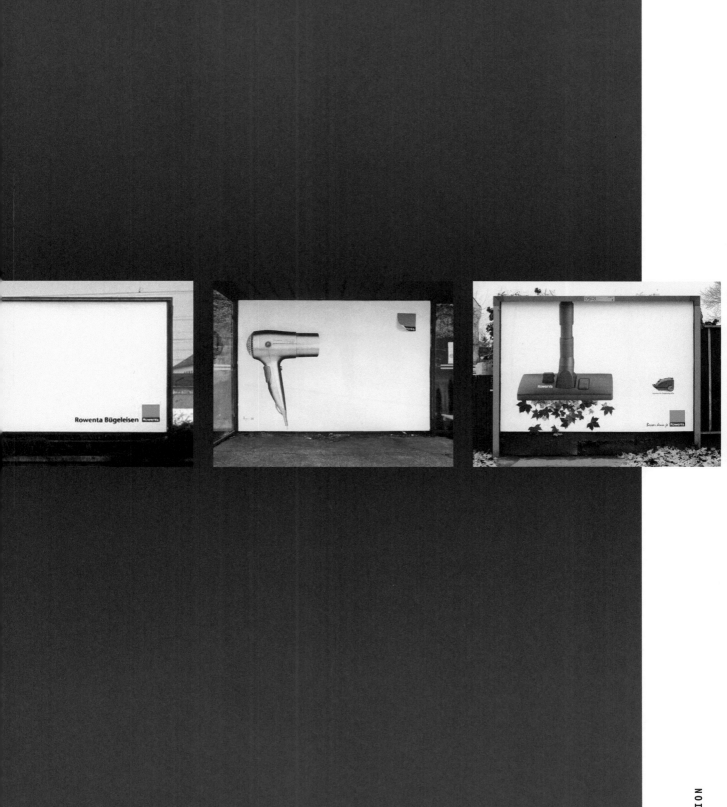

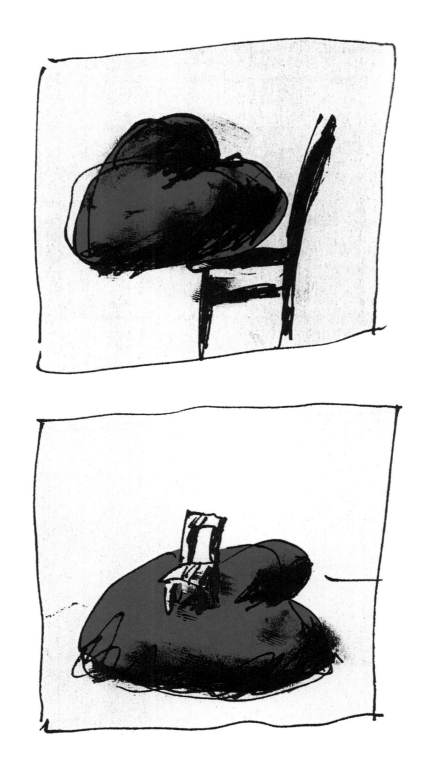

beschützen

fallen lassen

verbrennen

unerreichbar

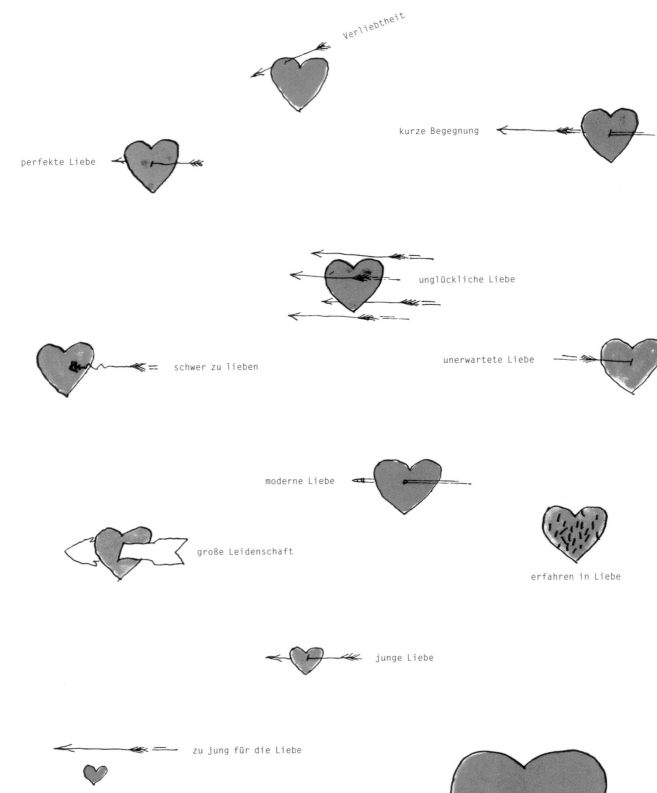

Verliebtheit

kurze Begegnung

perfekte Liebe

unglückliche Liebe

schwer zu lieben

unerwartete Liebe

moderne Liebe

erfahren in Liebe

große Leidenschaft

junge Liebe

zu jung für die Liebe

leicht zu lieben

Herzstechen

offenes Herz

Es liegt mir etwas
am Herzen.

Es liegt mir schwer
auf dem Herzen.

Es liegt mir sehr schwer
auf dem Herzen.

brennendes Herz

Herzrasen

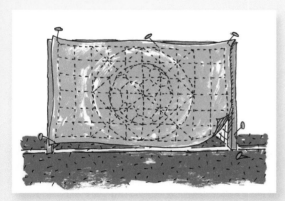

Vorlage

die Hand Gottes

König Fußball

angeschnittener Ball

Eckball

Kunstrasen

der heilige Rasen

leichter Ball

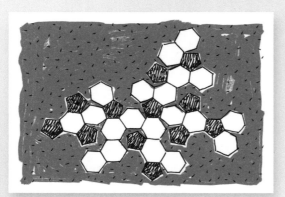

flacher Ball

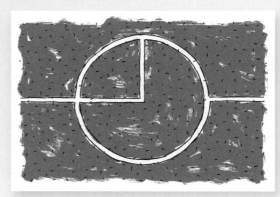

eine Halbzeit

Das Tor war wie vernagelt.

Einschnüren

für die Galerie spielen

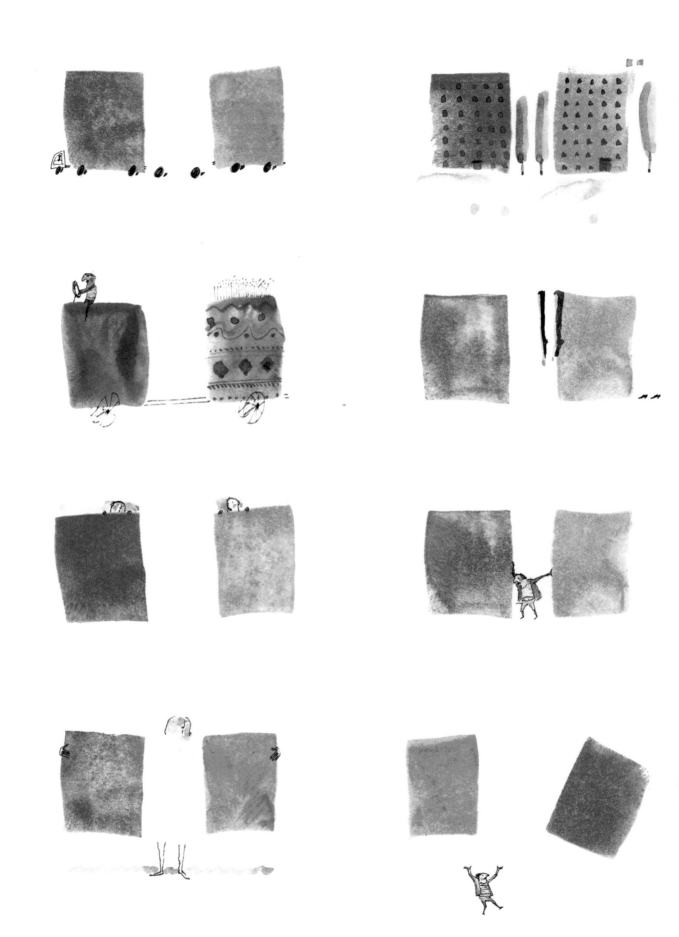

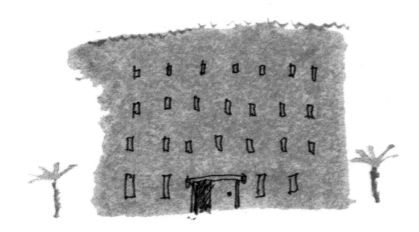

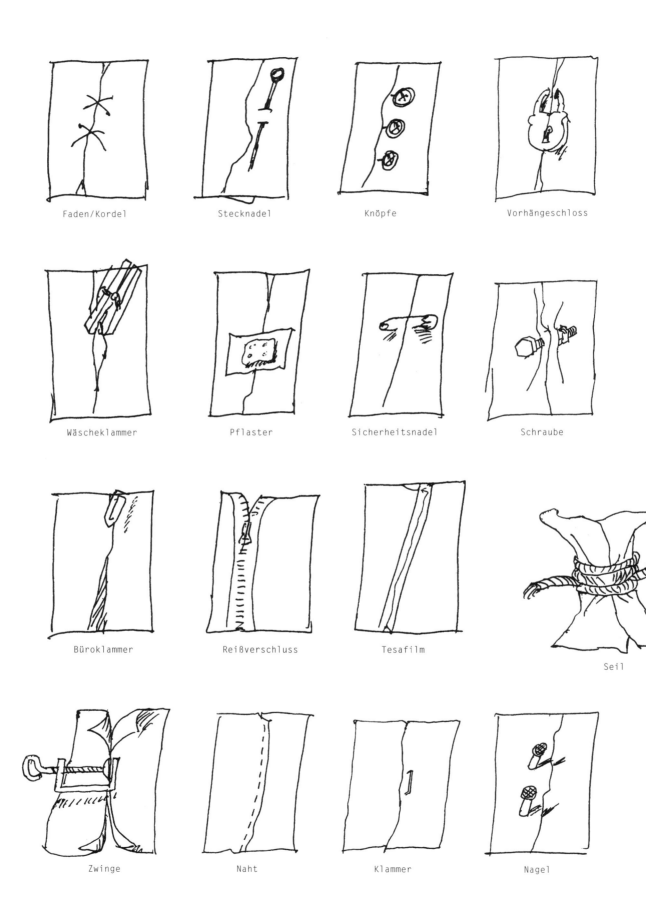

Faden/Kordel

Stecknadel

Knöpfe

Vorhängeschloss

Wäscheklammer

Pflaster

Sicherheitsnadel

Schraube

Büroklammer

Reißverschluss

Tesafilm

Seil

Zwinge

Naht

Klammer

Nagel

RELATION Rund und eckig sind innig verbunden. Dorothea Steinhof

Immer voll ist auch langweilig.

100% unserer Raucher haben ihren eigenen Kopf.

Das Runde muss in das Eckige!

Endlich mal Werbung mit Inhalten.

Erinnern Sie sich? So dick sah Ihr Depot auch mal aus.

Im unteren Bild haben wir 19 Fehler versteckt.

Sorry England, 17 sind einer zu viel.

Endlich gibt es sie. Die Cigarette davor.

Weniger ist leer.

Gute Zeiten, schlechte Zeiten.

Nehmen Sie sich einen Drachen zur Frau. Dann haben Sie immer Feuer.

Drei Stengel für Charly.

Es gibt Jobs, die wollen alle haben.

Dick und Doof.

Neu: das XL-Menü von Lucky Strike.

Streng dich an, Weihnachtsmann. Wunsch ist Wunsch.

Möchten Sie erst einen Vokal kaufen oder gleich lösen?

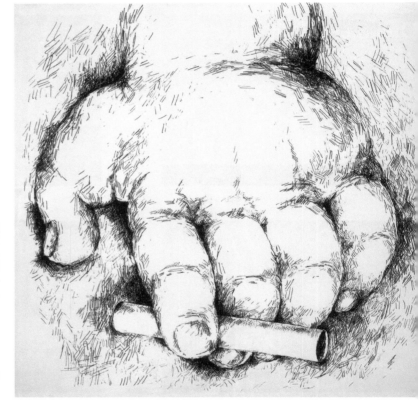

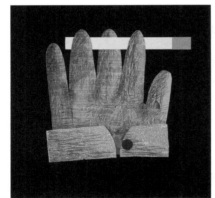

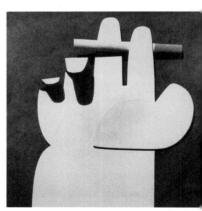

kalter Kaffee

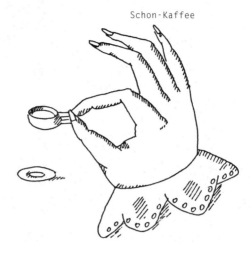

Schon-Kaffee

schwarzer Kaffee

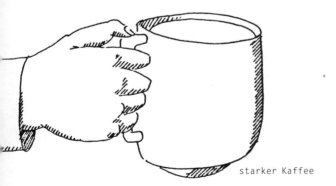

starker Kaffee

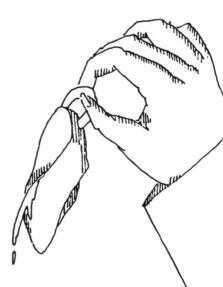

schwacher Kaffee

Proportion, Konstellation und Material visualisiert die Qualität des Kaffees. Hans-Peter Schmidt

321 RELATION

Wildwestfilm

Katastrophenfilm

Kriminalfilm

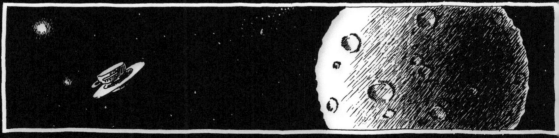

Sciencefictionfilm

Abenteuerfilm

Erotikfilm

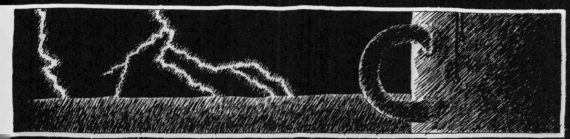

Horrorfilm

Werbefilm

Klappe

324 **RELATION** Interaktion von Hand und Papier. Milton Glaser

AN ALUMNI EXHIBITION CELEBRATING COOPER UNION'S 125th ANNIVERSARY

Milton Glaser

The Houghton
Gallery
Cooper Union
Seven East
Seventh Street
New York, NY
10003
September 6-28,
1984

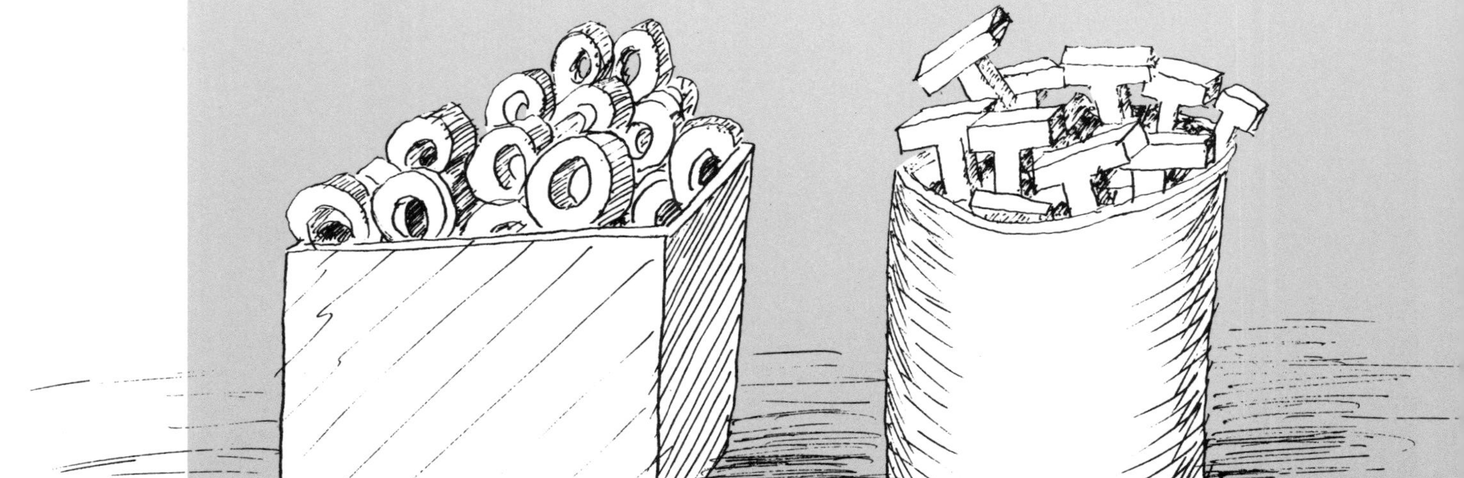

 Otto-Manie. Otto Scharf

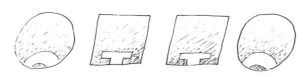

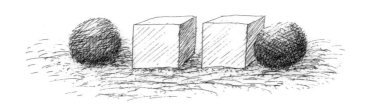

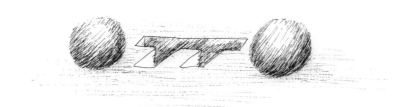

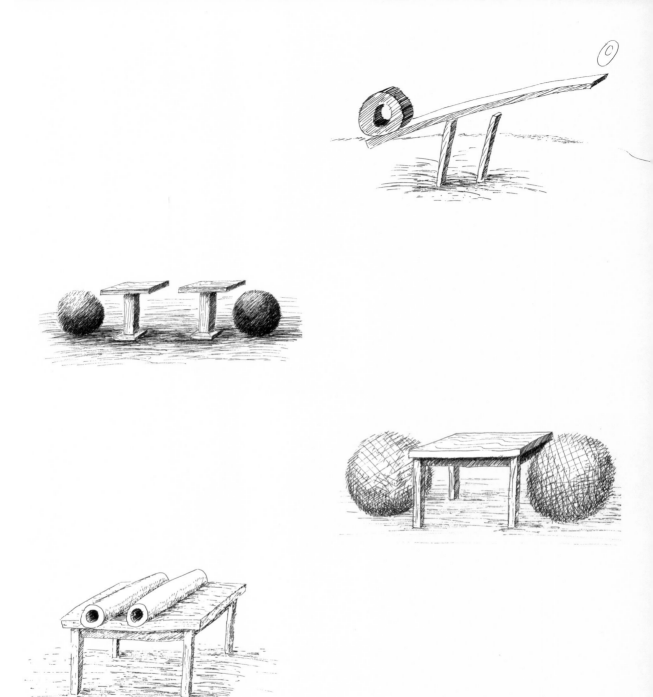

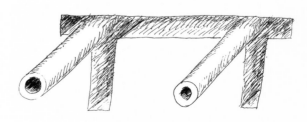

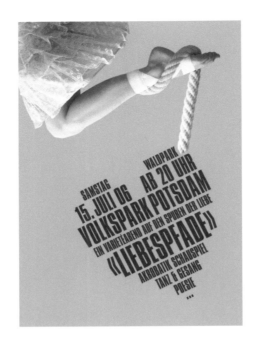

5 JAHRE VOLKSPARK

SOMMERSAISON ERÖFFNUNG

FEIERN IM WIESENPARK: 14.00 BIS 17.00 UHR

TUSCH ... POTSDAMS GROESSTE

KAFFEETAFEL

KAFFEE & KUCHEN, LIVEMUSIK, GROSSE SCHATZSUCHE
GEBURTSTAGSTHEATER UND KINDERVARIETÉ

MONTAG 1. MAI 06

WEITERE INFORMATIONEN UNTER DER TELEFONNUMMER 0331.2 71 98-0
ODER IM INTERNET UNTER WWW.VOLKSPARK-POTSDAM.DE

331 RELATION Plakat und Prospektmotive für den Volkspark Potsdam. Praxisbeispiel: Elvira Barriga, Christian Hämmerle für Blotto

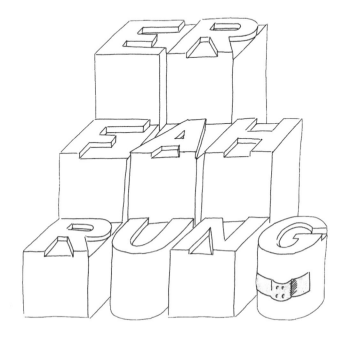

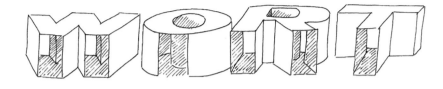

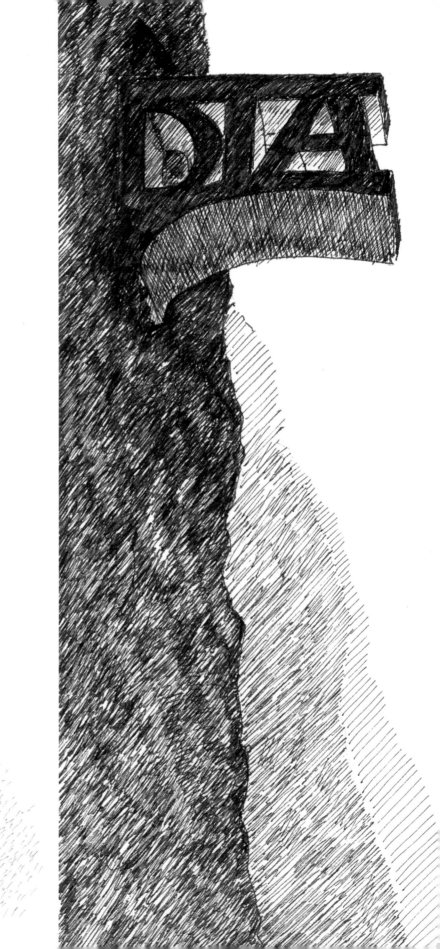

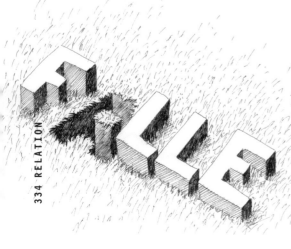

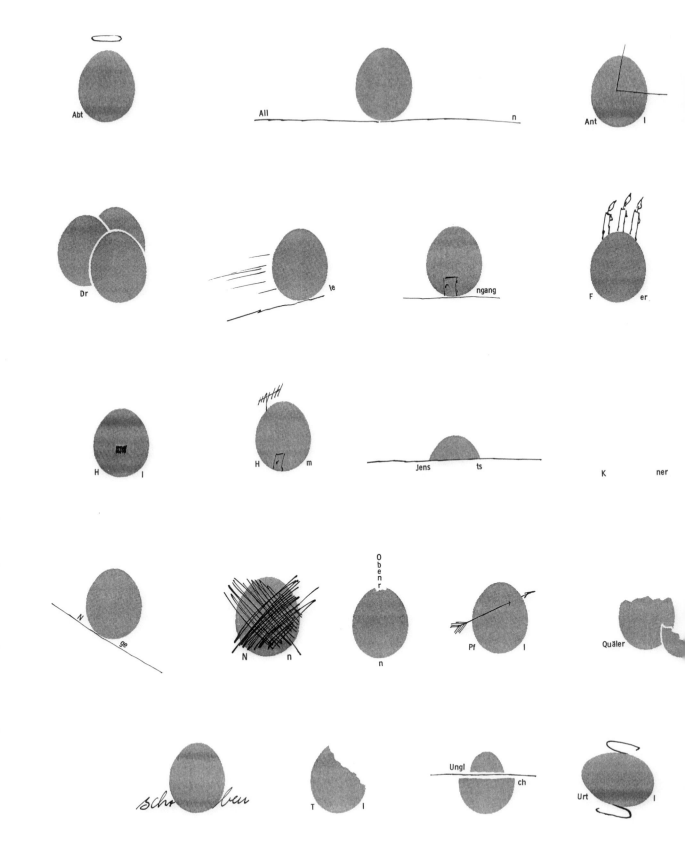

Zeichnung und Schrift ergänzen das Bildsymbol ‹Ei/ei›. Michael Blaumeiser

Abt

All   n

Ant   l

Dr

le

ngang

F   er

H   l

H   m

Jens   ts

K   ner

N   ge

N   n

Oben r   n

Pf   l

Quäler

T   l

Ungl   ch

Urt   l

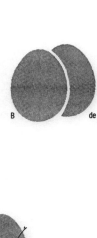 B de

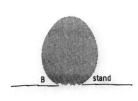 B stand

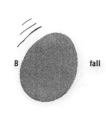 B fall

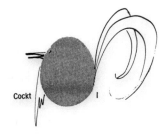 Cockt I

 ge

 G I

 Gl chung

 Gr s

 H rat

 r s

 L ter

 L er

 M se

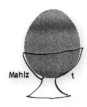 Mahlz t

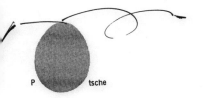 P tsche

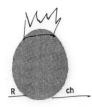 R ch

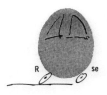 R se

 Sch ss

 W n

 Z ger

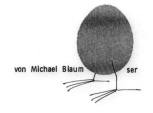 von Michael Blaum ser

Die Silbe «-tiger» wird durch ein Bild ersetzt. Betina Müller

1

HAS

NÖ

HEF

AR

BÖSAR

GA

LIS

GESCHÄF

GEWAL

KÜNF

SCHMÄCH

PRE

H

WICH

LE

ERO

WÜ

EPILEP

SPAS

SEMIO

POLI

METHO

EINDEU

MU

LÄS

VERNÜNF

EINFÄL

LUS

PHLEGMA

THEORE

WUCH

ZO

HEU

GUTMÜ

ANARSCHIST

EINMARSCHIEREN

PATRIARSCH

DARSCHSTELLUNG

DIE ARSCHE VON NOAH

ARSCHIVIST

ARSCHIMED

ARSCHLOCH

ARSCHEOLOG

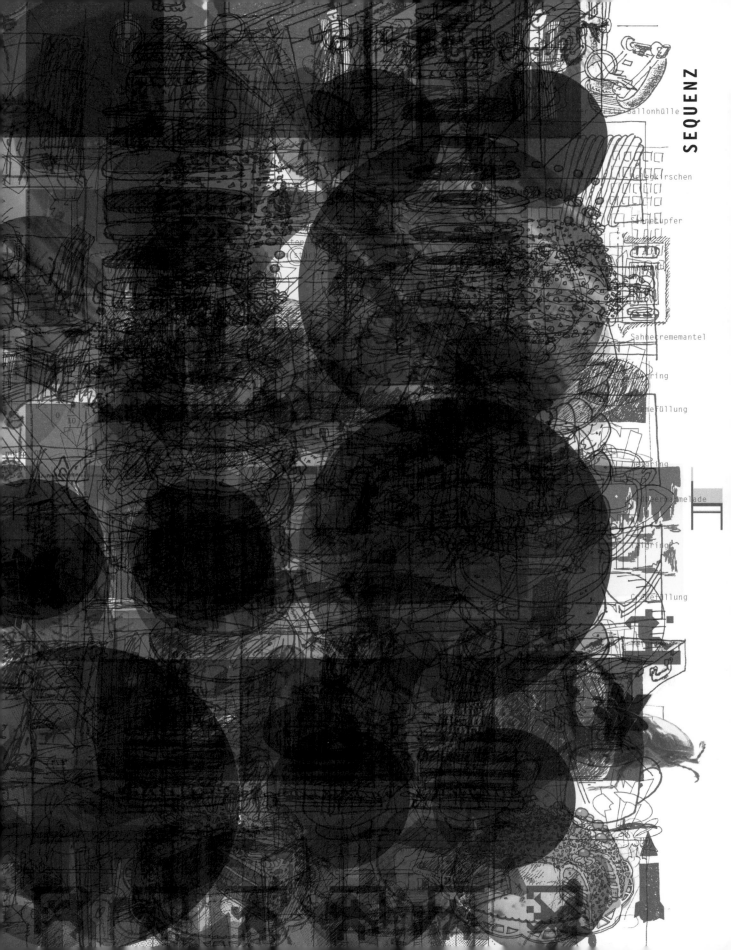

5. SEQUENZ Wenn man Reihen, Variationen oder Relationen ins Prozesshafte, ins Erzählerische überführt, wenn eine Reihe, Serie oder Folge mehrerer Einzelbilder in zeitlicher, inhaltlicher oder formaler Beziehung zueinander steht, dann hat man es mit einer Sequenz zu tun. Viele unterschiedliche Begriffe wie Bildfolge, Bildgeschichte, Bilderzählung, Comic, Graphic Novel oder Storyboard bezeichnen im Wesentlichen Ähnliches, selbstredend sind die Grenzen fließend.

Welche Konstanten können bei sequenziellen Bildfolgen indiziert werden? Zunächst ist hier der zeitabhängige Rahmen zu nennen, der in den vielfältigen, wechselseitigen Beziehungen der Einzelbilder zum Ausdruck kommt. Im Weiteren scheint ein durchgängiger Bildstil zweckmäßig, denn er erleichtert die ‹Lesbarkeit›. Drastische Stilwechsel dagegen sind eher unüblich und behindern den Lesefluss. Weitere Konstanten sind schwer auszumachen und ergeben sich vielmehr aus der Geschichte und dem persönlichen Stil. Es wird deutlich, dass hier die formalen Vorgaben vage bleiben müssen und dass ein Freiraum entsteht, der aus dem komplexen Zusammenspiel von Inhalt, Form und Zeit bestimmt wird.

Bildfolgen, die Geschichten oder Geschichte erzählen, sind schon lange bekannt. Der sogenannte TELEPHOSFRIES [200-150 v.Chr.] im Innenbereich des Pergamonaltar in Berlin ist hierfür ein frühes Beispiel. Chronologisch schildert er das Leben des Telephos, einem Heroen der griechischen Mythologie. Ein anderes frühes Beispiel ist das Relief der TRAJANSSÄULE [113 n.Chr.] in Rom. Von unten nach oben ist es in einer Spirale aufgebracht und erreicht mit dreiundzwanzig Windungen eine Länge von zweihundert Metern. Es bildet Szenen aus den Kriegen der Römer gegen die Daker ab. In den christlichen Kirchen werden seit dem Mittelalter Bibelgeschichten mit Bildfolgen erzählt. Der ISENHEIMER ALTAR [ca. 1506-1515], um nur ein bekanntes Beispiel zu nennen, zeigt durch verschiedene Stellung der Altarflügel die zeitliche Abfolge des liturgischen Kirchenjahres. Auf einer Schauseite ist die Kreuzigung zu sehen, auf einer anderen die Verkündigung, die Menschwerdung und die Auferstehung. Schon lange sind Bildfolgen also eine Methode, die durch Reihung oder Gegenüberstellung einzelner Bilder zeitliche Inhalte in einen nachvollziehbaren Handlungsablauf bringen.

Der Comic geht auf das englische «comic strip» zurück, was wörtlich übersetzt «komischer Streifen» heißt und auf dessen ursprünglich humorvollen Inhalt zurückgeht. Üblicherweise sind es gezeichnete Bilder, die meist mit wörtlicher Rede versehen sind, manchmal zusätzlich und seltener ausschließlich mit erzählendem Text. Für die unterschiedlichen Erzählformen hat der Comic zahlreiche eigene Zeichenfiguren entwickelt. Sprechblasen, die wörtliche Rede darstellen, Bewegungslinien, die Geschwindigkeit anzeigen, sogenannte ‹Speedlines›, lautmalerische Ausrufe oder Geräusche, die in großen Schriftbildern wiedergegeben werden, überdimensionale Satzzeichen wie Auslassungspunkte und Fragezeichen, die Sprachlosigkeit, Ratlosigkeit oder Verwirrung ausdrücken. Mit kleinen Symbolen oder Bildern in Sprechblasen wie Totenkopf, geballte Faust oder Gewitterwolken werden häufig Gemütszustände wie Wut oder Zorn dargestellt. Auch lautmalerische Wörter wie Zisch, Kracks, Rums, Bums sind eine Erfindung des Comics. Ein früher Wegbereiter war Wilhelm Busch, dessen Bildgeschichten bereits von humorvollen Versen begleitet werden und die zahllose Worterfindungen aufweisen: Zupf!, Phütt!, Plauz! Pardauz!, Huitt!! – Knatteradoms, Schnuppdiwupp!, Schluppdiwutsch!

Graphic Novel bezeichnet ein Comic in Buchform, das komplexere, meist umfangreiche Geschichten erzählt. Es richtet sich thematisch und durch seinen Anspruch in erster Linie an Erwachsene. Deutsche Bezeichnungen hierfür sind grafischer oder illustrierter Roman, Bildroman, Comicroman oder grafische Literatur. Diese Begriffe konnten sich jedoch bisher nicht durchsetzen.

Das Storyboard findet hauptsächlich im Bereich Film Verwendung und kann sehr treffend mit Szenenbuch ins Deutsche übersetzt werden. Ein Storyboard[386-387] ist im Unterschied zum Comic üblicherweise weniger ausgearbeitet. Es ist die zeichnerische Umsetzung eines Drehbuches oder einzelner Szenen daraus, die Geschichte und Einstellungen der Kamera vorzeichnen. Bildfolgen, die eine einzelne Filmszene darstellen, bezeichnet man als Sequenz.

Weitere Formen sequenzieller Bildfolgen sind das Daumenkino, die fotografische Reihe, die Darstellung von Bewegungsabläufen[376], die Bauanleitung[370-371], die Gebrauchsanweisung und andere. Die beiden letzteren erzählen keine Geschichte, sondern geben eine Handlungsanweisung oder erklären ein Vorgehen. Allen Sequenzen ist gemein, dass die Beziehung zu vorausgehendem und nachfolgendem Bild miteinbezogen wird und der Kontext die Interpretation wesentlich mitbestimmt.

Das überaus große Potenzial von Bildsequenzen wird besonders dann deutlich, wenn man sie mit den entsprechenden sprachlichen oder schriftlichen Beschreibungen des gleichen Vorgangs vergleicht. Wer einmal versucht, das Binden eines Schnürsenkels oder das einer Krawatte zu erklären, ohne es zu zeigen, wird unmittelbar feststellen, dass sequenzielle Darstellungen hier klar überlegen sind.

347 **SEQUENZ** Würfel fallen durch eine Fläche. Nach einer Abbildung von Edward Tufte. Konzept: Armin Lindauer, Programmierung: Marek Slipek

 SEQUENZ Storyboard zum Lebenskreislauf. Karin Cerna-Lobpreis

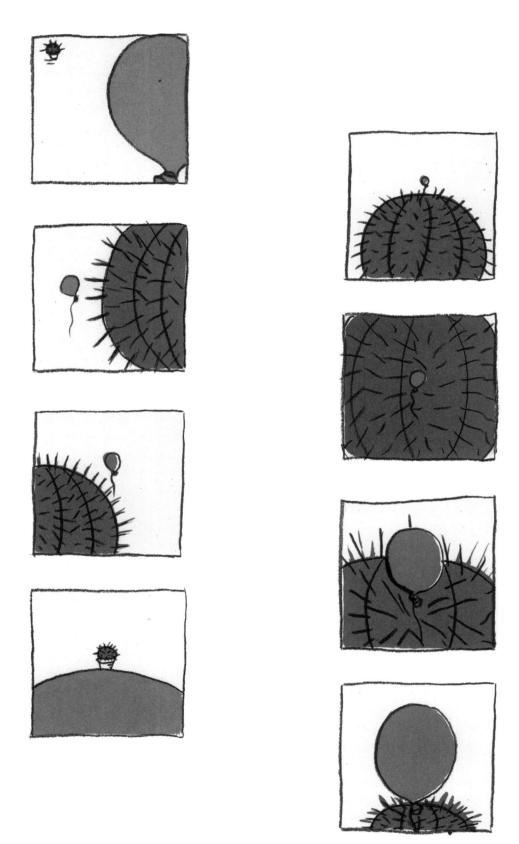

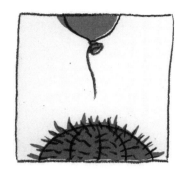

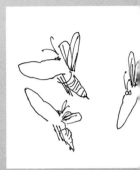

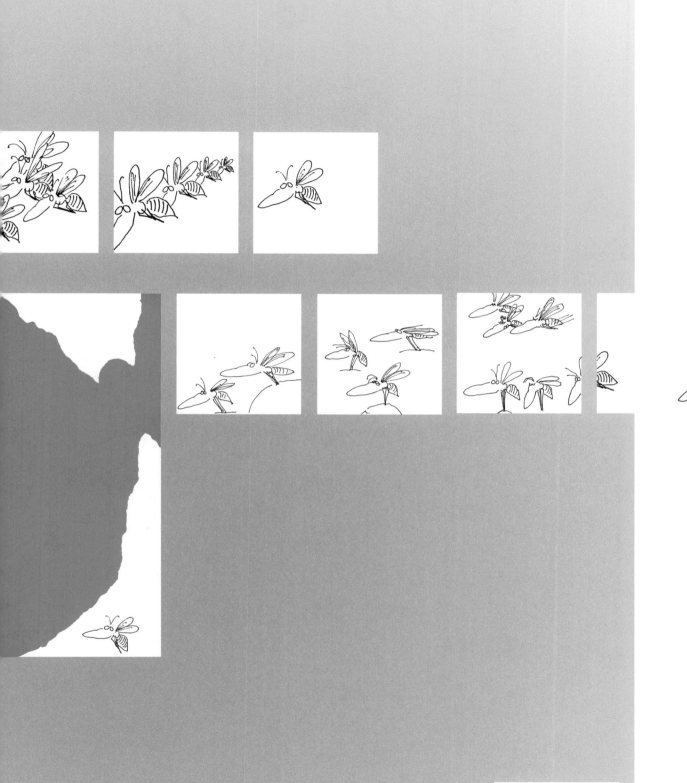

Übungsanleitung: Gymnastik für Vollschlanke. Philine Soell

Jedes der folgenden Bilder
besteht aus genau 64 weißen
und 64 schwarzen Dreiecken.

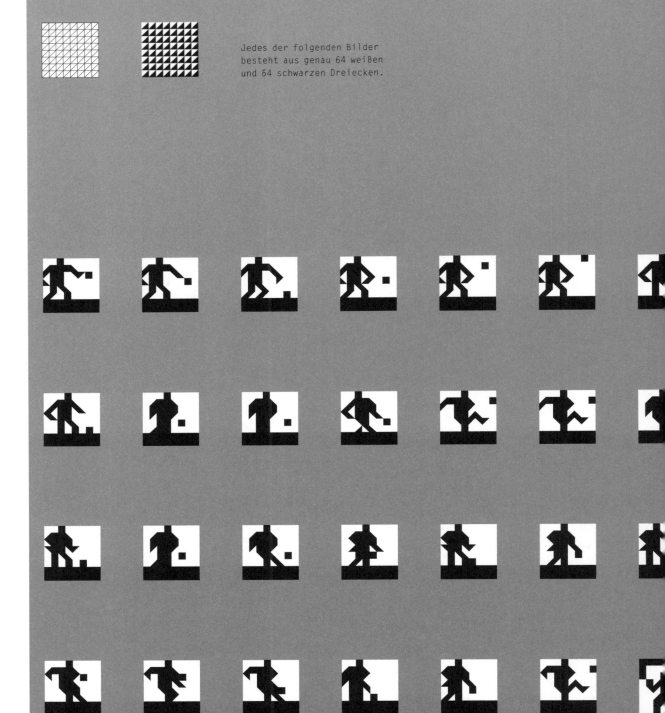

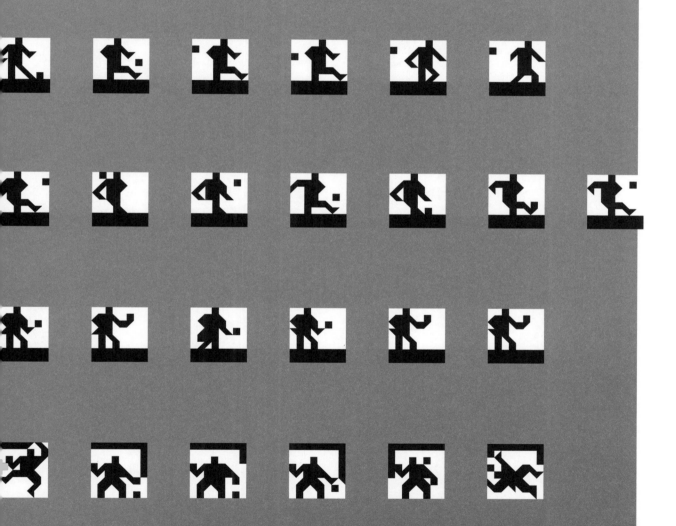

 Die gestempelten Symbole ‹Mann› und ‹Rakete› erzählen vom Krieg. Lutz Olaf Walter

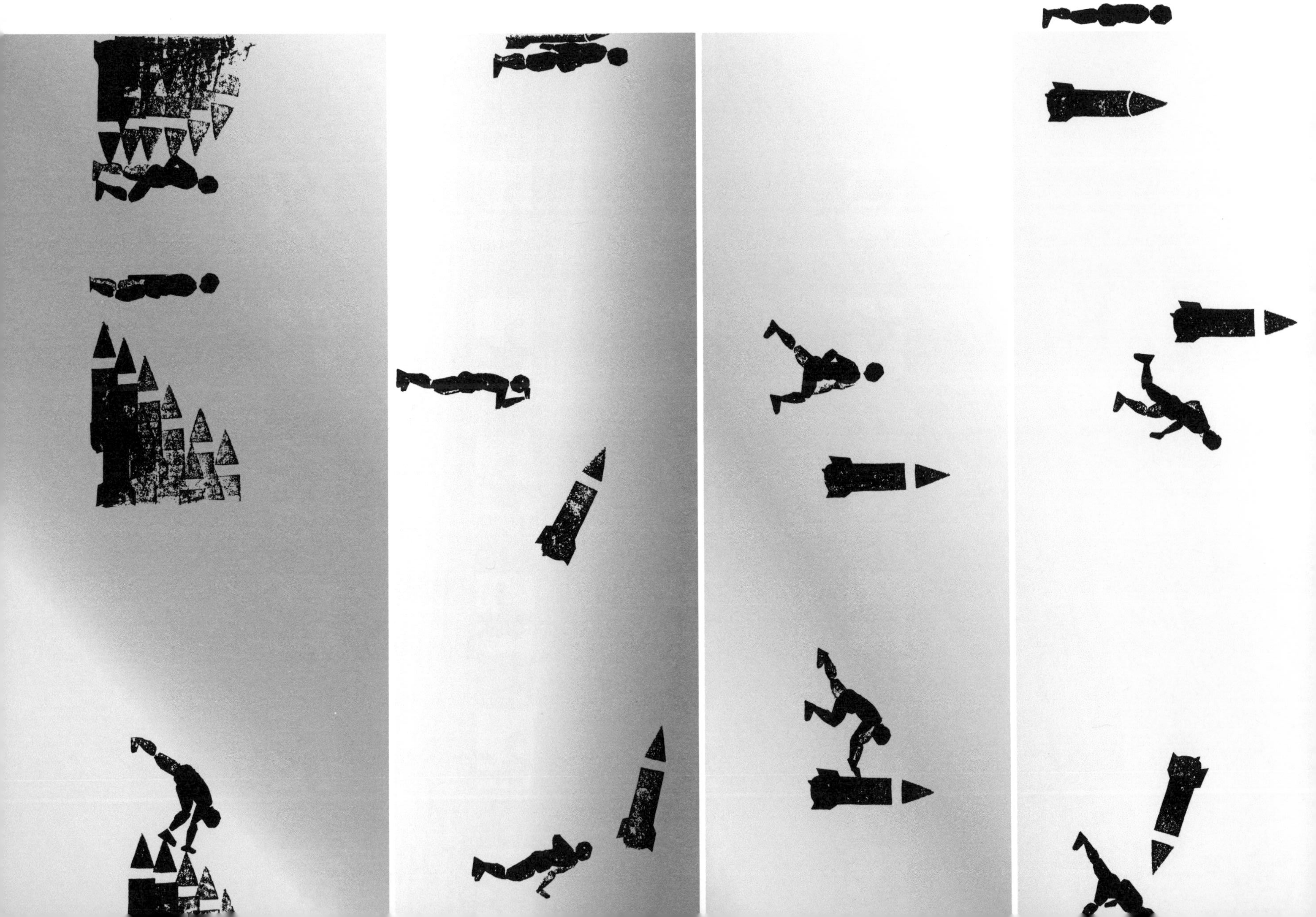

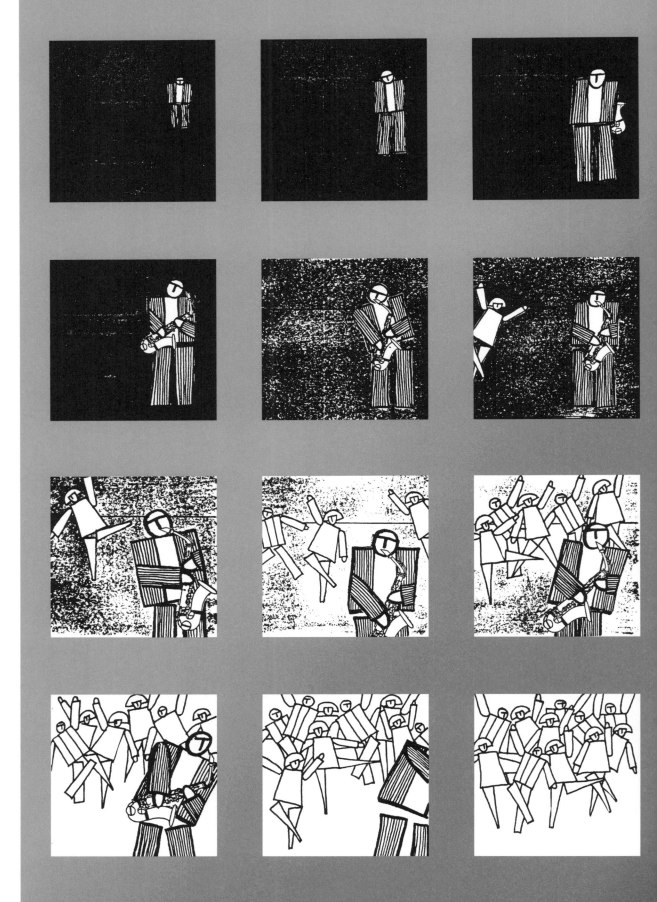

Das Bildzeichen ‹Saxophonspieler› ist die Konstante, die grafische Darstellung interpretiert die Musik. Dominik Strauch

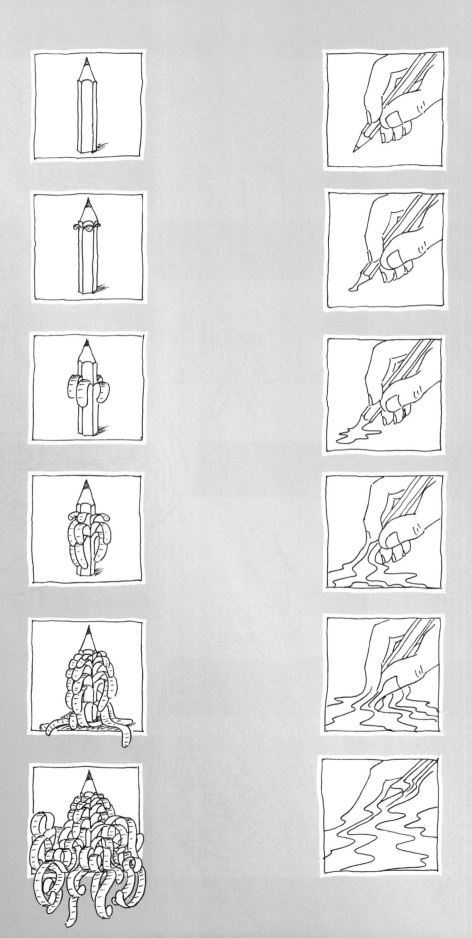

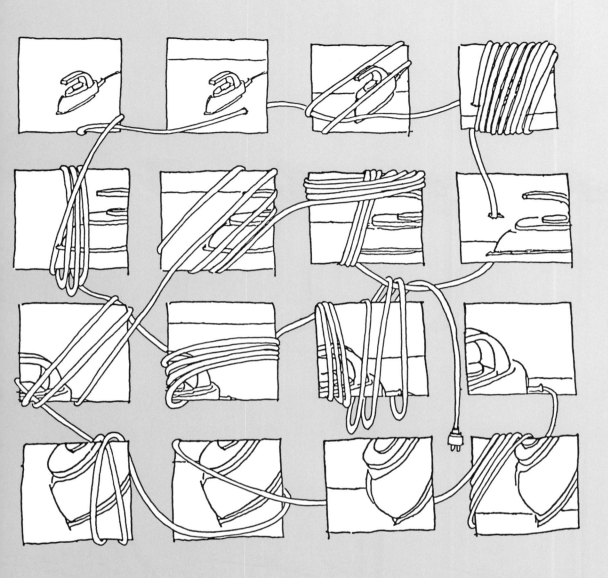

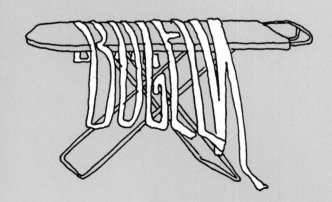

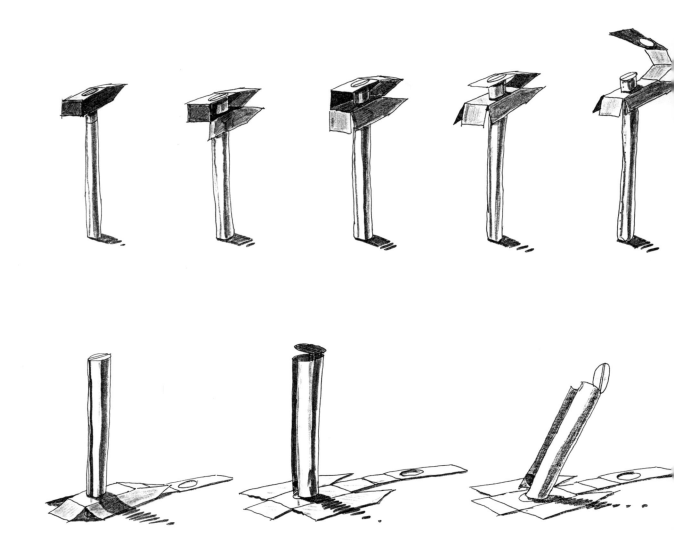

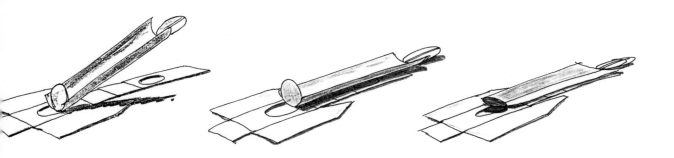

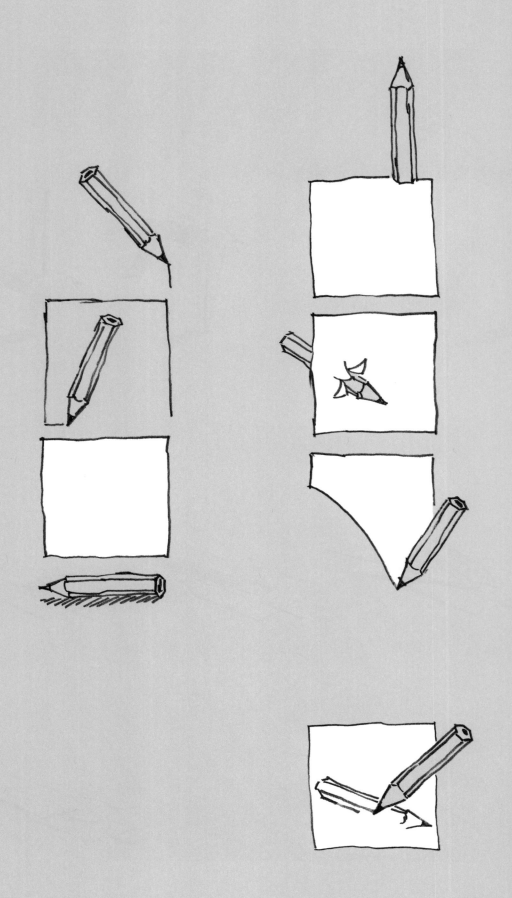

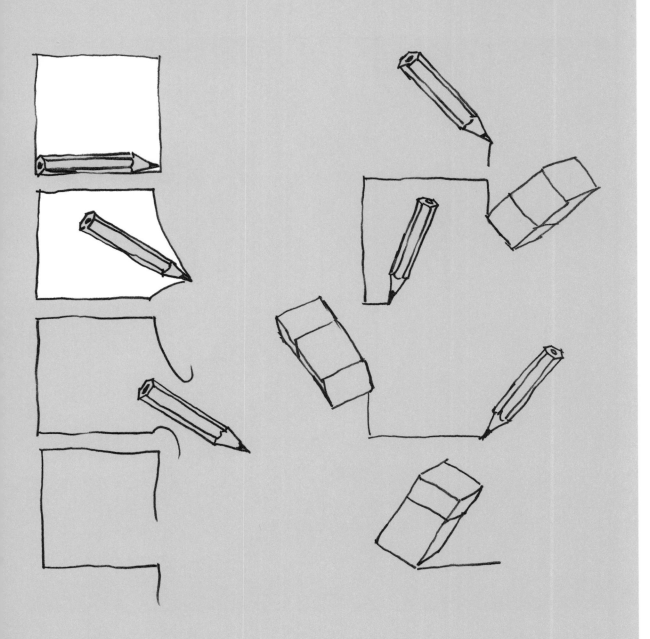

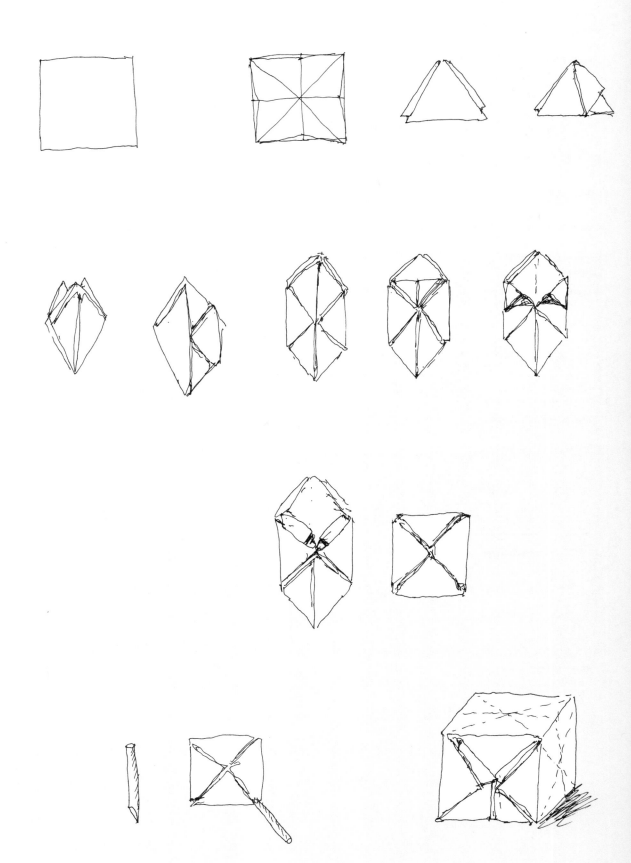

368 SEQUENZ Faltanleitung für einen Quader und einen Vogel aus einem quadratischen Papier. Betina Müller

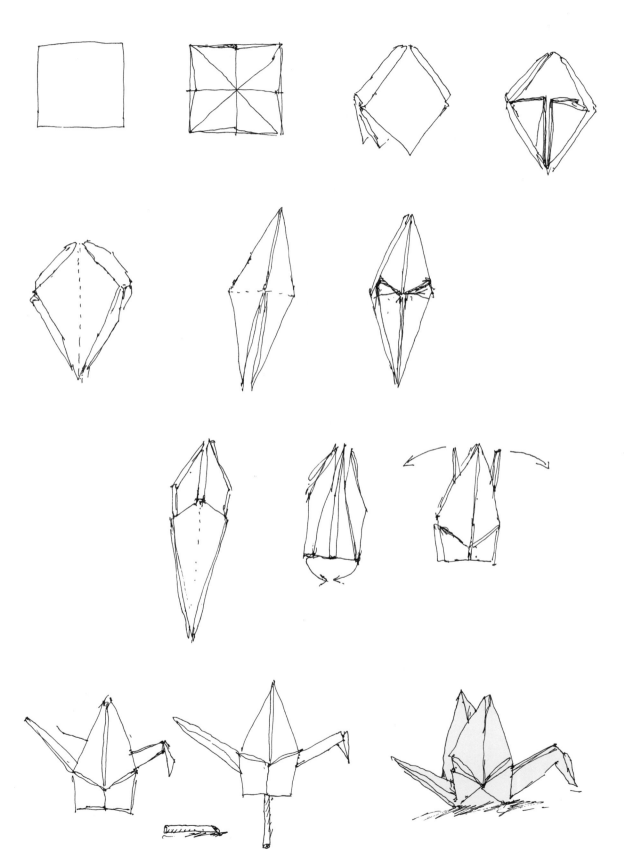

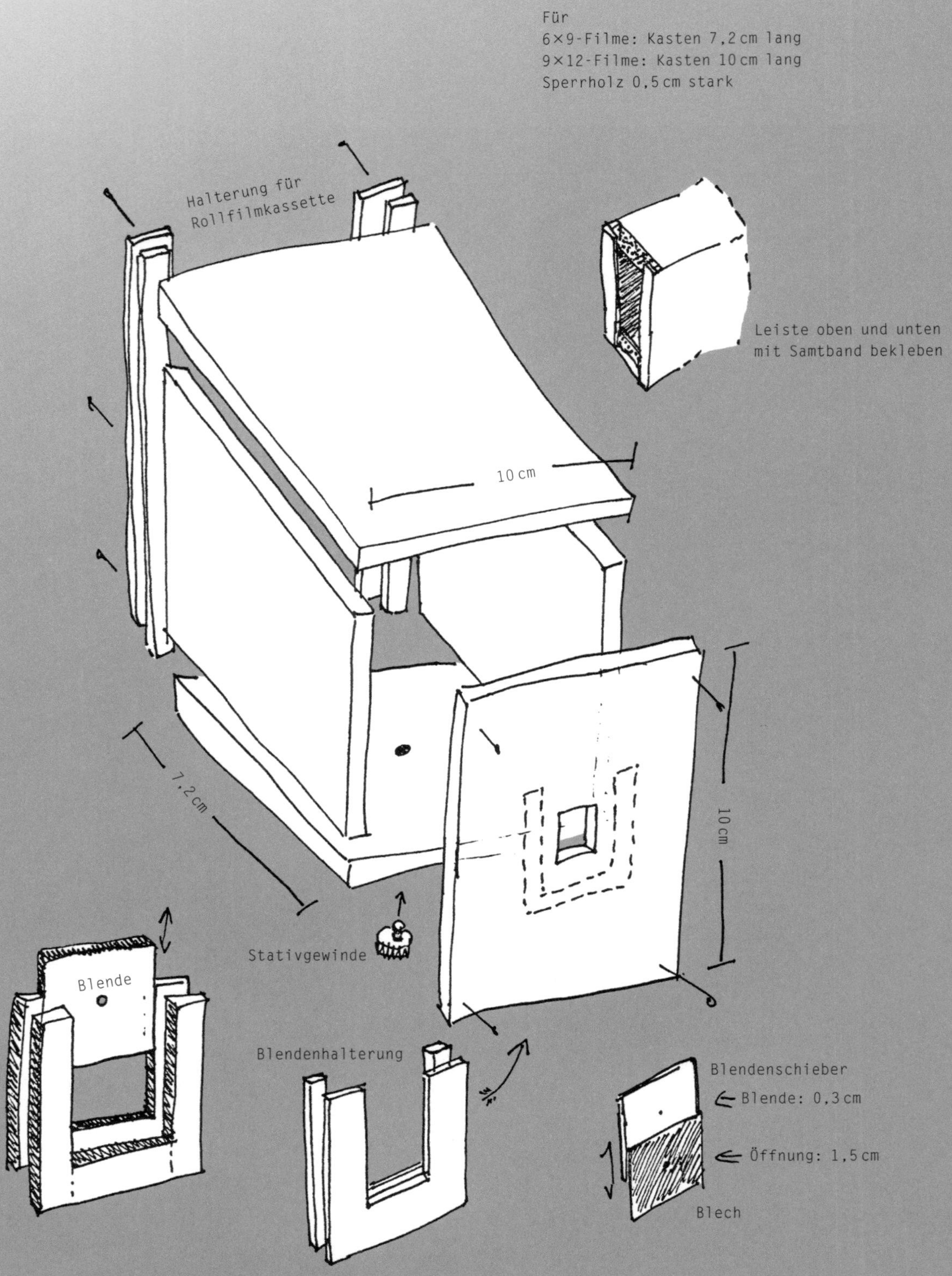

Für
6×9-Filme: Kasten 7,2 cm lang
9×12-Filme: Kasten 10 cm lang
Sperrholz 0,5 cm stark

Halterung für
Rollfilmkassette

Leiste oben und unten
mit Samtband bekleben

10 cm

7,2 cm

10 cm

Stativgewinde

Blende

Blendenhalterung

Blendenschieber

Blende: 0,3 cm

Öffnung: 1,5 cm

Blech

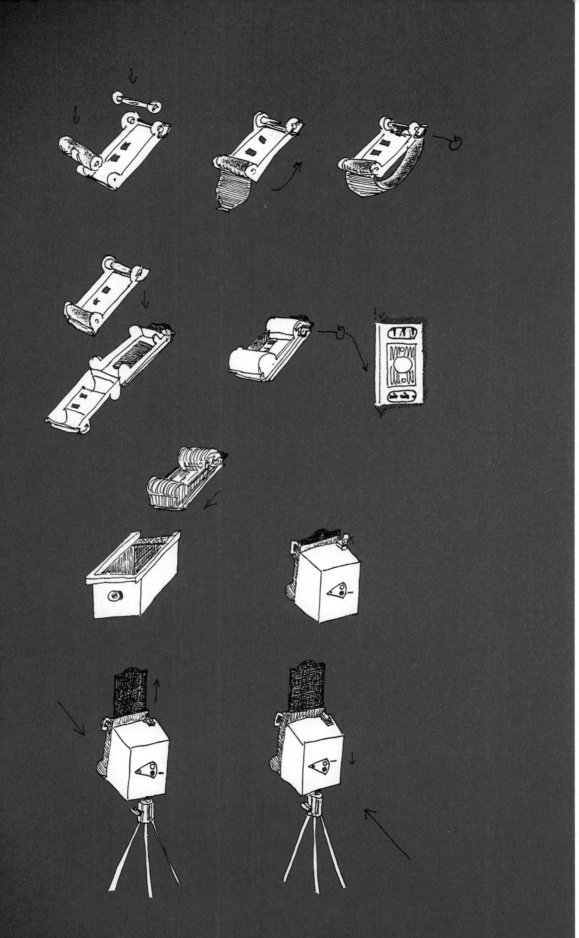

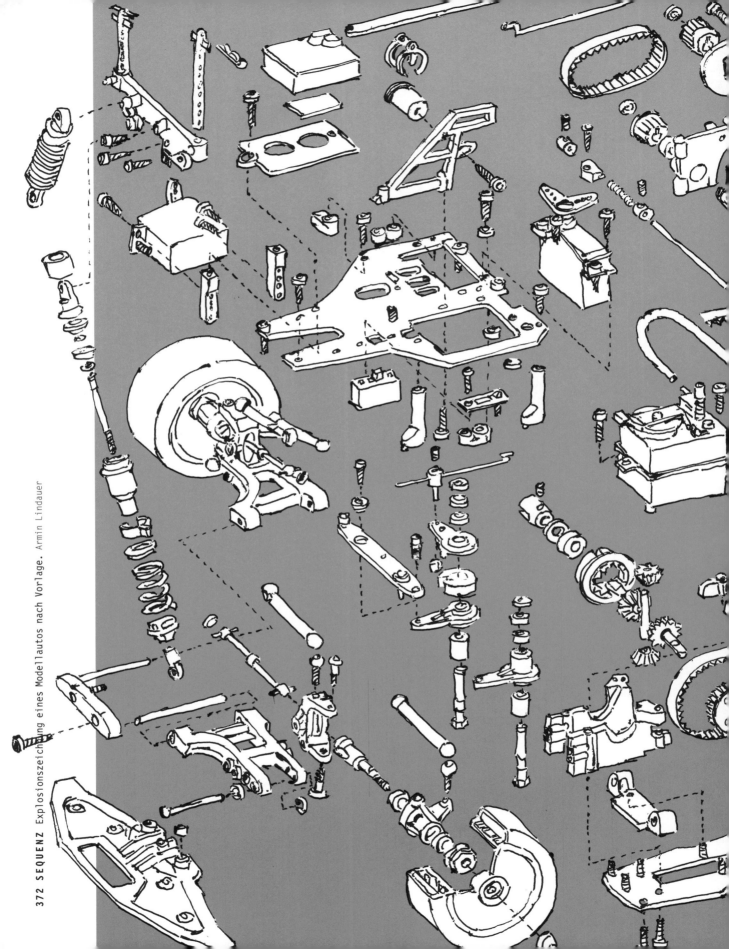

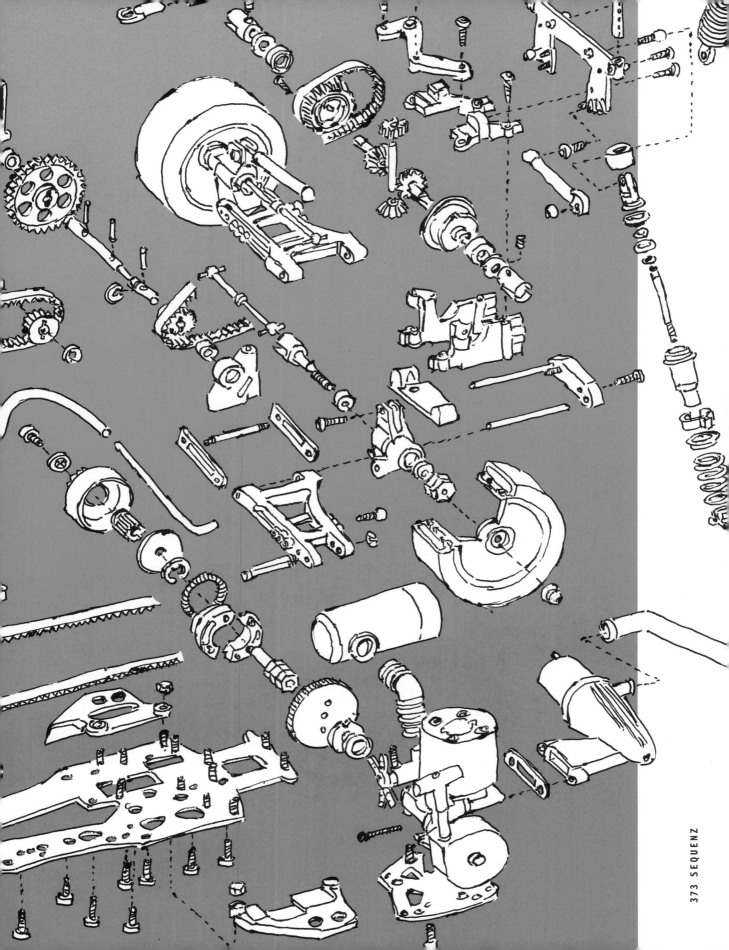

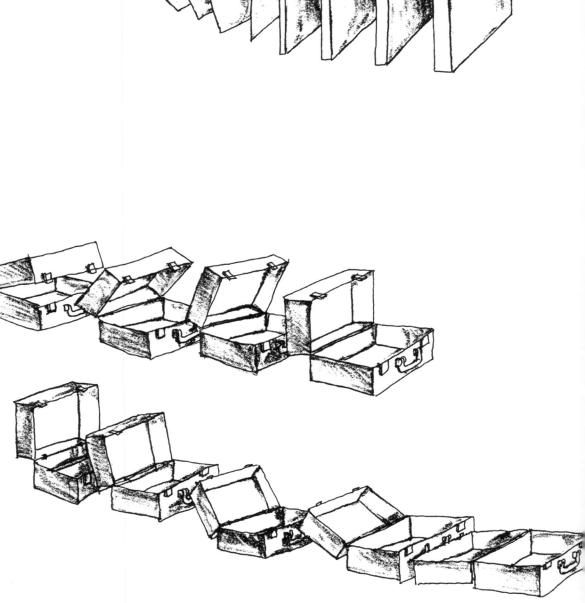

Unten: Bewegungsablauf beim Öffnen und Schließen eines Koffers. Oben: Mappe wird Koffer. Christian Dorn

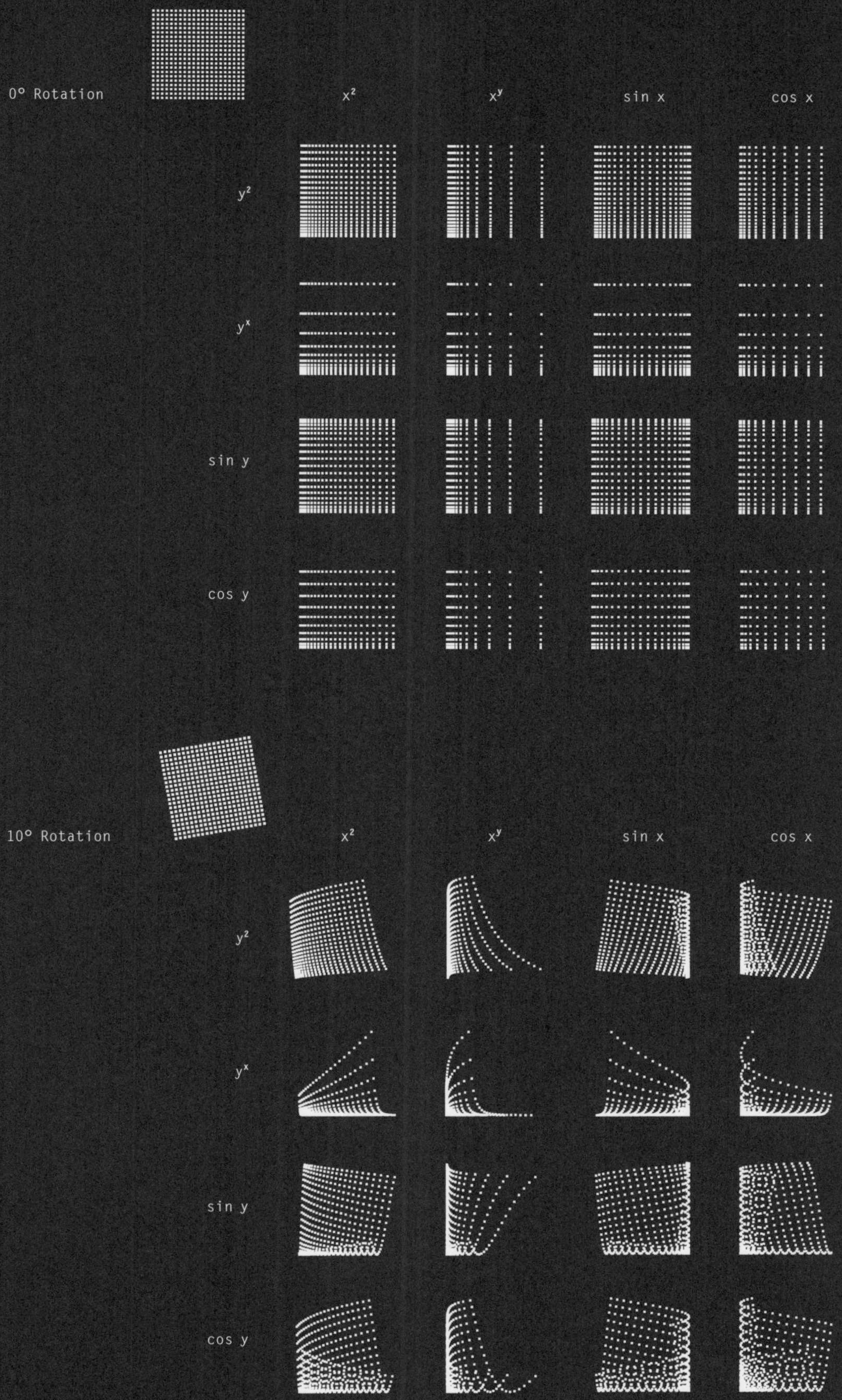

0° Rotation x^2 x^y sin x   cos x

y^2

y^x

sin y

cos y

10° Rotation x^2 x^y sin x   cos x

y^2

y^x

sin y

cos y

375 SEQUENZ Auf eine einfache geometrische Figur werden mathematische Funktionen angewendet: Parabel, Selbstpotenz, Sinus, Cosinus. Armin Lindauer, Frank Nürnberg

Der Algorithmus erzeugt die Figuren der Matrix auf Seite 375 und die der Animation. Armin Lindauer, Frank Nürnberg

$$\vec{r} = \begin{pmatrix} i \\ j \end{pmatrix} \text{ mit/where } i \in [1,N] \wedge j \in [1,N] \; i,j \in \mathbb{N} \qquad [1,N] \to [5,15]$$

$$\vec{r}' = \begin{pmatrix} \dfrac{10}{N-1} & 0 \\ 0 & \dfrac{10}{N-1} \end{pmatrix} \times \begin{pmatrix} x \\ y \end{pmatrix} + \begin{pmatrix} 5 \times \dfrac{N-3}{N-1} \\ 5 \times \dfrac{N-3}{N-1} \end{pmatrix} = \begin{pmatrix} x' \\ y' \end{pmatrix}$$

$$[5,15] \to \left[\dfrac{\pi}{2}, \dfrac{3\pi}{2} \right] \qquad \vec{r}'' = \begin{pmatrix} \dfrac{\pi}{10} & 0 \\ 0 & \dfrac{\pi}{10} \end{pmatrix} \times \begin{pmatrix} x' \\ y' \end{pmatrix} = \begin{pmatrix} x'' \\ y'' \end{pmatrix}$$

$$\vec{r}''' = \begin{pmatrix} \cos\varphi & -\sin\varphi \\ \sin\varphi & \cos\varphi \end{pmatrix} \times \begin{pmatrix} x'' \\ y'' \end{pmatrix} = \begin{pmatrix} x''' \\ y''' \end{pmatrix} \text{ mit/where } \varphi \in [0°, 90°] \qquad \vec{r}^* = \begin{pmatrix} \sin x''' \\ \sin y''' \end{pmatrix}$$

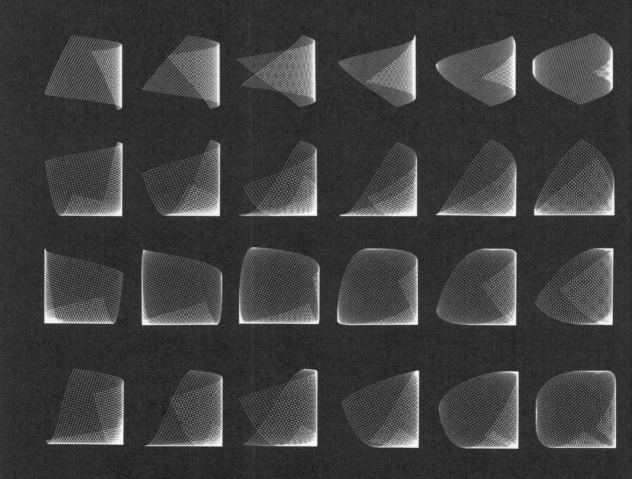

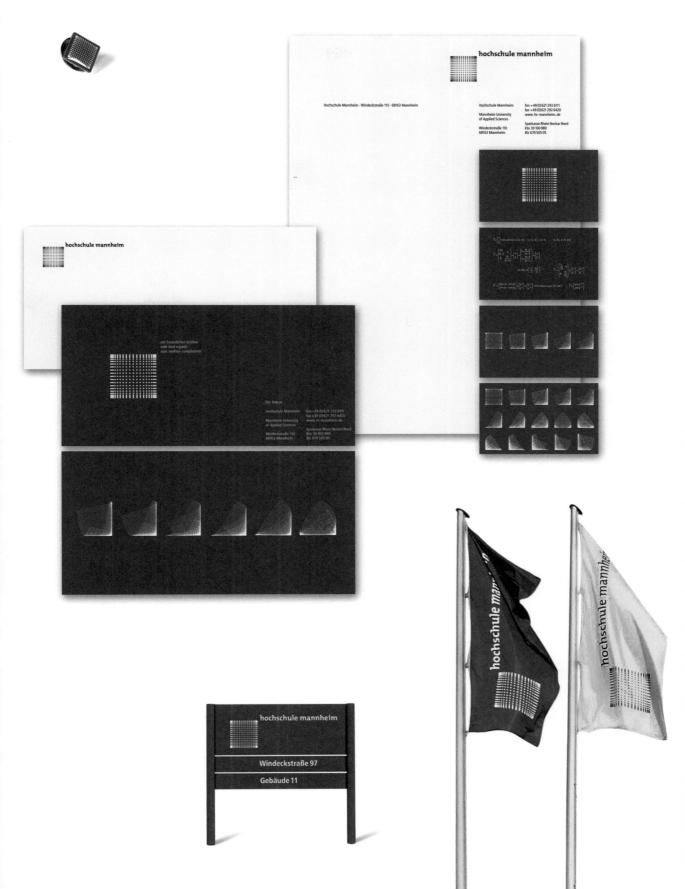

90°

60°

30°

Ein einfacher Stuhl, bei dem
links und rechts, oben und unten
eindeutig erkennbar sind,
wird systematisch um zwei Achsen
jeweils um 30° gedreht.
Auf eine Fluchtpunkt-Perspektive
wird verzichtet.

Der Informationsgehalt der einzelnen
Figuren ist eindeutig ablesbar.
Die zweidimensionalen Figuren enthalten
weniger Information.

0°

von rechts

Diese Systematik kann leicht
auf andere Objekte übertragen werden
und dient somit als Hilfe zur Auswahl
der gewünschten Figur, Information
und Aussage.

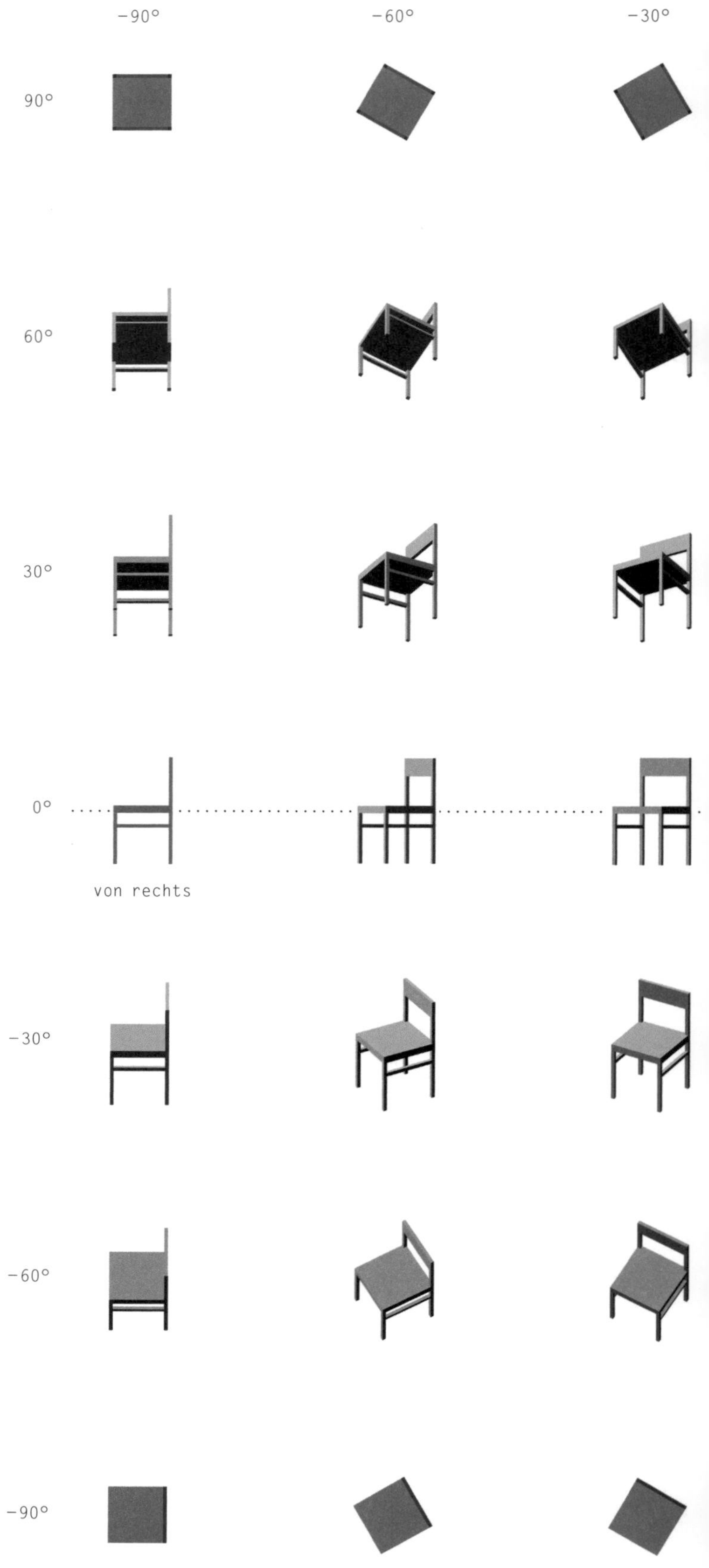

−30°

−60°

−90°

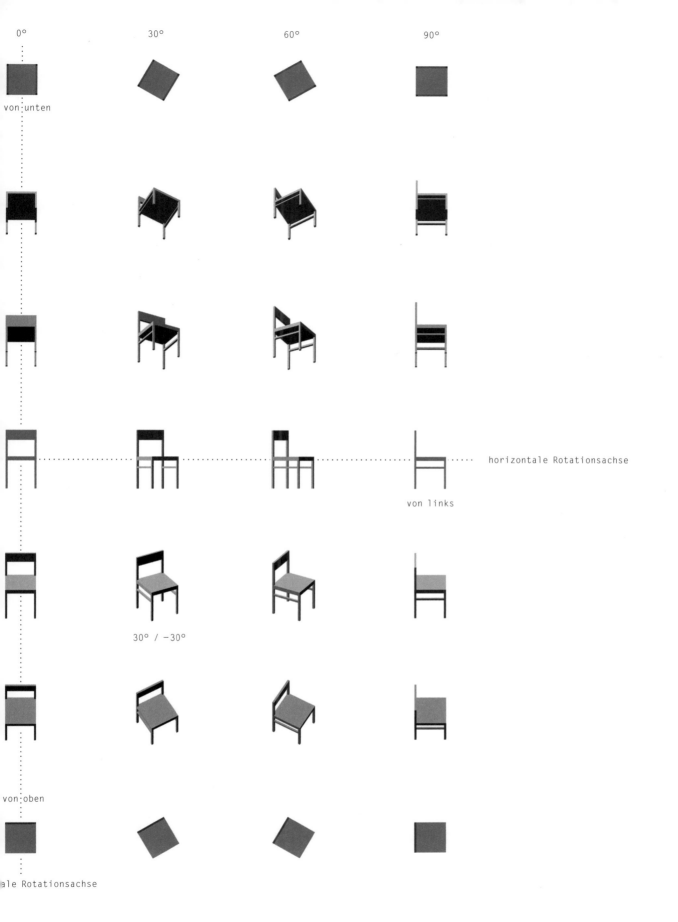

0° 30° 60° 90°

von unten

horizontale Rotationsachse

von links

30° / −30°

von oben

ale Rotationsachse

380 SEQUENZ Buchstabenzeichen für das Virtual Reality Center der Hochschule Mannheim. Die Raumdimensionen werden durch die drei Buchstaben VRC symbolisiert, die ein Koordinatensystem aus x-, y- und z-Achse bilden. Praxisbeispiel. Konzept, Gestaltung: Armin Lindauer, Programmierung: Carsten John

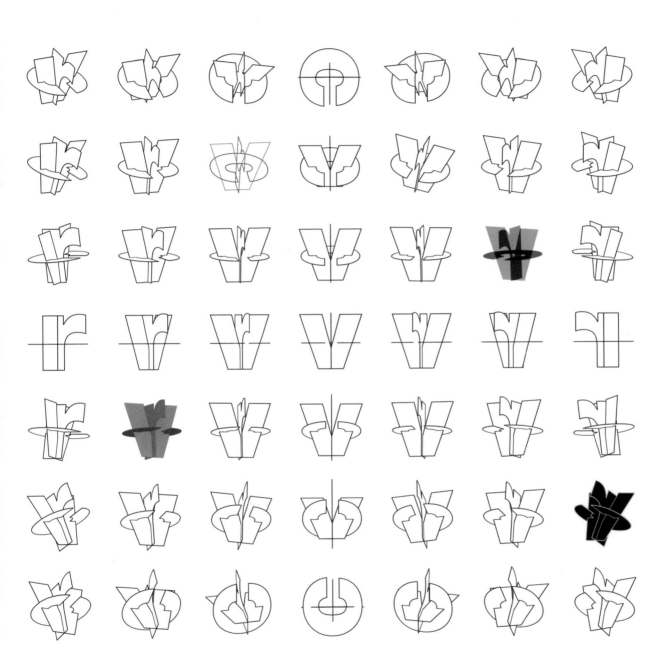

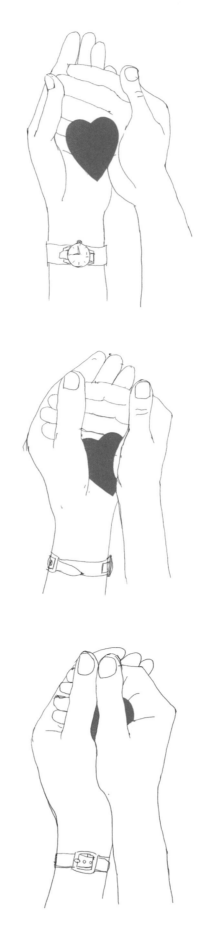

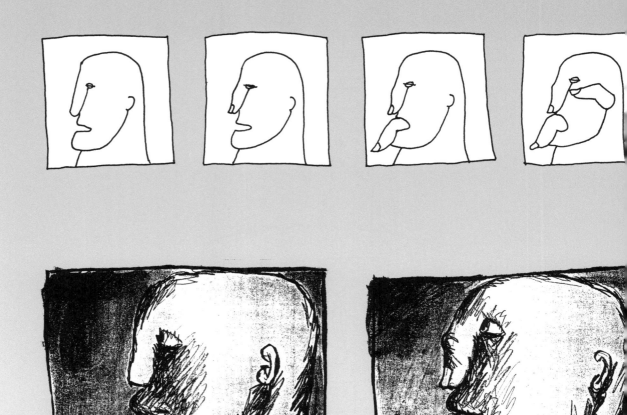

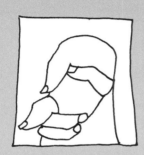

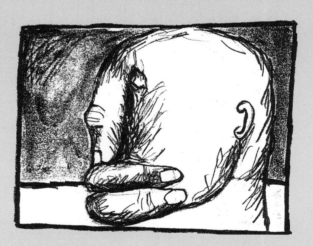

Tag. Armaturenbrett des fahrenden Lastwagens mit Blick auf die Stras-
se. Auf der Ablagefläche ein kleines Spielzeug-Lastauto. Bei der kleinsten Strassenbiegung rutscht das Spielzeug-Lastauto hin und her.
Eine Kinderhand kommt ins Bild und nimmt das Spielzeug-Lastauto weg.

Nacht. Blick aus der Höhe von Kinderaugen in eine überfüllte, laute
Kneipe. Kamerafahrt zwischen den Tischen, an denen Männer sitzen und
Bier trinken. + Blick auf Vates Schoss

Nacht. Das Kind steht am Fenster im Spitalzimmer und starrt hinaus.

Nacht. Innenraum der Führerkabine. Das Kind schläft in der Koje. Die
Türe des Lastwagens öffnet sich. Der Vater steigt ein und legt ~~Jost~~
~~~~ das Kind. *+ Fahrt weg*

Tag. Spielzeug-Lastauto in einer Eislandschaft. Das Lastauto ist durch
und durch vereist. In der sich entfernenden Kamerabewegung erkenntman,
dass das Spielzeug-Lastauto im Gefrierfach eines Kühlschranks liegt.

Tag. Der Arzt schildert die Geschichte des Kindes in die Kamera.

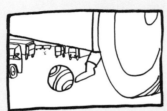

Tag. Parkplatz mit unzähligen Lastwagen. Das Kind spielt mit einem Ball.
Das spielende Kind wirkt winzig unter den Giganten, was mitunter den
Eindruck von Gefährlichkeit vermittelt, aber auch die Vertrautheit des
Kindes zu den Lastwagen zeigt.

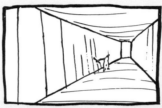

Tag. In der Dunkelheit der leeren Ladefläche des Lastwagens das spielende
Kind. Es geht den Wänden entlang und schlägt mit einem Stück Holz auf die
Blechwände. Der rhythmische Klang der Schläge übertönt seinen Dialog mit
dem Lastwagen.
Die Tür der Ladefläche öffnet sich und gleissendes Licht dringt herein.

Tag. Das Kind mit einem Spielzeug-Lastauto. Mit seinen Fingern streicht
es den Konturen des Lastautos entlang, durchforscht es.

Tag. Subjektiver Blick des Kindes aus dem fahrenden Lastwagen. Auf dem
Gehsteig schiebt eine Frau einen Kinderwagen. *Collagspiele mit Cello-*
husten als Pasant

Tag. Vorderfront des fahrenden Lastwagens. Der Vater rauchend am Steu-
er. Aus dem Vorhang der Schlafkoje blinzelt das noch schlaftrunkene
Gesicht des Kindes hervor. Die Kamera entfernt sich dann in Fahrtrich-
tung des Lastwagens, als das Kind im Begriffe ist neben dem Vater zu
klettern.

Nacht. Das Kind klettert flink aus dem Lastwagen.

Tag. Unfallsituation mit dem zerstörten Lastwagen.

Der Vater und das Kind
prüfen die LKW's Reifen

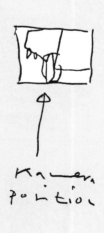

Kamera
position

Von
Oben

Geschirr aus dem Schrank nehmen

Tisch decken

Kaffee filtern

Kaffee eingießen

Frühstück

Tisch abräumen

Geschirr wegstellen

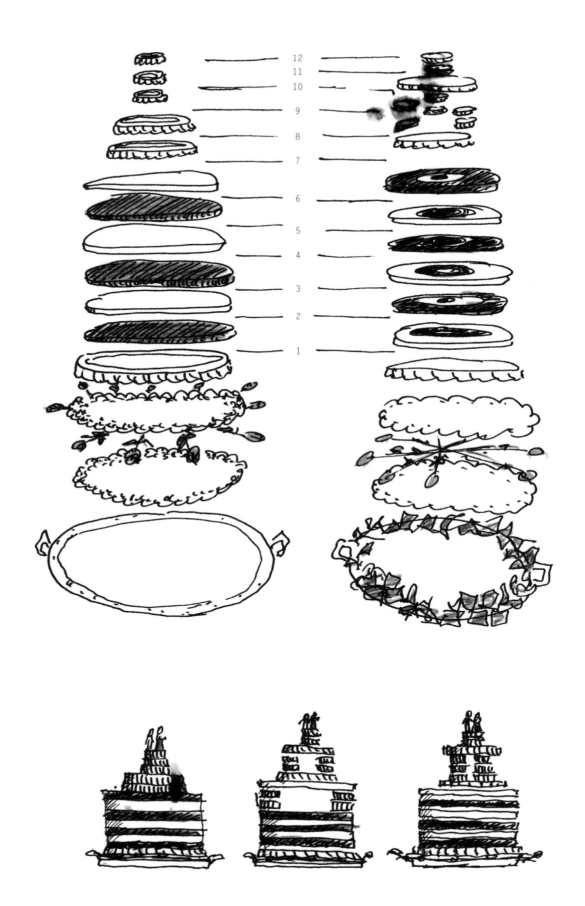

Schokosplitter

Kirschen

Sahnetupfer

Sahnemantel

Schokobiskuitboden

Sahnefüllung

Schokobiskuitboden

Kirschfüllung

Schokobiskuitboden

Mürbeteigboden

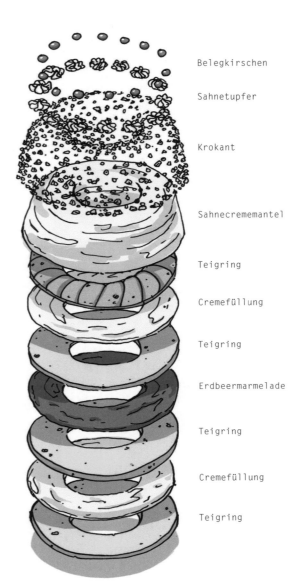

Belegkirschen

Sahnetupfer

Krokant

Sahnecrememantel

Teigring

Cremefüllung

Teigring

Erdbeermarmelade

Teigring

Cremefüllung

Teigring

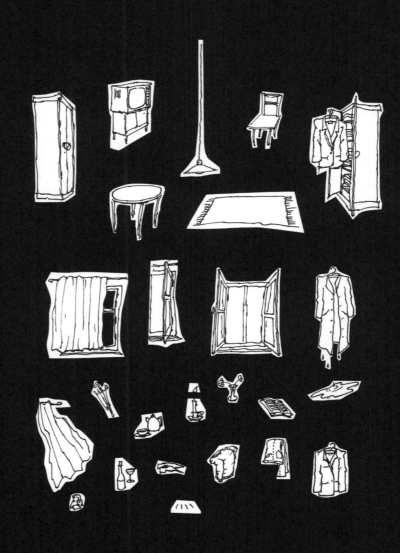

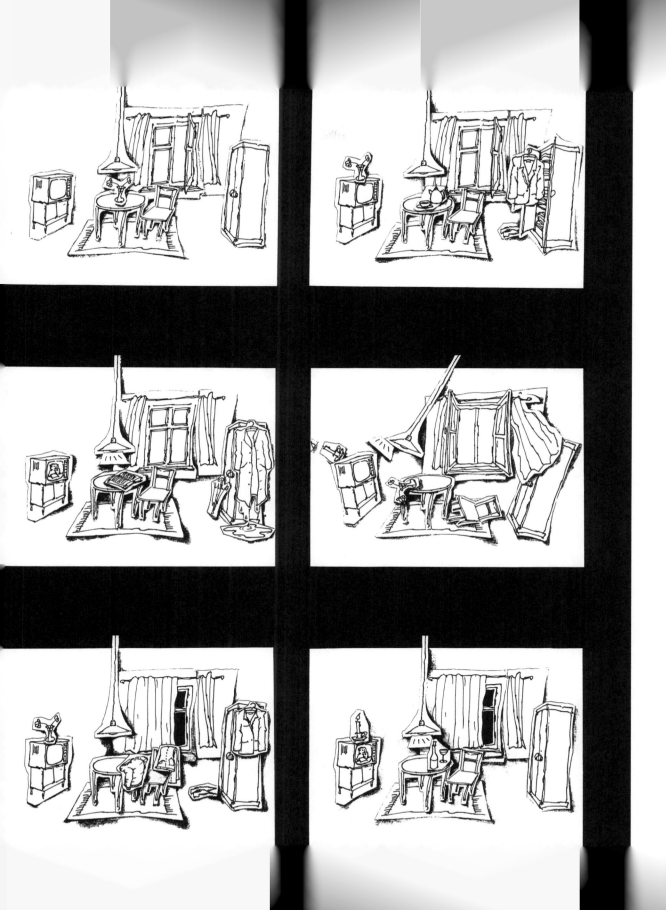

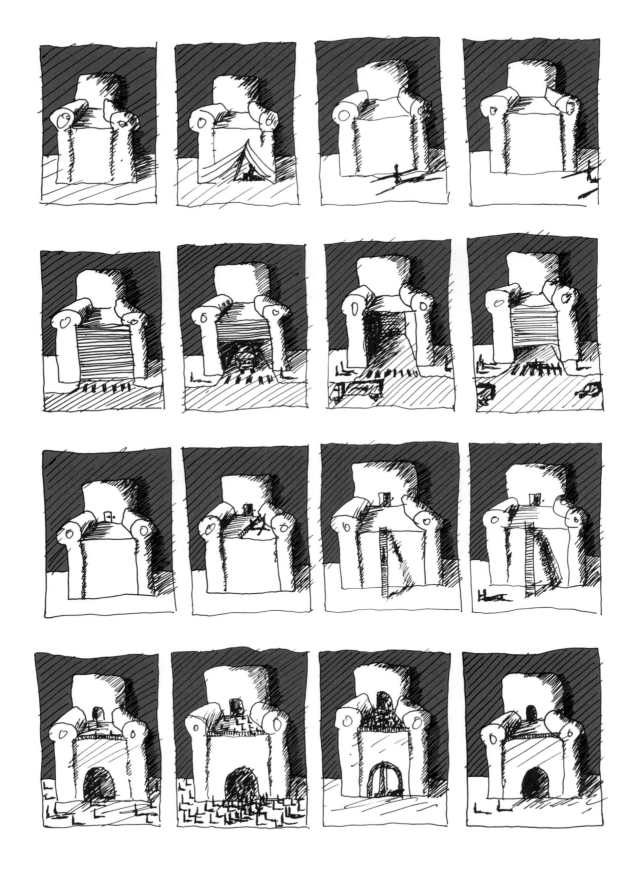

395 SEQUENZ Die blauen Streifen sind die Konstante, die Figuren erzählen eine Geschichte. Sara Midda

verstärkte Ballonhül[le]

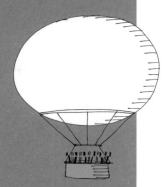

Notdienst

Beleuchtung

Explosionszeichnung des Käfers Augosoma centaurus. Nach einer Illustration von Julia Carabain

403 SEQUENZ Schuhe und Tür. Durch «falsche» Größenverhältnisse entsteht eine surreale Szenerie, Polaroidfotos. Motoko Aoki

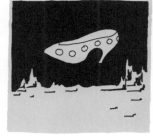

Bildgeschichte: Ein Schuh als Raumschiff, aus dem ‹außerirdische Schuhe› steigen. Motoko Aoki

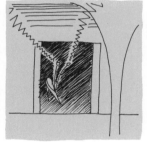

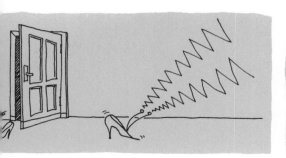

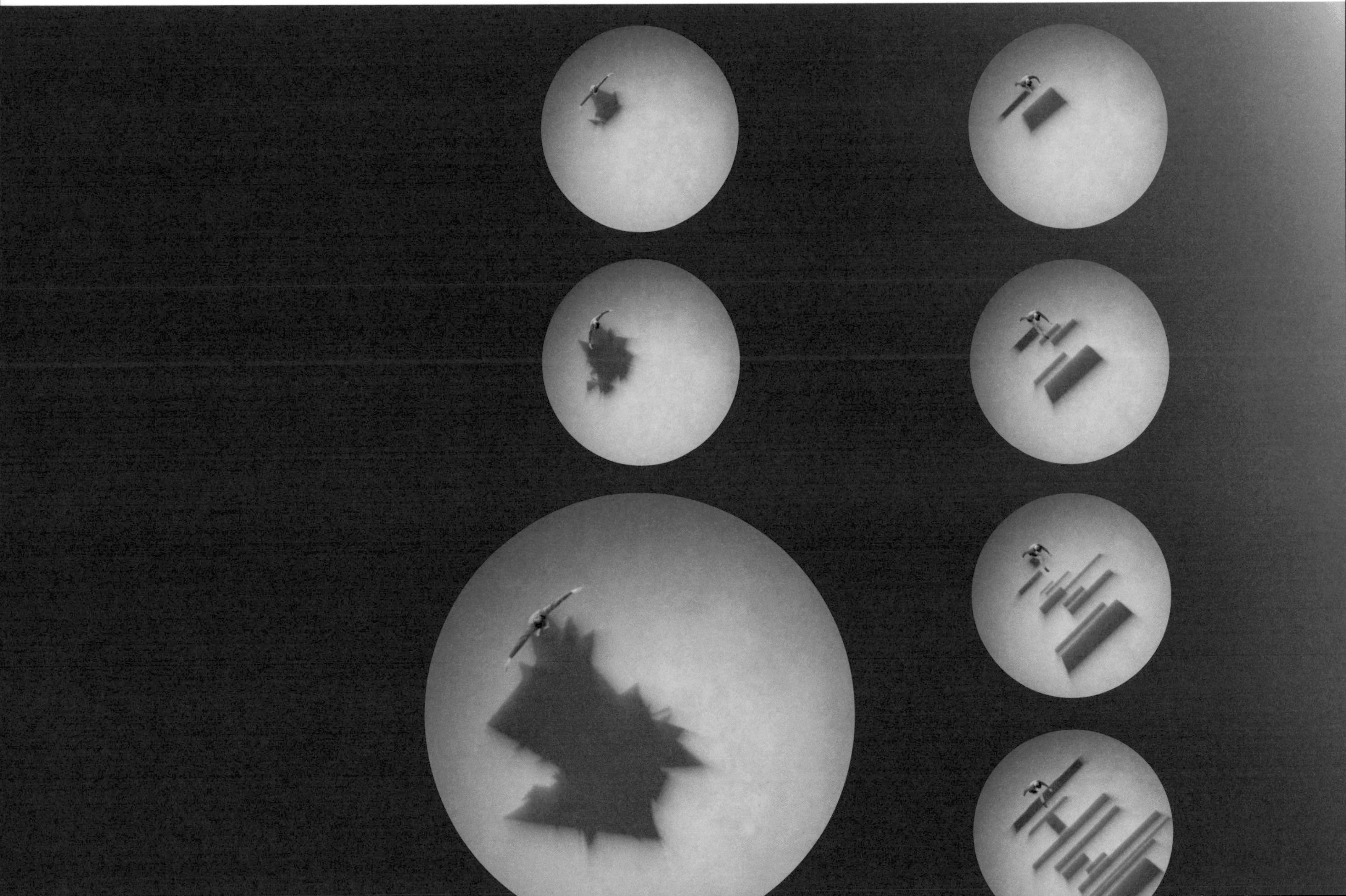

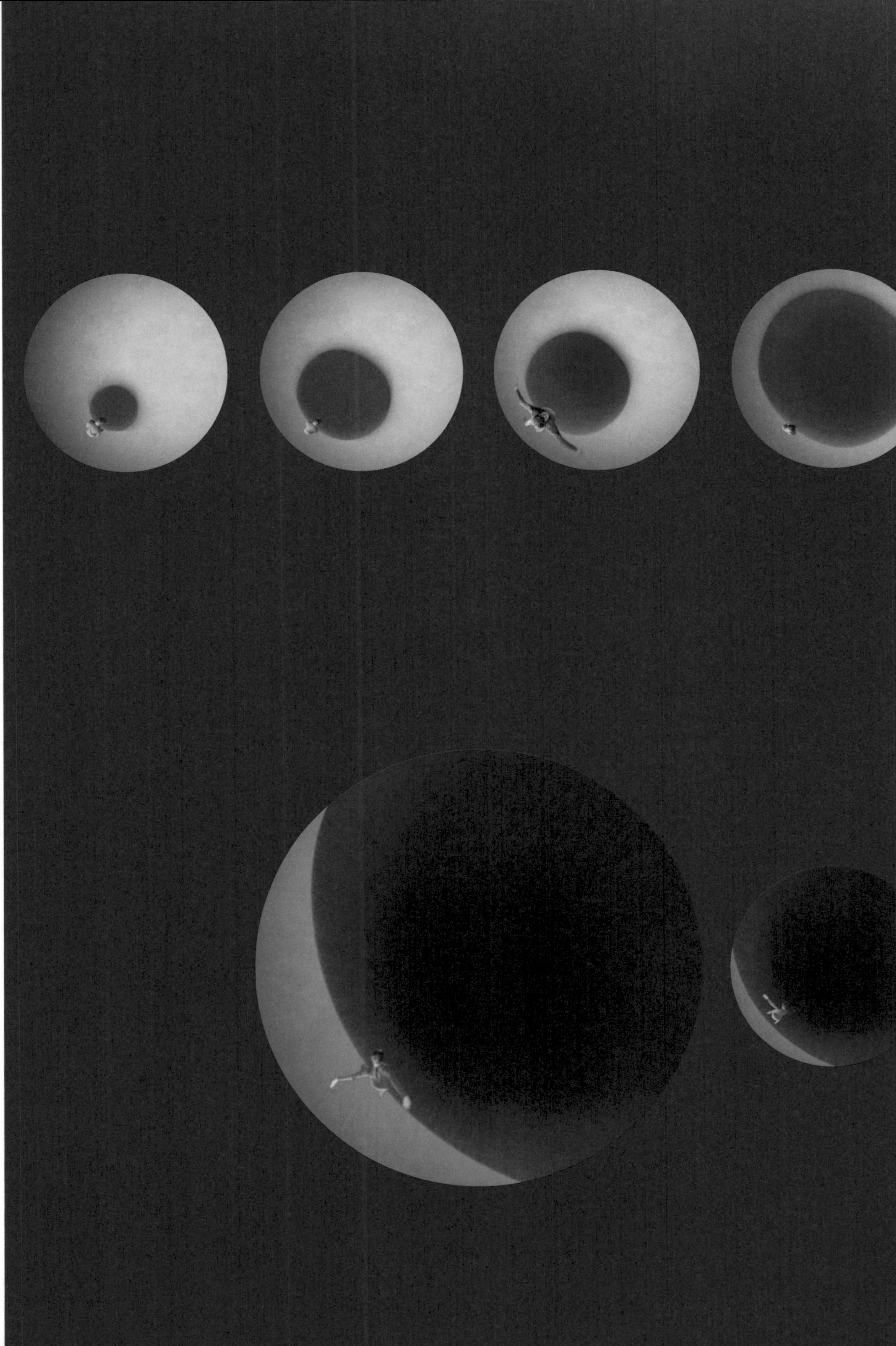

410 SEQUENZ Julia Wiesner, Lea Weber-Schäfer, Phil Schöll

eine ausufernde, unübersehaubare Sammlung, die unsere zu jenem Zeitpunkt noch
nicht transportierte. Ordnen und kategorisieren
zur echten Herausforderung. Da etliche

Herausgeber, Konzeption, Gestaltung
Armin Lindauer und Betina Müller

Herausgeber, Konzeption, Gestaltung
Armin Lindauer

Lektorat, Korrektorat
Kerstin Forster, Constanze Nobs

EPILOG Die gezielte Recherche zu diesem Buch begann 2004. Die Zeit der ‹Inkubation›,
des wenn auch nicht ziellosen, so doch eher ahnenden Suchens und Sammelns liegt
jedoch deutlich weiter zurück. Vermutlich ist der Ursprung in der gemeinsamen
Studienzeit bei Prof. Helmut Lortz an der Universität der Künste Berlin begründet.
Dabei kamen wir mit den LORTZ REIHEN[1] in Berührung, drei Bücher, die bei
Eduard Roether, einem kleinen Darmstädter Verlag, Mitte der Siebzigerjahre ohne
ISBN-Nummer erschienen sind und im Buchhandel kaum zu finden waren. Sie dürften deshalb
einem breiten Publikum wenig bekannt sein. Dort werden schon gezeichnete Reihen
gezeigt, die noch in loser Folge und ohne eindeutig erkennbare Struktur aneinander-
gereiht sind, die jedoch die Prinzipien von Variation und methodischem Vorgehen bereits
in vielen Teilen enthalten. Der Kontakt mit diesen Arbeiten und viele weitere
Erfahrungen in Studium, Beruf und Lehre entwickelten sich zur Basis für dieses Buch.
Ein erster Versuch, die analytisch-systematischen Zeichnungen von Lortz in eine Ordnung
zu bringen, war das Buch HELMUT LORTZ. DENKZETTEL[2], ein Exzerpt aus seinen
zahllosen, über Jahrzehnte entstandenen Zeichnungen und Skizzenbüchern, die das Werk
eines manischen Zeichners sind. Das Buch konnte 2003, noch mit seiner Unterstützung,
abschlossen und veröffentlicht werden.

Unsere Absicht war es, zunächst gestalterische Methoden aus unterschiedlichen Quellen
zusammenzutragen, solche, die Entscheidungen über die visuelle Qualität erleichtern,
und solche, die Einfall und Intuition fördern. Mit der Zeit wurde daraus jedoch
eine ausufernde, unüberschaubare Sammlung, die unsere zu jenem Zeitpunkt noch völlig
unausgereiften Vorstellungen nicht transportierte. Ordnen und Kategorisieren wurden
unabdingbar und entwickelten sich zur echten Herausforderung. Eine Reihe von Arbeiten
hätte durchaus verschiedenen Kapiteln zugeordnet werden können, weshalb hier
hier ständiges Abwägen und Prüfen gefragt war. Wieder und wieder wurden die Arbeiten
neu zusammengestellt, einerseits um überzeugende Seiten zu erzielen und andererseits
um dramaturgisch sinnvolle Abläufe herauszubilden. Derart wurde das Material formend
und steuernd bearbeitet, was grundsätzlich nicht zu beanstanden wäre, aber dennoch
benannt werden muss, um dem Missverständnis vorzubeugen, die gezeigten Arbeiten seien
so vorgefunden. Fraglos ist, dass es letztlich keine neutrale oder absichtslose
Aufbereitung gibt und dass stets unsere subjektive Sicht gezeigt wird, die sich durch
und in der Darbietung artikuliert.

Ebenso ist es erforderlich, einige Erläuterungen zu den verwendeten Arbeiten aus dem
Archiv der Universität der Künste Berlin zu machen. Meist stand hier nur die mangel-
hafte Qualität der damals üblichen Schwarz-Weiß-Kopien als Vorlage zur Verfügung.
Deshalb waren häufig umfangreiche Aufbereitungs- und Restaurationsarbeiten notwendig,
die wir hoffentlich mit der gebotenen Sorgfalt und dem nötigen Feingefühl auch im
Sinne der Urheber ausgeführt haben. Einige Arbeiten wurden neu zusammengestellt,
andere mit Farbflächen hinterlegt. Dies geschah in der Absicht, Aussagen zu
verdeutlichen, dramaturgische Abläufe und die gesamte Inszenierung zu verbessern.
Viele dieser Eingriffe waren unerlässlich, um die Kerngedanken präziser heraus-

1 LORTZ REIHEN 1–3, Darmstadt 1972, 1973, 1974.
2 Armin Lindauer, HELMUT LORTZ. DENKZETTEL, Mainz 2003.

zuarbeiten. Wir danken den Bildautoren, die uns dabei unterstützt und dies zugelassen haben, sehr herzlich. Auch war es notwendig, einige unserer eigenen älteren Arbeiten zu überarbeiten oder neu zu erstellen, um die Qualität zu erzielen, die uns geboten schien.

Viele Zeichnungen unterschiedlicher Autoren sind einfach, linear und schwarz-weiß. Es sei ausdrücklich darauf hingewiesen, dass es sich hierbei nicht um einen speziellen Stil oder künstlerischen Gestus handelt. Vielmehr dient der Verzicht auf Halbtöne, Schatten, Farbe und anderer Differenzierungen der Konzentration auf Wesentliches. Diese Zeichnungen> 188–189/196–201/244–245 sind klar und sachlich und verzichten meist auf einen individuellen Duktus, denn die Linie hat das außerordentliche Vermögen, mit sparsamsten Mitteln alle notwendigen Informationen über das Dargestellte oder eine Idee mitzuteilen. Dabei ist uns durchaus bewusst, dass es weder Stilfreiheit noch Neutralität gibt und dass diese immer nur eine relative sein kann.

Auch ist davon auszugehen, dass eine Reihe der gezeigten Arbeiten, insbesondere die Werke der Kunstgeschichte wie die Bilder von Courbet, Monet, Albers und Weiteren, einer breiteren Leserschaft bekannt sind. Dies dürfte ebenfalls für einige Arbeiten aus der Werbung zutreffen. Meist bekommt man diese einzeln, jedoch höchst selten gleichzeitig und in Reihe zu sehen. Umfangreiche Zusammenstellungen, wie sie für dieses Buch erstellt wurden, sind nach unserem Wissensstand so oder ähnlich woanders kaum zu finden. Diese Aufbereitung stellt die gesuchte Vergleichbarkeit her, sie veranschaulicht und verdeutlicht die von uns verfolgten Prinzipien. Es war deshalb unerlässlich, sie in diesem Zusammenhang erneut zu zeigen.

Trotz einer schier unüberschaubaren Menge an Bildmaterial blieben dennoch Unvollständigkeiten erkennbar. Zwar suchten und erstellten wir neue Arbeiten, um das angestrebte Gesamtbild, das Prinzipielle deutlich zu machen, mussten aber zu guter Letzt doch manche Lücke akzeptieren. Ebenso muss der ENTWURF EINER SYSTEMATIK VISUELLER METHODEN trotz intensiver Bemühungen des Textautors skizzenhaft bleiben und vieles konnte nur angedeutet oder gestreift werden. Häufig habe ich mich dabei auf Gebiete begeben, die von mir nicht genügend beherrscht werden, weshalb eine Reihe von Fachleuten zurate gezogen wurde, die meine zum Teil waghalsigen Aussagen und Behauptungen auf Richtigkeit geprüft haben. Zu guter Letzt haben wir uns entschlossen, den bis heute erreichten Status in all seiner Skizzenhaftigkeit zu veröffentlichen und hoffen, dass unser Ansinnen und unsere Thesen, dennoch deutlich werden.

DANK Unser besonderer Dank gilt zunächst allen Bildautoren, die ihre Arbeiten zur Verfügung gestellt haben und die im nachfolgenden Autorenverzeichnis in alphabetischer Reihenfolge genannt sind. Wir danken der Universität der Künste Berlin, besonders Dr. Dietmar Schenk und Karen Krukowski für die Unterstützung bei der Recherche zu den Semesterprotokollen im Archiv.

Den wissenschaftlichen und künstlerischen Mitarbeitern der Hochschule Mannheim – besonders Nadine Zimmer für Bildbearbeitung und Dateihandling, Marek Slipek für Studiofotografie und Programmierung und Dr. Nadine Schreiner-Alles für ihre redaktionelle Unterstützung. Ebenso danken wir der Fachhochschule Potsdam und der Hochschule Mannheim für die Möglichkeit, im Rahmen des Forschungsdeputats an diesem Projekt arbeiten zu können.

Matthias Beyrow, Manja Hellpap und Judith Schalansky sei Dank für ihre konstruktive, gestalterische Kritik und Kerstin Forster für ihre genauen Hinweise, Kommentare und weitreichende Unterstützung.

Unser besonderer Dank gilt dem Physiker Prof. Dr. Frank Nürnberg für die Prüfung der lapidaren Auslassungen des Textautors zu Statistik, Licht, Thermodynamik, Fraktalen, für seine Erläuterungen zur Kombinatorik und für viele weitere wertvolle Hinweise; dem Kunsthistoriker Dr. Andreas Schenk für die sorgfältige Durchsicht des Manuskripts und die vielen Anregungen; der Journalistin Heike van Laak für die mehrfache Durchsicht der Manuskripte, ihren klugen, freundschaftlichen Rat und die vielen sprachlichen Hinweise; dem Philologen Günter Foshag für die mehrfache Prüfung der Grammatik und Rechtschreibung und für viele hilfreiche Hinweise.

Armin Lindauer und Betina Müller

Trotz intensiver Bemühungen, die Urheber
der abgebildeten Werke zu ermitteln,
ist uns dies nicht in allen Fällen
gelungen. Sollten Rechtsansprüche bestehen,
bitten wir, mit dem Verlag Kontakt
aufzunehmen.

Andersen, Peter 128
Aoki, Motoko 241, 402–405
Archiv Udk Berlin 110, 122–123, 320, 394
Artzybasheff, Boris 131
atipo® 64–65
atelier doppelpunkt 94–95
Azumi, Shin 267
Azumi, Tomoko 267

Barriga, Elvira 330–331
Becker, Veronika 267–268
Beiger, Edgar 62, 244–245
Berger, Sybille 363
Berger, V.R. 216
Bertin, Veronique 77
Best-Maugard, Adolfo 128
Binder, Reinhard 251
Birgisson, Hrafnkell 80–81
Blaumeiser, Michael 336–337, 392–393
Blechmann, R.O. 308
Blotto 330–331
Böing, Sabine 187
Booth, Michaela 238–239
Brietzke, Andreas 98–100
Buetti, Daniele 386–387
Burester, Berit 267
Burger, Daniela 173–174

Carabain, Julia 400
Cerna-Lobpreis, Karin 176–177, 220–221, 349
Chappell, Warren 129–130
Cleland, Thomas M. 130–131
Covarrubias Duclaud, José Miguel 130
Crasset, Matali 269
Cuni, Bernat 207–209

Dani, Claudia 88
Dorn, Christian 229, 236–237, 374
Dreher, Peter 112–113
Dwiggins, William A. 129–131

Emmrich, Wolfgang 364–365
Engelbrecht, Niels 266

Ferreiro Monteiro, Elder 267
Fiederling, Bardo 120, 170, 388
Fleming, Guy 128–129
Fragstein, Alexandra 178–179
Friedrich, Uwe 370–371
Frübis, Jonathan 391

Gabriel, Chuck 131
García del Pomar, Raúl 64–65
Gerstenberger, Mychael 246–249
Glaser, Milton 324–325
Gollor, Anja 72–73
Gonzáles, Ismael 64–65
Guixe, Marti 266–267

Hämmerle, Christian 330–331
Hany, Jo 80–81
Harris, Sam 218
Hempel, Jörg 222–225
Herold, Jutta 250, 396–397
Hickmann, Fons 138–139, 231
Hils, Peter 266
Hoefler, Jonathan 129
Hofmann, Armin 76
Hundertpfund, Jörg 266–267

John, Carsten 380–381

Karau, Gordon 234–235
Karl, Anita 129
Kazianka, Lukas 90–91
Kidd, Chip 128–129
Kieser, Günther 150–151
Klein, Filius Fritz 210–213
Kloss, Reinhard 190–191
Klute, Barbara 192
Knopf, Alfred A. 128–131
KNSK Hamburg 194–195, 318–319
Krugsperger, Jürgen 269

Leifsdottir, Alda Loa 171
Liiten, Marita 240
Lindauer, Armin 57–61, 63, 92, 111, 134–137,
    158–160, 165, 226–227, 310–313, 347, 362,
    366–367, 372–373, 375–381
Lindebaum, Roman 228

Loesch, Uwe 152–153
Lohf, Sabine 106–107
Lortz, Helmut 74, 82–84, 154–157, 184–186,
    188–189, 217, 274–275, 278, 282–285, 309,
    316, 348
Lüling, Simone 269

Mayer H., Jürgen 78–79
McCann Erickson 294–295
Meier, Antje 230
Meinen, Bernd 169, 356–357
Meintrup, Lukas 232–233
MetaDesign 132–133
Meunier, Alexandre 105
Midda, Sara 314–315, 395
Mittendorf, Claudia 93
Müller, Betina 56, 94–97, 140–141, 146–147,
    167–168, 202–203, 252–253, 306–307, 338–339,
    368–369, 390

Nürnberg, Frank 375–376

Ohle, Jutta 350–351
Otte, Rüdiger 228

Parson, Tim 267
Privatarchiv 121, 382
Publicis Frankfurt 302–303

Rand, Paul 128
Rausch, Frank 296–299
Reinhardt, Ad 114–115, 165
Rezende, Maria Clara 98–100
Ringel, Hartmut 266
Robinson, Craig 172, 175
Ruzicka, Rudolph 129
Ryba, Michael 116–119

Sagmeister, Stefan 124–127, 142–145
sans serif 98–100
Scharf, Otto 242–243, 304–305, 326–329
Schmidt, Hans-Peter 321–323, 332–335
Schmidt-Dudek, Paula 383–385
Schöll, Phil 406–410
Scranton, Bonnie 114–115
Sinel, Joseph Claude 130–131
Ska, John 401
Slipek, Marek 134–137, 226–227, 347, 378–379
Soell, Philine 354–355

Spektrum der Wissenschaft 219
Steinhof, Dorothea 290–293, 317
Stiebi, Frank 193, 196–201, 258–265
Stietz, Dorothée 66–71
Strauch, Dominik 89, 148–149, 286–289, 360–361
Summa, Sebastian 80–81
Swift, Elvis 128–129

Tavora, Manuel 267
TBWA/BBDO 254–257
Teske, Alfred 204–205, 389
Theselius, Mats 268
Thompson, D'Arcy Wentworth 214–215
Tiemer, Sabine 352–353
Triboro 128
Tufte, Edward 114–115, 347

Ubbelohde, Yann 180–183, 398–399
Ungerer, Tomi 340–342
Universität der Künste Berlin,
    Studierende der Klasse Lortz 75

Vieira Baptista, Miguel 269
Vogt, Oliver 269
Vogt+Weizenegger 266–270

Walter, Lutz Olaf 358–359
Weber-Schäfer, Lea 406–410
Weishappel, Theres 85–87, 108–109, 132–133,
    206, 300–301, 389
Weizenegger, Hermann 269
Wiesner, Julia 406–410

Zaikina, Maria 279–281
Zwerenz, Uli 166, 276–277

ARMIN LINDAUER   studierte Visuelle Kommunikation an der Werkkunstschule Konstanz und an der Hochschule der Künste Berlin. Seit 1984 ist er mit eigenem Gestaltungs-Atelier in Berlin tätig, heute auch in Mannheim. Von 1984 bis 1997 lehrte er an der Hochschule der Künste Berlin Grafikdesign, Typografie und Fotografie. 2000 wurde er zum Professor für Editorial Design und Typografie an die Hochschule Mannheim berufen. Er veröffentlichte Bücher zu gestalterischen Themen, u. a. HELMUT LORTZ. DENKZETTEL und HELMUT LORTZ – LEICHT SINNIG, ein typografisch inszeniertes Buch, das vielfach ausgezeichnet wurde. Seine konzeptionellen Fotografien der Berliner Mauer sind die Basis für das Panoramabuch DIE BERLINER MAUER – DER ANFANG VOM ENDE, das Leporello RUND UM BERLIN und viele weitere Druckobjekte. 2004 bis 2006 war er künstlerischer Berater des Organisationskomitees der FIFA Fußball-Weltmeisterschaft 2006. Parallel zur angewandten Arbeit entstehen freie Zeichnungen und Malerei, die in zahlreichen Ausstellungen gezeigt werden. Für seine Arbeiten erhielt er über vierzig nationale und internationale Designpreise sowie den Kunstförderpreis Stadtzeichner von Nürnberg. Er ist Mitglied des Type Directors Club New York. Armin Lindauer lebt und arbeitet in Mannheim und Berlin.

BETINA MÜLLER   studierte Visuelle Kommunikation an der Hochschule der Künste Berlin als Meisterschülerin bei Prof. Helmut Lortz. Seit 1984 Lehraufträge für Grundlagen Typografie und Layout an der HdKB und freiberufliche Arbeit im eigenen atelier:müller (heute doppelpunkt kommunikationsdesign) für Auftraggeber aus den Bereichen Kunst, Musik, Didaktik sowie für kulturelle Institutionen und Verlage. 1992 Berufung zur Professorin für Typografische Gestaltung am neu gegründeten Fachbereich Design der FH Potsdam. Seit 1994 Verlegerin des vacat verlags in Potsdam und verantwortlich für dessen konzeptionelle, gestalterische und herstellerische Leitung. Freie grafische und typografische Projekte. Zahlreiche Auszeichnungen der Stiftung Buchkunst und Nominierungen zum Designpreis Deutschland für den vacat verlag. Studien und Expertise zum LESEN IM ALTER im Rahmen des Forschungsfeldes der FHP. Mitglied des Kunstbeirats des Bundesfinanzministeriums für Sonderpostwertzeichen, im Forum Typografie, der Gesellschaft zur Förderung der Druckkunst in Leipzig sowie des Vereins für Schwarze Kunst in Dresden. Konzeption, Organisation und Dokumentation von MACHTSPIELE – MACHT SPIELE! 15. FORUM TYPOGRAFIE POTSDAM. Zahlreiche publizierte und prämierte Studentenarbeiten. Betina Müller lebt und arbeitet in Potsdam.

Aigner, Wolfgang;
Miksch, Silvia;
Schumann, Heidrun;
Tominski, Christian
**Visualization of
Time-Oriented Data**
London, Dordrecht,
Heidelberg, New York 2011

Albers, Josef
**Interaction of Color.
Grundlegung einer
Didaktik des Sehens**
Köln 1970

Arnheim, Rudolf
**Entropie und Kunst.
Ein Versuch über
Unordnung und Ordnung**
Köln 1972

Arnheim, Rudolf
**Kunst und Sehen.
Eine Psychologie des
schöpferischen Auges**
(Neufassung)
Köln 1972

Arnheim, Rudolf
**Anschauliches Denken.
Eine Psychologie des
schöpferischen Auges**
Berlin, New York 1978

Barth, Jan;
Grasy, Roman Stefan;
Leinberger, Jochen;
Lukas, Mark;
Schilling, Markus Lorenz
**Prototyping Interfaces –
Interaktives Skizzieren
mit vvvv**
Mainz 2013

Beckett, Samuel
**Das Gleiche nochmal anders.
Texte zur bildenden Kunst**
Frankfurt am Main 2000

Berning, Tina
(Illustration)
100 Girls on Cheap Paper
San Francisco 2009

Bertin, Jacques
**Semiology of Graphics:
Diagrams, Networks, Maps**
Madison 1983

Biesele, Igildo G.
**Graphic Design International.
Kreatives Schaffen von
ausgewählten Grafikschulen
aus zwölf Ländern**
Zürich 1977

Binnig, Gerd
**Aus dem Nichts.
Über die Kreativität
von Natur und Mensch.**
München, Zürich 1989

Blake, Quentin; Cassidy, John
Zeichnen für verkannte Künstler
München 2010

Blättler, Christine (Hrsg.)
**Kunst der Serie.
Die Serie in den Künsten**
München 2010

Boehm, Gottfried (Hrsg.)
Was ist ein Bild?
München 1994

Bohnacker, Hartmut;
Groß, Benedikt; Laub, Julia;
Lazzeroni, Claudius (Hrsg.)
**Generative Gestaltung.
Entwerfen, Programmieren,
Visualisieren mit Processing**
Mainz 2009

Bono, Edward de
**Laterales Denken: Ein Kurs
zur Erschließung Ihrer
Kreativitätsreserven**
Düsseldorf, Wien, New York 1989

Brandstätter, Ursula
**Grundfragen der Ästhetik:
Bild – Musik – Sprache – Körper**
Köln, Weimar, Wien 2008

Bredekamp, Horst
«Bildwissenschaft»,
in: Pfisterer, Ulrich (Hrsg.)
**Metzler Lexikon
Kunstwissenschaft**
Stuttgart 2003

Buchmann, Mark (Hrsg.)
Ornament? ohne Ornament
Ausstellungskatalog
Kunstgewerbemuseum Zürich
Zürich 1965

Danilowitz, Brenda
**The prints of Joseph Albers.
A catalogue raisonné**
Manchester, New York 2010

Dilts, Robert B.;
Epstein, Todd
**Know-how für Träumer:
Strategien der Kreativität**
Paderborn 1994

Dürer, Albrecht
**Unterweisung der Messung mit
dem Zirkel und Richtscheit**
Faksimile-Neudruck der
Ausgabe Nürnberg 1525
Nördlingen 2000

Edwards, Betty
**Das neue ‹Garantiert
Zeichnen lernen›**
Reinbek 2000

Feyerabend, Paul K.
Wissenschaft als Kunst
Frankfurt am Main 1984

Feyerabend, Paul K.
Wider den Methodenzwang
Frankfurt am Main 1986

Fletcher, Alan
Beware Wet Paint
London 1996

Fletcher, Alan
The Art of Looking Sideways
London 2001

Gansterer, Nikolaus
Drawing a Hypothesis.
Figures of Thought
New York, Wien 2011

Gerstner, Karl
Programme entwerfen
Teufen 1963

Goleman, Daniel;
Kaufman, Paul; Ray, Michael
Kreativität entdecken
München 1999

Gomez-Palacio, Bryony;
Vit, Armin
Graphic Design, Referenced:
A Visual Guide to the
Language, Applications, and
History of Graphic Design
Beverly MA 2009

Graubner, Gotthard
Gespräch mit Josef Albers
Ausstellungskatalog
Museum Quadrat Bottrop
Düsseldorf 2011

Guntern, Gottlieb
Chaos und Kreativität.
Rigorous Chaos
Zürich, Berlin, New York 1995

Guntern, Gottlieb (Hrsg.)
Irritation und Kreativität.
Hemmende und fördernde
Faktoren im kreativen Prozeß
Zürich 1993

Gysin, Béatrice (Hrsg.)
Wozu zeichnen? Qualität und
Wirkung der materialisierten
Geste durch die Hand
Sulgen 2010

Hofmann, Armin
Methodik der Form- und
Bildgestaltung. Aufbau,
Synthese, Anwendung
Teufen 1965

Holm-Hadulla, Rainer M.
Kreativität, Konzept
und Lebensstil
Göttingen 2005

Huizinga, Johan
Homo Ludens. Vom Ursprung
der Kulturen im Spiel
Reinbek 2004

Jenny, Peter
Zeichnen im Kopf
Ennenda 2004

Jenny, Peter
Anleitung zum falsch Zeichnen
Ennenda o.J.

Jenny, Peter
Notizen zur Zeichentechnik
Ennenda 1999

Jenny, Peter
Bildrezepte
Zürich 1996

Jenny, Peter
Bildkonzepte
Zürich 1996

Junker, Thomas
Die Evolution der
Phantasie. Wie der Mensch
zum Künstler wurde
Stuttgart 2013

Junker, Thomas
Die 101 wichtigsten
Fragen: Evolution
München 2011

Kapitza, Petra und Nicole
geometric
Mainz 2008

Khazaeli, Cyrus Dominik
Systemisches Design.
Intelligente Oberflächen für
Information und Interaktion
Reinbek 2005

Spiller, Jürg (Hrsg.)
Paul Klee. Unendliche
Naturgeschichte
Basel 1990

Klieber, Ulrich
Wege zum Bild. Ein Lehrkonzept
für künstlerisches Gestalten
Leipzig 2007

Koestler, Arthur
Der göttliche Funke. Der
schöpferische Akt in
Kunst und Wissenschaft
Bern, München, Wien 1966

Koren, Leonard;
Pasquier, Nathalie du
Arranging Things:
A Rhetoric of Object Placement
Berkeley CA 2003

Lanners, Edi
Illusionen
Luzern, Frankfurt am Main 1973

Lewandowsky, Pina;
Zeischegg, Francis
**Visuelles Gestalten
mit dem Computer**
Reinbek 2002

Lewis, Richard W.
**Absolut Book. The Absolut
Vodka Advertising Story**
Boston, Tokio 1996

Lindauer, Armin
Helmut Lortz – Denkzettel
Mainz 2003

Lindauer, Armin
Helmut Lortz – leicht sinnig
Mainz 2005

Lortz, Helmut
Lortz Reihen, 1958–1972
Darmstadt 1972

Lortz, Helmut
**Lortz Reihen 2, 1972–1973
Bildprotokolle**
Darmstadt 1973

Lortz, Helmut
Lortz Reihen 3, 1973–1974
Darmstadt 1974

Lortz, Helmut
Helmut Lortz – Bildprotokolle
Berlin 1975

Lortz, Helmut
Helmut Lortz – der Lehrer
Band 1
Berlin 1990

Lortz, Helmut
**Arheilgen – Berlin und zurück,
ein bebilderter Lebenslauf**
Darmstadt 2001
Lützau, Alan von
Zirkeltraining
Mainz 2011

Mandelbrot, Benoît B.
**Die fraktale Geometrie
der Natur**
Basel, Boston 1987

Márquez, Gabriel García
Leben, um davon zu erzählen
Köln 2002

McCloud, Scott
**Comics neu erfinden.
Wie Vorstellungskraft und
Technologie eine Kunstform
revolutionieren**
Hamburg 2001

McCloud, Scott
**Comics richtig lesen.
Die unsichtbare Kunst**
Hamburg 2001

Metzger, Wolfgang
Gesetze des Sehens
Eschborn 2008
(1. Auflage 1936)

Midda, Sara
**Sara Midda's South
of France. Sketchbook**
New York 1990

Muybridge, Eadweard
**The Male and the Female
Figure in Motion. 60 Classic
Photographic Sequences**
New York 1984

Nino, Jacques
**Macht Schwarz schlank?
Über die Täuschung
unserer Wahrnehmung**
Leipzig 1999

Paál, Gábor
**Was ist schön?
Ästhetik und Erkenntnis**
Würzburg 2003

Poschauko, Thomas und Martin
**Nea Machina.
Die Kreativmaschine.
Kopf – Bauch – Hand – Computer**
Mainz 2010

Poschauko, Thomas und Martin
**Nea Machina.
Die Kreativmaschine.
Next Edition**
Mainz 2013

Pricken, Mario
**Visuelle Kreativität.
Kreativitätstechniken
für neue Bildwelten
in Werbung, 3-D-Animation
und Computergames**
Mainz 2003

Queneau, Raymond
Stilübungen
Frankfurt am Main 2007

Richter, Jean P. (Hrsg.)
**The Notebooks of
Leonardo da Vinci**
New York 1970
[London 1883]

Ruskin, John
**Grundlagen des Zeichnens.
Drei Briefe an Anfänger**
Straßburg 1901

Ryba, Michael
**Das große Schweinebuch oder:
Das Schwein in der bildenden
Kunst des Abendlandes**
München, Hamburg 1980

Sagmeister, Stefan
**Things I have learned
in my life so far**
[Dinge, die ich in meinem
Leben bisher gelernt habe]
Mainz, New York 2008

Sagmeister, Stefan
Sagmeister: Made you Look
Mainz 2009

Scheinberger, Felix
**Illustration – 100 Wege
einen Vogel zu malen**
Mainz 2013

Scheinberger, Felix
Mut zum Skizzenbuch
Mainz 2009

Scheinberger, Felix
Wasserfarbe für Gestalter
Mainz 2011

Schwochow, Jan; Grauel, Ralf
**Deutschland verstehen.
Ein Lese-, Lern-
und Anschaubuch**
Berlin 2012

Siegrist-Thummel, Anne-Marie
**Figürliches Zeichnen.
Methoden, Ideen, Techniken**
Sulgen 2014

Stolz, Matthias;
Häntzschel, Ole
**Die große Jahresschau.
Alles was 2010 wichtig ist**
München 2010

Strunk, Marion
‹Kunst wie Wissenschaft.
Wissenschaft wie Kunst›
in: Liebig, Brigitte u. a.
(Hrsg.)
**Mikrokosmos Wissenschaft.
Transformationen und
Perspektiven**
Zürich 2006

Teunen, Jan (Hrsg.)
**T-Kiste:
Hundert Variationen zum T**
Mainz 2000

Tufte, Edward R.
**The Visual Display of
Quantitative Information**
Connecticut 2002

Tufte, Edward R.
Beautiful Evidence
Connecticut 2006

Tufte, Edward R.
**Visual Explanations.
Images and Quantities,
Evidence and Narrative**
Connecticut 1997

Tufte, Edward R.
Envisioning Information
Connecticut 1990

Tufte, Edward R.
**The Visual Display of
Quantitative Information**
Connecticut 1983

Ware, Colin
**Information Visualization
Perception for Design**
Boston 2012

Watson, James D.
**Die Doppelhelix.
Ein persönlicher Bericht
über die Entdeckung der
DNS-Struktur**
Reinbek 1973

Watzlawick, Paul
**Die erfundene Wirklichkeit –
Wie wissen wir,
was wir zu wissen glauben?**
München 1981

Watzlawick, Paul
**Wie wirklich ist
die Wirklichkeit –
Wahn, Täuschung, Verstehen.**
München 1976

Watzlawick, Paul
Anleitung zum Unglücklichsein
München 1983

Wember, Martina
**Beziehungsreicher Alltag.
Perspectives on Everyday Life**
Klagenfurt, Amsterdam 2001

Wember, Martina
**Beziehungsweise Linien.
Karteibezeichnungen**
Herzogenaurach 2003

Wick, Rainer K.
Bauhaus-Pädagogik
Köln 1982

Willberg, Brigitte
**Wechselspiele. Neuer Umgang
mit alten Ornamenten**
München 1995

Zöllner, Frank
**Leonardo da Vinci. Sämtliche
Gemälde und Zeichnungen**
Köln 2003

Zwimpfer, Moritz
2d, Visuelle Wahrnehmung
Sulgen 1994

S. 76 nach:
Hofmann, Armin
**Methodik der Form- und
Bildgestaltung. Aufbau,
Synthese, Anwendung**
Teufen 1965

S. 105 nach:
Meunier, Alexandre
**Collection des Dessins.
Topographiques exécutes par
Alexandre Meunier 1887–89**
École de Dessin
ohne Ort, ohne Jahr

S. 114–115 aus:
Tufte, Edward R.
**Visual Explanations.
Images and Quantities,
Evidence and Narrative**
S. 118–119
Connecticut 1997

S. 116–119 aus:
Ryba, Michael
**Das große Schweinebuch oder:
Das Schwein in der bildenden
Kunst des Abendlandes**
München, Hamburg 1980

S. 126–127
Sagmeister, Stefan
**Zumtobel
Geschäftsbericht 2001/02**

S. 128–131
**Artwork courtesy
of Alfred A. Knopf**
New York

S. 142–145
Sagmeister, Stefan
**Things I have learned
in my life so far**
Mainz, New York 2008

S. 165 aus:
Barañano, Kosme de (Hrsg.)
**Picasso. Sein Dialog
mit der Keramik**
Künzelsau 1999

Boeck, Wilhelm
Picasso. Zeichnungen
Köln 1973

Chevalier, Denys
**Picasso. Blaue und
rosa Periode**
München, ohne Jahr

Melcher, Ralph
Picasso. Die 50er Jahre
Heidelberg 2007

Gauss, Ulrike
**Pablo Picasso.
Die Lithographie**
Ostfildern-Ruit 2000

S. 214–215 nach:
Thompson, D'Arcy Wentworth;
Bonner, J. T. (Hrsg.)
On Growth and Form
Cambridge 1961
[1. Auflage 1917]

S. 216 nach:
**Zweidimensionale
Transformation eines
Tierbildes** in:
Nagel, Matthias;
Benner, Axel;
Ostermann, Rüdiger;
Henschke, Klaus
**Grafische
Datenanalyse**, S. 105
Stuttgart 1996

S. 219 aus:
**Spektrum der Wissenschaft
Evolution**, S. 20
Heidelberg 1988

S. 222–226
©Jörg Hempel, Aachen

S. 254–257 aus:
Lewis, Richard W.
**Absolut Book. The Absolut
Vodka Advertising Story**
S. 44–49/61–62
Boston, Tokio 1996

S. 314–315/395 aus:
Midda, Sara
**Sara Midda's South
of France. Sketchbook**
New York 1990

S. 322–323 aus:
Glaser, Milton
Kunst ist Arbeit, S. 215
Hamburg 2000

S. 340–342 aus:
Ungerer, Tomi
Hintereinander
München 1991

S. 347 nach:
Tufte, Edward
**Visual Explanations.
Images and Quantities,
Evidence and Narrative**
S. 86
Connecticut 1997
Abbildung nach:
Bragdon, Claude
**A Primer of Higher Space:
The Fourth Dimension**
plate 30
Rochester NY 1913

Herausgeber, Konzeption, Gestaltung
Armin Lindauer und Betina Müller

Texte
Armin Lindauer

Lektorat, Korrektorat
Kerstin Forster, Constanze Nobs

Typografie und Satz
Betina Müller

Mitarbeit
Nadine Zimmer, Marek Slipek,
Dr. Nadine Schreiner-Alles

Lithografie
Nadine Zimmer, Marek Slipek,
Armin Lindauer, Oliver Otto,
Andreas Brietzke

Druck
H. Heenemann GmbH & Co. KG, Berlin

Bindung
Bruno Helm, Berlin

Papier
150 g/qm und 300 g/qm Tauro

©2015 niggli Verlag
ein Unternehmen der Braun Publishing AG
www.niggli.ch
sowie den Herausgebern und Autoren

ISBN 978-3-7212-0912-9
(Deutsche Ausgabe)

ISBN 978-3-7212-0913-6
(Englische Ausgabe)